Klaus Böhme · Bernd Heidenreich (Hrsg.)

„Einigkeit und Recht und Freiheit“

Klaus Böhme · Bernd Heidenreich (Hrsg.)

„Einigkeit und Recht und Freiheit"

Die Revolution von 1848/49 im Bundesland Hessen

Westdeutscher Verlag

Der Westdeutsche Verlag ist ein Unternehmen der Bertelsmann Fachinformation GmbH.

http://www.westdeutschervlg.de

Höchste inhaltliche und technische Qualität unserer Produkte ist unser Ziel. Bei der Produktion und Verbreitung unserer Bücher wollen wir die Umwelt schonen: Dieses Buch ist auf säurefreiem und chlorfrei gebleichtem Papier gedruckt. Die Einschweißfolie besteht aus Polyäthylen und damit aus organischen Grundstoffen, die weder bei der Herstellung noch bei der Verbrennung Schadstoffe freisetzen.

Bildredaktion: Dr. Helma Brunck, Frankfurt
Umschlagbild: Ermordung der Abgeordneten von Auerswald und von Lichnowsky am 18. September 1848 in Frankfurt am Main. Kolorierte Lithographie, Wilhelm Völker (1812 – 1873); Eduard Gustav May, Frankfurt a. M. (Druck) 1848. Bundesarchiv, Außenstelle Frankfurt am Main, ZSg. 5/38. Foto: Ursula Seitz-Gray
Umschlaggestaltung: Horst-Dieter Bürkle, Darmstadt
Satz: Fromm MediaDesign, Selters/Ts.
Druck und buchbinderische Verarbeitung: Wilhelm & Adam, Heusenstamm
Printed in Germany

ISBN 3-531-13383-7

Inhalt

Vorwort

Die Revolution von 1848 markiert für die Deutschen nicht nur den Schritt vom Untertan zum Staatsbürger, sondern sie bildet auch eine entscheidende Station auf dem Weg zu einem Europa der Menschen- und Bürgerrechte, der individuellen Selbstbestimmung und der sozialen Gerechtigkeit. Erst der Zerfall des Bismarckreiches, die Erschütterungen von zwei Weltkriegen, die Schrecken des Naziterrors und die Überwindung der Spaltung Deutschlands haben uns den Blick für diese überragende Leistung der „Achtundvierziger" geöffnet. Wenn damals auch der erste Versuch zur Schaffung eines deutschen Nationalstaates auf demokratischer Grundlage an der Zählebigkeit des Fürstenstaates zerbrach, so wurden durch dieses historische Ereignis doch die demokratischen, liberalen und sozialen Traditionen begründet, an die unsere Demokratie heute anknüpfen kann.

Es ist eine wichtige Aufgabe der politischen Bildung, diese Traditionen lebendig zu erhalten und anhand der Regionalgeschichte zu vertiefen. Mit der Publikation „Einigkeit und Recht und Freiheit. Die Revolution von 1848/49 im Bundesland Hessen", will die Hessische Landeszentrale für politische Bildung durch die Darstellung der geschichtlichen Ereignisse der Revolutionsjahre in den Territorien des 19. Jahrhunderts, aus denen sich unser heutiges Bundesland Hessen als ein Kind der amerikanischen Besatzungsmacht konstituiert, dazu einen Beitrag leisten. Dem Kurfürstentum Hessen-Kassel, dem Fürstentum Waldeck, der Freien Reichsstadt Frankfurt am Main, der Landgrafschaft Hessen-Homburg, dem Herzogtum Nassau und dem Großherzogtum Hessen-Darmstadt ist darin jeweils ein eigener Beitrag gewidmet. Als Herausgeber ist uns dabei bewußt, daß Vorgeschichte, Verlauf und Nachwirkungen der Revolution in diesen Territorien sehr unterschiedlich waren, und die Geschichte unseres Bundeslandes angesichts der Vielfalt und disparaten Struktur seiner Vorgängerstaaten nicht künstlich vereinheitlicht oder harmonisiert werden sollte. Wir meinen jedoch, daß die Forderungen und Leistungen der Revolution von 1848/49 in Hessen, wie sie Eckhart G. Franz in seinem einführenden Beitrag eindrucksvoll herausarbeitet, eine zusammenfassende Darstellung rechtfertigen und ein wertvolles historisches Kapital darstellen, das unser Land in das vereinte Deutschland und in das Europa der Zukunft einbringen kann.

KLAUS BÖHME
Direktor

Dr. BERND HEIDENREICH
Ständiger Vertreter des Direktors

Hessische Landeszentrale für politische Bildung

„Einigkeit und Recht und Freiheit"

Forderungen und „Errungenschaften" der 48er Revolution in Hessen

Eckhart G. Franz

Die dritte Strophe des Texts, den der wegen seiner nur angeblich „unpolitischen Lieder" abgesetzte Germanistikprofessor Hoffmann von Fallersleben 1842 im selbstgewählten Exil auf Helgoland geschrieben hat, ist von Theodor Heuß 1949 zur Hymne unserer jetzt fast 50jährigen Bundesrepublik bestimmt worden. Die Anfangsworte, fassen die verschiedenartigen und zum Teil gegensätzlichen Forderungen zusammen, die sich in den revolutionären Bewegungen des Jahres 1848 verflochten haben: Da war zum einen, auch im Rückblick lange Zeit vorangestellt, das Streben nach der nationalen Einigung, dem deutschen Nationalstaat mit einem gesamtdeutschen Parlament, der Traum der „Freiheitskrieger" von 1813, aus dem damals dank der geschickten Regie des österreichischen Staatskanzlers Metternich nur der „Deutsche Bund" mit dem Gesandtenkongreß des Frankfurter Bundestages geworden war. Punkt zwei war die Realisierung der zumindest in den südwestdeutschen Staaten bereits verfassungsmäßig fixierten Menschen- und Bürgerrechte, die das Recht auf Mitwirkung an der Regierung einschlossen. Der dritte Strang war die demokratisch-soziale Bewegung, die über die sogenannten „bürgerlichen Freiheiten" hinaus auch oder vorrangig die Freiheit von wirtschaftlicher Unterdrückung und Benachteiligung forderte.

Manche der zum Jubiläumsjahr 1998 erschienenen Darstellungen des „tollen Jahres" verwenden in Hinblick auf das nur teilweise verzahnte Nebeneinander unterschiedlicher Bewegungen in den verschiedenen Ländern und Regionen Europas, in Italien, in der Schweiz, in Frankreich, in Polen, in Ungarn und natürlich in den verschiedenen Gliedstaaten des Deutschen Bundes den Pluralbegriff „Revolutionen".[1] Einiges davon war

---

1 Vgl. u. a. C. Jansen/Th. Mergel (Hg.): Die Revolutionen von 1848/49, Göttingen 1998. – „Das Tolle Jahr" war Titel des 1900 erschienenen Erinnerungsbandes von Alexander Büchner.

in der mit „Aufbruch zur Freiheit“ überschriebenen Ausstellung in Frankfurt zu sehen. Gemeinsamkeiten und Unterschiede zeigt auch die in diesem Band unternommene vergleichende Betrachtung der Entwicklung im Bereich des heutigen Bundeslandes Hessen.

Die hier versuchte Zusammenschau rechtfertigt sich keineswegs nur aus der erst 1945 mit amerikanischer Hilfe verwirklichten Bildung „Groß-Hessens“, in dessen Gebiet sich seit der territorialen Neuordnung des Wiener Kongresses mindestens sechs souveräne Staaten teilten. Mit den nationalen Bestrebungen verknüpften sich im heutigen Hessen schon in den Jahren des Vormärz und der 48er Revolution Bestrebungen zu einer großräumigeren regionalen Neuordnung, zur Weiterführung der in der napoleonischen Zeit begonnenen „Flurbereinigung“. Die wirtschaftliche Entwicklung, der Zollverein und der Eisenbahnbau übersprangen die vor allem im Umfeld der Bundeshauptstadt Frankfurt augenfällige Anomalie der im Kern noch immer dynastisch geprägten Grenzen. Auch die politischen Bewegungen, die 1814 von Ernst Moritz Arndt im Rhein-Main-Gebiet inszenierten „Deutschen Gesellschaften“, das „Fest der Freunde hessischer Eintracht“ in Gießen 1832 und die Hambach-Nachfolgefeste von Bergen und Wilhelmsbad, die Aktivitäten des Preßvereins zwischen „Wachensturm“ und „Hessischem Landboten“ und die Regionalverbände der neubegründeten „Parteien“ der Revolutionsjahre wirkten grenzüberschreitend, „gesamthessisch“.[2] Hoffmanns fiktives Deutschland reichte „von der Maas bis an die Memel“. Der schon 1830 geschriebene „Hessengruß“ des Butzbacher Rektors und Pfarrers Friedrich Ludwig Weidig zählt zum von ihm besungenen „Hessengau“ ebenso expansiv nicht nur die „althessischen“ Lande um Diemel und Lahn, sondern auch „Fulda's Au“, wo Bonifatius gewirkt hatte, den nassauischen „Alten King“ im Taunus und den Malchen am Odenwaldrand. „Hessen, ein grüner Zweig, sei'st du der teutschen Eich, schirm' Freiheit, Recht und Reich, jetzt wie zuvor“, heißt es in seinen für den heutigen Leser etwas anstrengenden Schlußversen, die das im Titel zitierte Hoffmann-Motto vorwegnehmen.[3]

„Hessen“ im engeren Sinne waren im Jahre 1848 nur die Nachfolgestaaten der Landgrafschaft Philipps des Großmütigen: Im Norden das vormalige Hessen-Kassel mit Kassel und Marburg, Fulda und Hanau, das im Ärger über den verpaßten Königstitel am obsoleten „Kurfürstentum“ von

2 Vgl. E. G. Franz: Der Weg nach Großhessen. Staatsbildung und Landesbewußtsein im Hessischen 1803–1946, in: Bll. f. dte. Landesgeschichte 132 (1996), S. 71–90, hier S. 74 ff.

3 F. L. Weidig: Gesammelte Schriften, hg. von H. J. Müller, Darmstadt 1987, S. 277 f. (nach: Teutsches Gesangbuch, 1831).

1803 festgehalten hatte, im Süden das mit der Rheinbundgründung von 1806 zum Großherzogtum erhobene Hessen-Darmstadt, dessen Herrscher sich seit dem Zuerwerb der linksrheinischen Provinz Rheinhessen aus der Liquidationsmasse der Franzosenzeit in historisierender Wiederaufnahme des mit Alzey verbundenen Pfalzgrafentitels „von Hessen und bei Rhein“ nannten. Hessen hieß neben den beiden „Mittelstaaten“, die in der nach Einwohnerzahl geordneten Matrikel des Deutschen Bundes an achter und neunter Stelle rangierten, auch die auf der Territorialkarte kaum erkennbare Landgrafschaft der Homburger Nebenlinie, die 1806 bereits dem Großherzogtum eingegliedert, 1817 aber mit Rücksicht auf die Versippung mit dem preußischen Königshaus und den Einsatz ihrer Prinzen im preußischen Heer etwas überraschend zum souveränen Fürstentum erhoben wurde. Flächenmäßig gewichtiger war das im Rahmen des Rheinbundes neuformierte Herzogtum Nassau, das landfremde Historiker zuweilen unrechtmäßig schon für das frühe 19. Jahrhundert mit dem erst nach der preußischen Okkupation 1866 erfundenen Provinznamen „Hessen-Nassau“ bezeichnen. Ebensowenig wie die Nassauer mit dem Landgrafenhaus stammverwandt waren schließlich auch die abseits der großen Heerstraßen selbständig gebliebenen Fürsten von Waldeck und Pyrmont. Staatsqualität besaß letztendlich auch die Freie Stadt Frankfurt, die ihre von Napoleon liquidierte Eigenständigkeit als Sitz der Bundesversammlung zurückgewonnen hatte. Daß zum heutigen Hessen außerdem der schon seit 1815 preußische Kreis Wetzlar und mehrere 1848 noch bayerische Ämter zählen, sei nur am Rande vermerkt.

Vor allem in den aus Gebieten unterschiedlicher historisch-rechtlicher Tradition, vielfach auch unterschiedlicher Konfession zusammengestückten rheinbündischen Mittelstaaten des deutschen Südwestens hatte man in der Annahme von Verfassungen mit parlamentarischer Mitbestimmung ein Mittel zur staatlichen Integration, zur patriotischen Identifikation der sich herausbildenden bürgerlichen Gesellschaft mit ihrem jeweiligen Staat gesehen. Für „unseren Staat“, „unser Hessen“, hieß es in einer programmatischen Erklärung des neubegründeten „Historischen Vereins für das Großherzogtum Hessen“ 1832.[4] Bereits 1814/16 wurden im Herzogtum Nassau, hier unter Mitwirkung des an der Lahn beheimateten Freiherrn vom Stein, und in Waldeck im Vorgriff auf die zu erwartende Empfehlung des Wiener Kongresses erste Verfassungen konzipiert; das noch recht rudimentäre

4 Vgl. K. Esselborn: Hundert Jahre Historischer Verein für Hessen, in: AHG NF 18 (1934), S. 10 f.

nassauische „Edikt" beschränkte sich im Grunde auf die zudem nur zögerlich umgesetzte Einführung eines in seinen Rechten eng begrenzten Landtags. Um einiges fortschrittlicher wirkte hier die Verfassung des Großherzogtums Hessen von 1820, die unter dem Druck einer von den Jungakademikern der Gießener und Darmstädter „Schwarzen" inszenierten Volksbewegung zustandegekommen war. Hier gab es neben den zentralen Bestimmungen über Zusammensetzung und Kompetenzen der Landstände besondere Abschnitte über Staats- und Gemeindeverwaltung, Rechtspflege, Kirchen- und Schulwesen, aber auch ein umfängliches Kapitel „von den allgemeinen Rechten und Pflichten der Hessen", wie dies seit der französischen Erklärung der Menschenrechte an sich zum Sollbestand einer Verfassung gehörte.[5]

Man muß allerdings auch dabei Theorie und Praxis unterscheiden. Artikel 35 der Darmstädter Verfassung – „Die Presse und der Buchhandel sind in dem Großherzogtum frei" – stand mit dem Zusatz „jedoch unter Befolgung der gegen den Mißbrauch bestehenden oder künftig erfolgenden Gesetze" unter dem Vorbehalt der restriktiven Karlsbader Beschlüsse des Vorjahres. Die in Nassau wie im Großherzogtum schon in der Rheinbundzeit von der aufgeklärten Staatsbürokratie eingeleiteten Reformen in der Verwaltungsorganisation, im Schulwesen, in der Gewerbeordnung und in der Agrarverfassung sind jedoch auch in den 1820er und 1830er Jahren weitergelaufen, wenngleich sie zum Teil von retardiven Faktoren wie den in der Wiener Bundesakte festgeschriebenen Privilegien der fürstlichen und gräflichen Standesherren gebremst wurden. Hierzu empfiehlt sich die kritische Lektüre der zum Teil überraschend aktuellen Landtagsdebatten, die in Auswahl in den Bänden des Forschungsprojekts „Geschichte und Vorgeschichte des Parlamentarismus in Hessen" publiziert wurden.[6] Ein Blick in die Verhandlungen der Darmstädter Kammer belegt, daß die wortgewaltige Kritik, die der junge Georg Büchner 1834 im „Hessischen

---

5 Vgl. E. G. Franz/K. Murk (Hg.): Verfassungen in Hessen 1807–1946. Verfassungstexte der Staaten des 19. Jh., des Volksstaats und des heutigen Bundeslandes Hessens, Darmstadt 1998; dazu B. Heidenreich/K. Böhme (Hg.): Hessen. Verfassung und Politik, Stuttgart 1997.

6 Vgl. insbes. V. Eichler (Hg.): Nassauische Parlamentsdebatten, Bd. 1. Restauration und Vormärz 1818–1847, Wiesbaden 1985; E. G. Franz/P. Fleck (Hg.): Der Landtag des Großherzogtums Hessen 1820–1848. Reden aus den parlamentarischen Reformdebatten des Vormärz, Darmstadt 1998; H. Seier/E. Grothe (Hg. u. Bearb.): Akten und Briefe aus den Anfängen der kurhess. Verfassungszeit 1830–1837, Marburg 1992; H. Seier/B. Weber (Hg. u. Bearb.): Akten und Eingaben aus dem kurhess. Vormärz 1837–1848, Marburg 1996.

Landboten“ an der konstitutionellen „Affenkomödie“, dem „elend jämmerlich Ding“ der Verfassung, den „langsamen Fuhrwerken“ der Landtage übt, doch nur bedingt berechtigt war. Auch wenn es den Zeitgenossen nicht schnell genug ging, kam die notwendige reformerische „Transformation“ vielfach rascher voran, war ein produktiver Konsens zwischen Regierung und Opposition zum Teil leichter zu erreichen als in unseren Tagen.[7]

Selbst in Kurhessen, wo der in der Tat „reaktionäre“ erste Kurfürst den zur Annahme einer Verfassung einberufenen Landtag 1816 letztlich ohne Ergebnis nach Haus geschickt hatte, gab es zumindest in Einzelbereichen weiterführende Reformen wie die im innerhessischen Vergleich vorbildhafte Neuordnung von Justiz und Verwaltung von 1821. Einen regelrechten Reformschub brachte dann die Ausstrahlung der französischen Juli-Revolution von 1830, die das Karlsbader Repressivsystem für einige Jahre außer Kraft setzte. Die vom Hanauischen ausgehenden Septemberunruhen, die sich teils gegen die mit dem Zollvertrag zwischen Preußen und Hessen-Darmstadt geschaffene Maut-Grenze, teils gegen die vor allem in den Standesherrengebieten stockende Agrarreform richteten, griffen rasch auf das großherzogliche Oberhessen über, wurden aber hier durch alsbaldigen Militäreinsatz niedergeworfen. Wichtigstes Ergebnis war die neue Verfassung des Kurfürstentums vom 5. Januar 1831, deren fortschrittlich konzipiertes Einkammer-Parlament ein umfassendes Reformprogramm einleitete. Gestützt auf die mit neuen politischen Zeitungen so erstmals formierte öffentliche Meinung kam es auch in den von den Liberalen beherrschten Darmstädter Parlamentssessionen der Jahre 1832/34 zu engagierten Reformdiskussionen, die über die vorzeitigen Landtagsauflösungen, die mit dem gescheiterten Frankfurter „Wachensturm“ und der revolutionären Flugschriftenpropaganda des „Landboten“ begründete Repressionspolitik der neugeschaffenen „Bundeszentralbehörde“ hinauswirkten. Auch hier gilt, daß der propagandistische Kampf gegen die autoritären Regierungen du Thil in Darmstadt und Hassenpflug in Kassel, vor allem aber der publizistisch instrumentalisierte Tod des „Landboten“-Mitautors Friedrich Ludwig Weidig im Darmstädter Untersuchungsgefängnis 1837 ein einseitig geschwärztes Bild geschaffen haben.

Stichworte für die wirtschaftliche Entwicklung sind die mit dem Beitritt Nassaus und Frankfurts 1835/36 abgeschlossene Zollunion, Gewerbeverei-

7 Vgl. auch E. G. Franz: Transformation mit Hindernissen. Die Staaten des heutigen Hessen im Vormärz, in: Hessen 1848. Zur Vorgeschichte der Revolution, Wiesbaden 1998.

ne und Gewerbeausstellungen, Realschulen und Höhere Gewerbeschulen oder der allmählich anlaufende Eisenbahnbau. Die bei der nach wie vor überwiegend landwirtschaftlichen Prägung der hessischen Staaten noch wichtigere Grundlastenablösung kam allerdings trotz neuer Gesetze und der zur Finanzierung geschaffenen Landeskreditkassen nur langsam voran. Die auch mit an sich zukunftsträchtigen und notwendigen Reformen wie der Ablösung verbundene Verschärfung der vom „Landboten" bereits angesprochenen sozialen Probleme, die zunehmende „Pauperisierung" auf dem Land wie im städtischen Handwerk und Kleingewerbe, wurden zumeist verdrängt. Die 1842/43 in Darmstadt geführten Hochverratsprozesse gegen Angehörige des in Verbindung mit den geheimen Verbindungen der deutschen Emigration in Paris organisierten „Bundes der Geächteten" fanden weniger Beachtung als die Harmonie-Demonstration der im August 1844 gefeierten Einweihung des Ludewigs-Monuments auf dem Luisenplatz mit malerischen Trachtengruppen aus allen Landesteilen.[8] Die rasch zunehmende Amerika-Auswanderung, die an verschiedenen Orten versuchte Abschiebung der „Ortsarmen" nach Übersee erregte erst größeres Aufsehen, als ein an die 700 Menschen umfassender Schubtransport aus Groß-Zimmern im Odenwald Ende 1846 in New York strandete. Eine Gruppe Darmstädter „Proletarier" beschwerte sich im Folgesommer beim Stadtvorstand, daß man ihnen den Zuschuß für die Amerika-Auswanderung verweigere, obwohl offenbar genug Geld da sei, um „Ehrenpforten zu bauen, Feste zu feiern und Tournplätze für die vornehme Jugend zu errichten".[9]

Der hier erhobene Vorwurf ist insofern wichtig, als die zur Umgehung des Verbots politischer Vereinsbildung formierten Turn- und Gesangvereine und die von ihnen organisierten Turner- und Sängerfeste gemeinhin und durchaus zu Recht als wichtige Vorstufe der bürgerlich-liberalen „März-Bewegung" eingestuft werden. Das gilt auch und gerade für das Rhein-Main-Gebiet. Beim dreitägigen Mozart-Sängerfest in Frankfurt 1838, an dem 800 „Sänger" aus 42 Vereinen in ganz Südwestdeutschland teilnahmen, fand nicht zufällig Ernst Moritz Arndts „Was ist des Deutschen Vaterland" den größten Beifall. Beim großen Würzburger Sängerfest 1844 waren bereits an die 100 Vereine aus den hessischen Staaten vertreten.

8 Vgl. E. Zimmermann: Für Freiheit und Recht! Der Kampf der Darmstädter Demokraten im Vormärz, Darmstadt 1987, S. 207 f., 232 f.

9 Vgl. Th. Lange: „Besorgt man einen Aufstand der Bürger?". Die Revolution von 1848/49 in Darmstadt und im Odenwald. Dokumente 1847–1849, Darmstadt 1998, Dok. 2a.

Abb. 1: Das im Zeichen Wolfgang Amadeus Mozarts veranstaltete dreitägige Sängerfest in Frankfurt a. M. vom 28. Juli 1838.
Institut für Stadtgeschichte Frankfurt a. M. 1838.01.01.08

Der im gleichen Jahr in Gießen begründete „Lahntal-Sängerbund“ vereinte Gesangvereine aus dem Großherzogtum, dem Nassauischen und der benachbarten preußischen Rheinprovinz, zu der ja auch Wetzlar gehörte. Politisch noch aktiver waren die Turner, die nach ersten Treffen der Frankfurter und Hanauer mit den Nachbarvereinen aus Mainz und Darmstadt seit 1843 die überregionalen Feldberg-Turnfeste im Taunus veranstalteten.[10]

Zu den „Wegen in den März“, der kaum kaschierten politischen Mobilisierung im Lauf der 40er Jahre gehört dann auch der Erfolg kirchlicher Protestbewegungen. Dazu zählen die überkonfessionellen „Reformfreunde“, bei denen das Frankfurter „Montagskränzchen“ des Lehrers Nikolaus Hadermann eine maßgebliche Rolle spielte, evangelische „Freie Gemein-

10 Zum Vereinswesen auch im Vormärz grundlegend M. Wettengel: Die Revolution von 1848/49 im Rhein-Main-Raum. Politische Vereine und Revolutionsalltag im Großherzogtum Hessen, Herzogtum Nassau und der Freien Stadt Frankfurt, Wiesbaden 1989, hier S. 39–42; dazu D. Düding: Organisierter gesellschaftlicher Nationalismus in Deutschland 1808–1847. Bedeutung und Funktion der Turner- und Sängervereine für die deutsche Nationalbewegung, München 1984.

den" wie die des Predigers Kattmann im Odenwald, vor allem aber die sogenannten „Deutschkatholiken" um Johannes Ronge, der bei einer Vortragsreise 1845 in Wiesbaden, Frankfurt und Offenbach frenetisch gefeiert wurde. Ronges Anhänger wurden zwar in Kurhessen als „staatsgefährdend" bekämpft, fanden aber in Nassau wie im Großherzogtum lebhaften Zuspruch, so daß man hier bis zum Winter 1847/48 bereits über 20 deutschkatholische Gemeinden nachweisen kann.[11] Sprachrohr in Südhessen wurde die von dem „jungdeutschen" Publizisten Eduard Duller 1842 in Darmstadt begründete Wochenzeitung „Das Vaterland". Offiziell „Zeitschrift für Unterhaltung, Literatur und öffentliches Leben", gehörte es mit dem wenig jüngeren „Darmstädter Journal" und dem ab 1846 in Michelstadt gedruckten „Odenwälder" zu einer Reihe neuer Zeitungen, die zwar gemäß den Zensurauflagen offiziell unpolitisch waren, tatsächlich aber mit regelmäßigen Berichten über Vereinsaktivitäten, kirchliche und berufsständische Veranstaltungen eine erneute Politisierung der Presse vorbereiteten. Wichtig wurde hier auch die vielerorts belegte Auslage auswärtiger Zeitungen in den neubegründeten Lesegesellschaften.[12]

Der erneute politische Aufbruch, der dann in der sogenannten „Märzrevolution" von 1848 kumulieren sollte, begann in Rheinhessen bereits im Winter 1846/47, als man gegen die von der großherzoglichen Regierung in Darmstadt betriebenen Pläne einer Rechtsvereinheitlichung in Mainz einen „Bürgerverein zur Erhaltung der rheinhessischen Institutionen" gründete.[13] Zur Verteidigung von fortschrittlichen französischen Traditionen wie Zivilehe oder Geschworenengericht wurden ohne Rücksicht auf Verbotsdrohungen Bürgerversammlungen, Petitionen und Demonstrationen organisiert. Das hier geprobte Zusammenwirken der „konstitutionellen" Altliberalen Heinrich von Gagern und Wilhelm Wernher von Nierstein mit nachmaligen Demokratenführern wie Franz Zitz oder Philipp Bandel aus Worms bewährte sich auch bei der durch ein parteimäßiges „Wahlcomité" vorbereiteten Landtagswahl im Oktober 1847.

---

11 Vgl. Wettengel: Die Revolution von 1848/49, S. 42–44; auch F. W. Graf: Die Politisierung des religiösen Bewußtseins. Die bürgerlichen Religionsparteien im deutschen Vormärz: Das Beispiel der Deutschkatholiken, Stuttgart 1978.

12 Vgl. dazu E. G. Franz: Zeitung in bewegter Zeit. „Der Odenwälder" in Michelstadt und sein Redakteur Leonhard Delp, in: Der Odenwälder, Jahrgänge 1846–1952, ND anläßlich der 150. Wiederkehr der Revolutionsereignisse im Odenwald, Michelstadt 1998; auch: F. Wolf/E. G. Franz, Zeit in der Zeitung. Hessen im Spiegel seiner Presse vom 16.–20.Jh., Katalog, Marburg 1995; zu den Lesegesellschaften auch Wettengel: Die Revolution von 1848/49, S. 36–38.

13 Vgl. Wettengel: Die Revolution von 1848/49, S. 46 f.

Abb. 2: Begrüßung Johannes Ronges bei der Durchreise in Frankfurt a. M.
Historisches Museum Frankfurt a. M., N 42616

Während die Wahl in Kurhessen im Frühjahr (sogar zum ersten Mal) eine Majorität für das gouvernementale Lager ergeben hatte, gab es im Großherzogtum eine ebenso klare Mehrheit für die liberal-demokratische Opposition der „Linken“. Dazu rechneten neben Gagern, Wernher und den ebenfalls nach Unterbrechung in den Darmstädter Landtag zurückgekehrten Abgeordneten August Emmerling und Theodor Reh aus der Hauptstadt eine Anzahl rheinhessischer Abgeordneter und der im oberhessischen Wahlbezirk Gedern-Ortenberg gewählte Arzt Christian Heldmann aus Selters.[14] Gemeinsame Pressestimme der Opposition sollte das mit Landtagsbeginn im Dezember im Darmstädter Leske-Verlag begründete „Rhei-

14 Vgl. M. Köhler: Im Feuer der sozialen Republik. Lebensbild des demokratischen Achtundvierzigers Christian Heldmann (1808–1866), Darmstadt 1998.

nische Volksblatt" des Altliberalen Karl Buchner werden. Auch an der der „Deutschen Zeitung", die der zu den „Göttinger Sieben" zählende Darmstädter Georg Gervinus bereits seit dem Sommer als Zentralorgan der deutschen Liberalen in Heidelberg herausbrachte, wirkte anfangs neben Buchner und Reh als Leitartikler und Schweiz-Korrespondent der demokratische Büchner-Freund Wilhelm Schulz in Zürich mit.[15] Die Trennung zwischen Demokraten und gemäßigten Konstitutionellen war noch nicht so klar, wie das die übliche Konfrontation der Heppenheimer Parlamentarier-Versammlung vom 10. Oktober 1847 mit dem vorangegangen Offenburger Treffen der radikaleren Demokraten Südbadens vermuten läßt.[16] Aus dem Hessischen war übrigens in Heppenheim neben dem Wiesbadener Oppositionsführer Heinrich Hergenhahn nur Heinrich von Gagern gekommen, während andere Sprecher der Liberalen absagten, um ihre künftige Parlamentsarbeit nicht durch den Verdacht einer über die Landesgrenzen hinausreichenden Konspiration zu belasten.

Der liberal-demokratischen Opposition in den südhessischen Landtagen – in Wiesbaden hatte sie bereits 1846 deutlich zugelegt – ging es eindeutig um Reformen im Rahmen der Verfassungen, mit denen man auch die in Heppenheim beschlossene Ausweitung des Zollvereins zu einem „deutschen politischen und sozialen Verein" mit „Vereins-Regierung" und „Vereins-Ständeversammlung" zu erreichen hoffte. Theodor Reh beantragte im Darmstädter Landtag schon im Dezember 1847 die Abschaffung des Jagdrechts, die Einführung einer allgemeinen Einkommensteuer, die völlige Emanzipation der Juden und die Reform des durch den Weidig-Prozeß anrüchig gewordenen Strafprozeßrechts, Punkte, die dann auch in den März-Forderungen wiederkehren.[17] Eine etwa gleichzeitig unter dem Titel „Was erwartet das Hessische Volk von seinen Ständen" in Buchners „Rheinischem Volksblatt" publizierte Auflistung nennt eine finanzierbare Grundlastenablösung, verstärkte Selbstverwaltung der Gemeinden, Reduzierung des Wildschadens, Ermäßigung von Steuern und Abgaben sowie Senkung der Ausgaben für Heer, Justiz und Verwaltung. Dafür wollte und

15 Vgl. U. v. Hirschhausen: Liberalismus und Nation. Die Deutsche Zeitung 1847–1850. Düsseldorf 1998, S. 67 f.

16 Vgl. R. Hoede: Die Heppenheimer Versammlung vom 10. Okt. 1847, Frankfurt 1997; dazu Wettengel: Die Revolution von 1848/49, S.48 f.

17 Vgl. W. Scheinert: Theodor Reh: Theodor Reh (1801–1868). Ein liberaler Politiker aus Darmstadt, in: AHG NF 40 (1982), S. 187–249, hier S. 207f.

brauchte man theoretisch keinen Umsturz.[18] Ob man die Revolution deshalb kurzerhand als „ungewollt" bezeichnen kann, wie dies nach Wolfgang Mommsens 1848-Buch gern getan wird,[19] erscheint schon angesichts der kaum verhüllten Drohungen der eher gemäßigten „Heppenheimer" in den Februar-Debatten des Karlsruher Landtags fragwürdig. Es gebe „in der Weltgeschichte Momente ..., wo die Stimmen laut werden und dann die Füße sich in Bewegung setzen", erklärte Karl Theodor Welcker, und Karl Mathy zog nach, es werde, da man „mit der Zahmheit" nicht durchkomme, „Zeit, daß man es mit der Wildheit probiert", die „sich nicht auf den Ständesaal allein beschränken" lasse.[20]

Kämpferische Töne kamen vor allem aus der sozialen Protestbewegung, die vom akutem Notstand, der Teuerung nach mehreren Mißernten, der Kartoffelfäule angeheizt wurde. Die „brotlos gewordenen Arbeiter" im Rhein-Main-Gebiet waren Opfer des Strukturwandels der Frühindustrialisierung. Im Herbst 1847 kursierte in und um Frankfurt ein wohl nach einem Sängerfest im nassauischen Wiesbaden gedruckter Aufruf an die „Männer aus dem Proletariat", die „Handwerksburschen, die ihr am Bettelstabe Deutschland durchzieht, geschunden von den jammervollsten Polizeischergen": Laßt euch „nicht mehr länger als Hunde behandeln", schlagt zu „wenn die Zeit des Kampfes kommt", hieß es hier. Metternichs politisches Informationsbüro in Mainz berichtete Anfang Dezember nach Wien, ein auch aus Mannheim gemeldetes „incendiarisches" Flugblatt, das „ein Arbeiter im Namen vieler an seine Brüder" richtete, sei in mehr als 500 Exemplaren an den „Sammelplätzen der hier zahlreich anwesenden Arbeiter" in der Festungsstadt Mainz verteilt worden". Auf einer Versammlung von Turnvereins-Delegierten aus Frankfurt, Offenbach, Hanau, Mainz, Mannheim, Wiesbaden, Idstein und Höchst im nassauischen Hattersheim am 9. Januar 1848 forderte der Vorsitzende des aufgelösten Mannheimer Arbeitervereins Karl Blind eine verstärkte Flugschriften-Agitation zur „Vorbereitung der Revolution", und der Hanauer Gottfried Una rief offen zur Gewalt: „daß niemand, kein Alter, kein Stand, kein Geschlecht geschont werden dürfe, und zu allererst müsse man die Köpfe der Tyrannen holen".

---

18 Vgl. Rheinischer Volksfreund, 2. Probenr. 18. 12. 1847; zit. auch Wettengel: Die Revolution von 1848/49, S. 50.

19 W. J. Mommsen: 1848. Die ungewollte Revolution. Die revolutionären Bewegungen in Europa 1830–1849, Frankfurt 1998; für den Titel bereits W. Schieder: 1848/49. Die ungewollte Revolution, in: Wendepunkte deutscher Geschichte 1848–1996, NA Frankfurt 1996, S. 17 ff.

20 Vgl. Hoede: Die Heppenheimer Versammlung, S. 132.

Mitte Februar fand man in Hanau, Mainz und Frankfurt Packen eines Flugblatts „An unsere Brüder, die deutschen Proletarier", in dem es hieß: „Wo zwei von uns zusammensitzen ..., wo 25 sich treffen, sie reden über Revolution. Jede Fabrik ist ein Herd der Revolution. Jeder wandernde Proletarier ist ein Emmissär der Revolution."[21]

Trotz dieser blutrünstigen Drohungen, die das liberale Bürgertum schrecken mochten, waren es dann zunächst doch die programmatisch vorbereiteten bürgerlichen Liberalen in den Landtagen und Stadträten, die den elektrisierenden Schock der Nachrichten vom revolutionären Umsturz in Paris am 24. Februar 1848 zur Durchsetzung ihrer Reformwünsche zu instrumentalisieren suchten. Heinrich von Gagern richtete am 28. Februar im Darmstädter Landtag, auch er anknüpfend an die Heppenheimer Beschlüsse, gemeinsam mit seinen Freunden Wernher, Lehne und Frank einen Appell an den Großherzog, er möge sich angesichts der bedrohlich gewordenen Gesamtlage für die alsbaldige Schaffung einer „Nationalrepräsentation" und ein „interimistisches Haupt Deutschlands" mit aktionsfähiger Zentralregierung einsetzen.[22] In Mainz tagte gleichzeitig eine erste Bürgerversammlung, die unter Vorsitz des Abgeordneten Zitz eine an den Landtag adressierte Petition mit den Forderungen der hessischen Bevölkerung beschloß.[23] Am 2. März verlangte Theodor Reh in der Darmstädter Kammer den grundlegenden „Wechsel des bisherigen, mit den Wünschen und Forderungen des hessischen Volkes nicht im Einklang stehenden Regierungssystems", eine Vorstellung, die der Gemeinderat der Residenz in seine maßgeblich von Staatsrat a. D. Jaup formulierte Adresse vom selben Tag übernahm. Vollständige Preßfreiheit, allgemeines Versammlungs- und Petitionsrecht, völlige Gewissens- und Religionsfreiheit, Volksbewaffnung und Vereidigung der Armee auf die Verfassung (in Mainz hatte man sogar Abschaffung des stehenden Heeres verlangt), öffentlicher Geschworenenprozeß in Strafsachen (wie er in Rheinhessen ohnedies galt), aber auch „Umgestaltung des deutschen Bundes auf den Grundsatz der Vertretung des Volkes" waren weitere Desiderate, die in ähnlicher Formulierung in allen Märzpetitionen wiederkehren.

21 Belege bei E. G. Franz: Die hessischen Arbeitervereine im Rahmen der politischen Arbeiterbewegung der Jahre 1848–1850, in: AHG NF 33 (1975), S. 165 ff., hier S. 171 f.

22 Abdruck bei Franz/Fleck: Der Landtag des Großherzogtums Hessen, S. 448–450.

23 Vgl. zum folgenden den Überblick bei Wettengel: Die Revolution von 1848/49, S. 50 ff. (Die städtischen Märzrevolutionen ...), sowie die Belege zu den folgenden Regionalbeiträgen.

Abb. 3: Plakat: Es lebe die Bürgergarde
Druck u. Verlag von A. Weingartner, Mainz 1848.
Historisches Museum Frankfurt a. M., C 14 618. Foto: Ursula Seitz-Gray

Der erste Erfolg wurde aus Wiesbaden gemeldet, wo die am 1. März unter Federführung Hergenhahns abgefaßten „Forderungen der Nassauer“ am Folgetag in einer Volksversammlung gebilligt und als Flugblatt verbreitet wurden. Auch hier findet man als Punkt 3 die „sofortige Einberufung eines deutschen Parlaments“, dazu „unbedingte Preßfreiheit“, „Recht der freien Vereinigung“ und „Beseitigung aller Beengungen der uns verfassungsmäßig zustehenden Religionsfreiheit“, Volksbewaffnung und Verfassungseid der Armee sowie öffentliches und mündliches Gerichtsverfahren mit Schwurgerichten. Über den Standardkanon hinaus gingen die Punkte „Erklärung der herzoglich nassauischen Domänen zum Staatsbesitz“, seit 1830 der Haupt-Zankapfel zwischen Landtag und Herzog, der mehrfach zur Parlamentsauflösung geführt hatte, und alsbaldige Annahme eines demokratisierten Wahlgesetzes. Um zusätzlichen Druck zu machen, strömten auf Einladung des „Sicherheitscomités“, in dem Konstitutionelle und Demokraten zusammenwirkten, am 4. März – es war passenderweise Karnevals-Samstag – etwa 30 000 Demonstranten, mehr als das Doppelte der Wiesbadener Einwohnerschaft, vor allem Landleute aus allen Teilen des Herzogtums, auf dem Wiesbadener Schloßplatz zusammen, wobei mit Ansteigen der Spannung zumindest vereinzelt auch nach „Republik“ und „Teilung des Eigentums“ gerufen wurde. Erst als der von einer Reise nach Berlin zurückbeorderte Herzog Adolf am Nachmittag vom Schloßbalkon die Bewilligung aller Forderungen erklärte, schlug die aufgeheizte Stimmung zum Volksfest um. Die jetzige Landesregierung hat diesen 4. März als eigentlichen Jahrestag der Revolution in Hessen gefeiert.

In Darmstadt hatte das noch amtierende Kabinett du Thil am gleichen Tag in einer Erklärung an den Landtag alsbaldige Gesetzesvorlagen für Preßfreiheit, Bürgergarden in den Städten und Strafprozeßreform zugesagt, eine Erklärung, mit der sich Gagern und seine Freunde wohl zufriedengeben wollten; Reh beantragte unter allgemeinem Beifall eine „Dankadresse an Seine Königliche Hoheit“. Die Mainzer beschlossen jedoch auf Zitzens Vorschlag die Fortführung der Demonstrationen bis zur vollständigen Erfüllung aller Forderungen. Als in Michelstadt, einem der Hauptorte der Grafschaft Erbach, in einer großen Volksversammlung am Folgetag eine zusätzliche Sturmpetition „vieler Bürger und Einwohner des Odenwalds“ auf „endliche Erfüllung der gerechten Forderungen des deutschen Volkes“ beschlossen wurde, mit der sich die über 1 000 Unterzeichner mit Kutschen und Wagen nach Darmstadt auf den Weg machten, war es mit der Ruhe vorbei, zumal auch Zitz einen Mainzer „Marsch auf Darmstadt“ androhte. Am 6. März (inzwischen war Rosenmontag) wurden der am Vorabend aus München zurückgekommene Thronfolger, der im Gegensatz zum volksfernen Großherzog Ludwig II. eine gewisse Popularität genoß, zum Mitregenten des Landes, Oppositionsführer Gagern zum Ministerpräsidenten ernannt, und beide sagten in feierlicher Proklamation die Erfüllung aller März-Forderungen zu: „Was zur Gewähr politischer und bürgerlicher Freiheit gehört, soll Unserm Volke nicht vorenthalten werden“. Obwohl wie schon in Wiesbaden der Druck der Landbewohner den Ausschlag gegeben hatte, blieben die vorrangigen Anliegen der Odenwald-Petition, die Abschaffung der standesherrlichen Vorrechte und der darauf gestützten Behinderung der Agrarreform, ebenso wie die Reform des Wahlgesetzes, die Steuerreform und die auch von den Mainzern geforderte selbständigere Gemeindeverwaltung zunächst unerwähnt, doch sicherte Gagern den Sprechern der Bauern zumindest mündlich die Berücksichtigung ihrer Wünsche zu.

Im Kurhessischen begannen die Unruhen wie schon 1830 im bereits industrialisierten Hanau, wo es schon an den letzten Februartagen zu stürmischen Volksversammlungen kam. In Kassel weigerte sich der Kurfürst zunächst, die Deputierten zu empfangen, und als am 7. März aufgrund der gemeinsamen Vorstellungen der Stadträte von Hanau, Kassel und Marburg schließlich eine erste Proklamation mit begrenzten Zugeständnissen erging, reichte das nicht mehr aus. Erst als die Turbulenzen in Hanau außer Kontrolle zu geraten schienen, man dort mit der Sezession drohte – Flugblätter forderten „nur ein Hessen" und proklamierten den Darmstädter Mitregenten Ludwig zum „König aller Hessen"[24] – , führten die am 9. März noch einmal ultimativ formulierten Vorstellungen der Hanauer „Volkskommission" zum Erfolg; der Kurfürst gab am Abend des 11. März nach und genehmigte sowohl die Neubildung der Regierung aus „Männern, welche das Vertrauen des Volkes genießen", wie alle übrigen Forderungen. Neuer Ministerpräsident wurde der Hanauer Oberbürgermeister Eberhard.

Ähnlich wie das Grundmuster der in den hessischen Staaten unblutigen, nur bedingt „revolutionären" Märzereignisse, bei dem den organisierten Demonstrationen und Petitionsbeschlüssen in den Städten nach relativ kurzem Zögern das Nachgeben, die Berufung liberaler Regierungen und die Zusage der letztlich im konstitutionellen Rahmen gestellten Reformwünsche folgte, vollzog sich auch der nächste Schritt: das Nachholen der zunächst übergangenen Forderungen der Landbevölkerung, vor allem in den standesherrlichen Gebieten. Die Odenwälder zogen schon am 8. März, unmittelbar nach Bekanntgabe der politischen Reformzusagen, vor die Schlösser der Erbacher Grafen und erpreßten mit massiver Gewaltandrohung den Verzicht auf alle bisherigen Privilegien und alsbaldige Ablösung aller Grundlasten, Unterschriften, die von der Gagern-Regierung umgehend als widerrechtlich erzwungen und unwirksam erklärt wurden. Bemerkenswert ist hier die am 29. März in Michelstadt abgehaltene Versammlung, die mit Zustimmung des aus Darmstadt entsandten Regierungskom-

24 Vgl. auch das etwas später verteilte Flugblatt „Drei Hessen unter einen Hut"; dazu Franz: Der Weg nach Großhessen, S. 76.

missars wie der teilnehmenden Abgeordneten Wernher und Reh aus dem Gagern-Lager einen vom demokratischen Hauptredner Zitz vorgeschlagenen „offenen Brief an die Standesherren" und die Einsetzung einer mit Vertretern aller beteiligten Dorfschaften besetzten Vermittlungskommission beschloß.[25]

Anders als im Odenwald, wo der Protest relativ rasch in geordnete Bahnen gelenkt werden konnte, verknüpften sich in anderen Regionen die allerorten beschlossenen Petitionen, die in ihren Desideraten, vor allem zu den Grundlasten, zu Jagdrecht und Wildschaden und zur Kommunalverwaltung, variierten, mit mehr oder minder spontanen Ausschreitungen gegen mißliebige Beamte, Rentmeister, Forstleute oder – dies vor allem im Nassauischen – die hier von der Regierung eingesetzten Schultheißen, aber natürlich auch gegen Schlösser und Beamte der adligen Grundherren, so etwa in der von jeher unruhigen Herrschaft Riedesel. Massive Ausschreitungen gegen die jüdischen Händler und Geldverleiher wurden vor allem aus der sogenannten Rotenburger Quart gemeldet. So wie die neue Kasseler Regierung Ende März und Anfang April „mobile Kolonnen" des Militärs in die unruhigen Gebiete entsandte, hat auch Ministerpräsident von Gagern in Darmstadt in mehreren Fällen reguläre Truppen eingesetzt, um ungesetzliche Übergriffe zu unterbinden. Die in den Städten im Zuge der liberalen „Volksbewaffnung" aufgestellten Bürgergarden verstand man durchaus auch als Instrumente zur Wahrung von Ruhe und Ordnung gegen drohende soziale Unruhen und „Exzesse".

Für die konkrete Umsetzung der März-Forderungen hatten schon die entsprechenden Bewilligungs-Patente mit der pauschalen Zusage auf den regulären Weg parlamentarischer Gesetzgebung verwiesen. In Nassau war bereits vor der hier verzögerten Regierungsübernahme durch den liberalen Oppositionsführer Hergenhahn Mitte April ein neues Wahlgesetz ergangen, das den Landtag mit künftig nur einer Kammer und weitgehender Beseitigung der Wahlrechtsbeschränkungen zur echten Volksvertretung machte. Im Laufe des Jahres 1848 wurden ein neues Strafgesetzbuch und die Neuordnung des Strafverfahrens mit Schwurgerichten, eine Verwaltungsreform mit Trennung von Justiz- und Verwaltungsämtern und eine demokratisierte Gemeindeordnung erlassen. Am Jahresende war auch das

25 Für die Ereignisse im Odenwald auch E. G. Franz: Michelstadt wird großherzoglich. Die letzten Jahrzehnte der Erbacher Standesherrschaft zwischen Reaktion und Revolution, 1806–1849, in: Michelstadt – vom Mittelalter zur Neuzeit, Michelstadt 1986, 119 ff., hier S.134 ff.

zunächst umstrittene Gesetz über die Zehntablösung unter Dach.[26] In Kurhessen wurden die geforderten Reformen noch mit dem 1847 gewählten „gouvernementalen" Landtag verabschiedet, den man unmittelbar nach der März-Proklamation aus den Ferien gerufen hatte: die Gesetze über Preß-, Vereins- und Petitionsfreiheit, Jagdgesetz und verbessertes Ablösungsgesetz konnten schon im Sommer, das Gesetz über Religionsfreiheit und Zivilehe und die Verwaltungsreform Ende Oktober mit Auflösung des Landtages verkündet werden,[27] während das neue Landtagswahlgesetz vom Kurfürsten zunächst nicht akzeptiert wurde. Im Großherzogtum Hessen waren die vordringlichen Gesetze über die Neuordnung der Jagd- und Fischereirechte, über die Aufhebung von Handels- und Gewerbeprivilegien, über die Verhältnisse der Standesherren, über die Religionsfreiheit und über die Neuordnung der inneren Verwaltung, den Ersatz des angefeindeten Regimes der Kreis- und Landräte durch Regierungskommissionen mit demokratisch gewählten Bezirksräten, bereits in den Monaten April bis Juli 1848, ebenfalls noch durch den im Herbst des Vorjahres gewählten Landtag beschlossen worden.[28] Der Darmstädter Landtag pausierte im Sommer und Herbst, und auf die wiederholte Forderung der Demokraten nach Parlamentsauflösung und Neuwahl einer konstituierenden Landesversammlung erklärte der nach Gagerns Berufung nach Frankfurt an die Spitze der Landesregierung gestellte Jaup, man wolle vorerst die Lösung der gesamtdeutschen Probleme durch die Nationalversammlung abwarten.[29]

Mindestens so wichtig wie die Reformarbeit in den Parlamenten war die nach der ersten Welle der Volksversammlungen in die Form politischer Vereine umgesetzte Politisierung weiterer Kreise der Bevölkerung, zunächst in den größeren Städten, bald auch in den Kleinstädten und größeren Dörfern.[30] Aus den anfangs gemeinschaftlich liberal-demokratischen „Vaterlands-" oder „Bürgervereinen" entwickelte sich nach Auszug der Radikal-Demokraten aus dem Vorparlament vielfach schon in der Vorbereitung der Paulskirchenwahlen im April eine Aufspaltung, in der dann etwa in Darmstadt neben den „Vaterlandsverein" der vom Verleger Leske geführte demokratische „Volksleseverein", etwas später ein von den De-

26 Texte im Verordnungsblatt für das Herzogthum Nassau, Jg. 1848; vgl. auch den Folgebeitrag von M. Wettengel.

27 Vgl. Kurhessische Gesetzsammlung, Jg. 1848.

28 Texte in: Großherzoglich Hessisches Regierungsblatt, Jg. 1848.

29 Vgl. die gedr. Verhandlungen. Landtag Großherzogtum Hessen, XI/2, Prot. Nr. 95 vom 24.7.1848, S. 34; dazu Köhler: Im Feuer der sozialen Republik, S. 308.

30 Zum politischen Vereinswesen generell M. Wettengel: Die Revolution von 1848/49.

mokraten gestützter Arbeiterbildungsverein und schließlich der auch von der Staatsbürokratie geförderte „Konstitutionell-Monarchische Verein" traten. Die Konstitutionellen schufen bereits Ende 1848 die erste Regionalorganisation, in der sich die nassauischen Vereine dem Verband des Großherzogtums anschlossen. Der Anfang 1849 in Hanau begründete „Bezirksverband Rhein-Main" der Arbeitervereine bezog außer Darmstadt, Frankfurt, Gießen und Offenbach auch Heidelberg und Mannheim mit ein (die Nassauer aus Wiesbaden und Höchst traten etwas später hinzu). Auch im etwas jüngeren „Mittelrhein"-Bezirk der Demokratenvereine gingen die beiden Hessen und Nassau zusammen, so wie dies auch in der im Sommer 1848 als Beitrag zur Neugliederungsdebatte der Paulskirche in Darmstadt gedruckten „Karte von Deutschland nach naturgemäßer Eintheilung in 16 Herzogtümer" vorgeschlagen wurde.[31]

Einer durchaus differenzierten politischen Meinungsbildung diente vor allem die nach Gewährung der Preßfreiheit geradezu „boomende" Zeitungslandschaft, in der neben den redaktionell erweiterten Staatszeitungen und Anzeigeblättern und umgehend politisierten Unterhaltungsblättern à la „Odenwälder" eine ganze Reihe neuer Zeitungen auf den Plan traten: Neben dem „Neuen Rheinischen Volksblatt" und der als demokratisches Gegenstück zur konstitutionellen „Deutschen" begründeten „Neuen Deutsche Zeitung" des Leske-Verlags in Darmstadt sind hier für die Wetterau vor allem „Der jüngste Tag" des Anfang März aus der Schweiz zurückgekehrten Büchner-Freundes August Becker in Gießen und das ab Sommer in Friedberg gedruckte „Wetterauer Volksblatt" zu nennen. Parallel dazu wurden bereits im März in Wiesbaden die „Freie Zeitung", in Marburg „Der Neue Verfassungsfreund", in Kassel die „Neu-Hessische Zeitung" begründet, um nur die wichtigsten Meinungsbildner zu nennen. Diese Zeitungen sind denn auch unsere wertvollsten Quellen für das, was im Lande geschehen ist.[32]

---

31 Vgl. Franz: Der Weg nach Großhessen, S. 77 f.; Abb. im Ausstellungskatalog: Hessen 1848. Revolution für Freiheit und Einheit, Recht und Gerechtigkeit, Marburg 1998, S. 37.

32 Vgl. den Katalog: Zeit in der Zeitung, 1995.

Abb. 4: „Karte von der naturgemäßen Einteilung Deutschlands in 16 Herzogtümer". Sie zeigt bereits Hessen in den heutigen Grenzen. Die Karte wurde im Rheinischen Volksblatt vom 4. Mai 1848 (Nr. 54, Spalte 518) zum Kauf angeboten. *Druck: Landes- und Hochschulbibliothek Darmstadt*

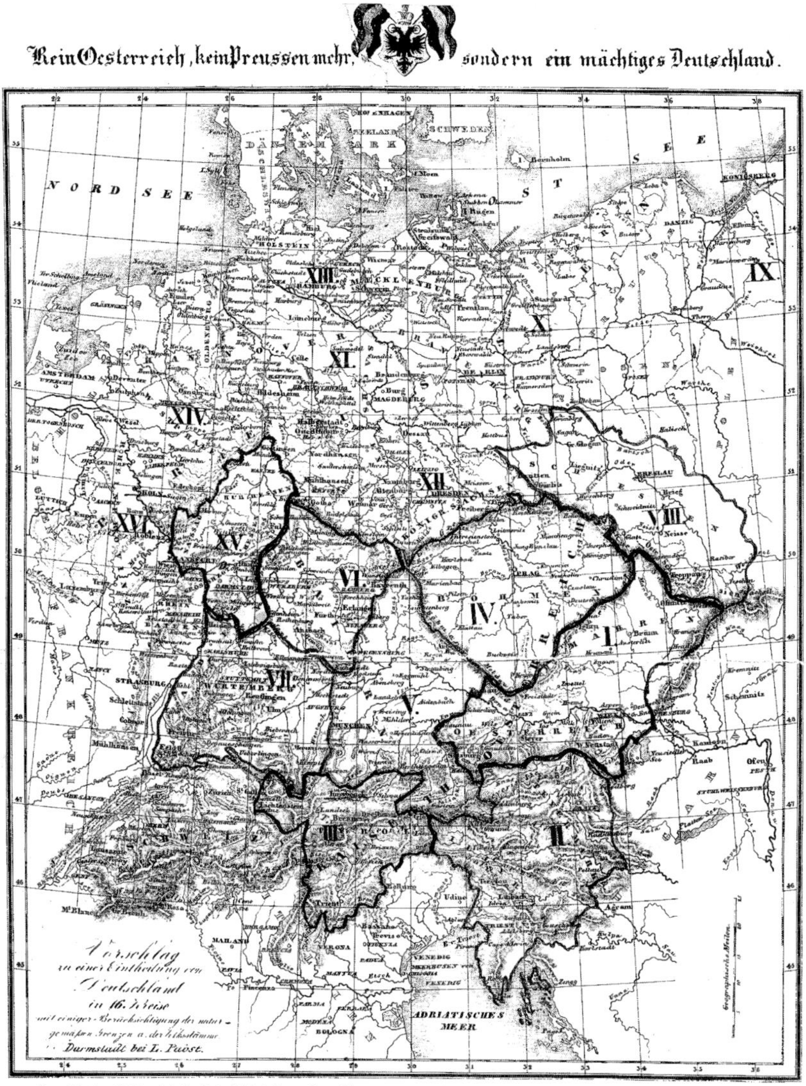

Deutschland zerfälle hiernach in 16 soviel als möglich gleich grosse Herzogthümer, die soviel als möglich dem Charakter der einzelnen Volksstämme entsprechen, und sich nach natürlichen Grenzen abscheiden.

Diese 16 Herzogthümer wären:

I. **Oesterreich**, besteht aus Mähren und Österreich
II. **Kärnthen** - - - Steyermark, Illyrien
III. **Tyrol**
IV. **Böhmen**
V. **Baiern** - - - Baiern, Salzburg
VI. **Franken** - - - Baierische Provinz Franken Theil von Thüringen
VII. **Schwaben** - - - Würtemberg, grösste Theil von Baden bair. Provinz Schwaben
VIII. **Schlesien** - - - Preuss: und Oesterr: Schlesien
IX. **Preussen** besteht aus Ost- und West-Preussen
X. **Nord Sachsen** - - Brandenburg, Pommern
XI. **West Sachsen** - - Preuss. Provinz Sachsen, Braunschweig, Theil von Hannover
XII. **Thüringen** - - Königr. Sachsen, Herzogthümer Sachsen, Anhalt'sche Länder etc.
XIII. **Ostphalen** - - Schleswig, Holstein, Mecklenburg
XIV. **Westphalen** - - Westphalen, Oldenburg, Stück v. Hannover
XV. **Hessen** - - 3 Hessen, Nassau, Waldeck
XVI. **Pfalz** besteht aus den sämmtlichen deutschen Rheinprovinzen mit Limburg u. Luxemburg.

Frankfurt a. M. als Sitz des Oberhauptes von Deutschland und des Reichs Ministerium.

Mit dem regelmäßigen „Feed-back“ der Abgeordneten in ihren Vereinen, der aktuellen Zeitungsberichterstattung hat man an den Beratungen des Vorparlaments und der am 18. Mai eröffneten Nationalversammlung in den umliegenden hessischen Staaten zweifellos besonders intensiv Anteil genommen, in Ausnahmefällen auch handgreiflich. An den Straßenschlachten am Eröffnungstag des Vorparlaments Ende März 1848, an den Demonstrationen des Ersten Deutschen Demokratenkongresses, den der Marburger Professor Karl Theodor Bayrhoffer im Juni in Frankfurt organisierte, wie an den September-Tumulten waren Demokraten und Arbeiter aus Offenbach und Hanau maßgeblich beteiligt. Sie reisten übrigens ebenso mit der neuen Eisenbahn an wie das aus Darmstadt zur Niederwerfung der Unruhen angeforderte Militär.[33] Die Sorge um den Fortbestand der „März-Errungenschaften“ nach der blutigen Niederwerfung der Revolution in Wien und dem reaktionären Staatsstreich in Preußen führte mit der Gründung des „Central-Märzvereins“ im November zu einer neuen Mobilisierungswelle im demokratischen Vereinswesen, das vor allem in Oberhessen und Rheinhessen, aber auch in Nassau und im Südhessischen fast flächendeckend ausgebaut wurde. Allein der von Dr. Heldmann begründete „Märzverein an der Nidder“ zählte rund 50 Ortsvereine. Im darmstädtischen Oberhessen gab es insgesamt weit über 100, in Rheinhessen 120 Vereine mit circa 14 000 Mitgliedern.[34]

Die Ende März 1849 von der Nationalversammlung beschlossene Reichsverfassung wurde, obwohl mit Ablehnung der Kaiserkrone durch den Preußenkönig Friedrich Wilhelm kaum noch eine Chance zu erfolgreicher Umsetzung bestand, in den Folgewochen (wie in insgesamt 27 Bundesstaaten) auch von den Regierungen der hessischen Bundesglieder angenommen; sie erschien am 30. April in der kurhessischen „Gesetzsammlung“ und etwa gleichzeitig als Beilage zum Waldeckischen Regierungsblatt und wurde, nachdem die Darmstädter Kammer am 24. April einmütig für „unbedingte Anerkennung“ der Verfassung und Einsatz der hessischen Armee zu ihrer Verteidigung votiert hatte, am 9. Mai 1849 auch im Großherzoglich Hessischen Regierungsblatt bekanntgemacht. Zu diesem Zeitpunkt waren sowohl in Sachsen wie in der Pfalz die offiziell zum „Kampf für die Reichsverfassung“ gestarteten Aufstände, mit denen die 1848 vor-

33 Zur „zwiespältigen“ Rolle der Eisenbahnen im Revolutionsgeschehen vgl. auch H. H. Knittels Beitrag „Mit Volldampf in die Zukunft voran!“ im Begleit-Magazin der Wanderausstellung Zeitzug 1848, Karlsruhe 1998, S. 18–21.

34 Vgl. die statistischen Daten bei Wettengel: Die Revolution von 1848/49, S. 275 ff.

zeitige gestoppte demokratisch-republikanische Revolution nachgeholt werden sollte, bereits in vollem Gange.

August Becker hatte schon am 10. April 1849 im oberhessischen Hartenrod erklärt, „man habe in Deutschland“ zwar im so hochgelobten März „Revolution gemacht, aber das Ding nicht recht verstanden“. „Die Deutschen hätten der Schlange, die ihnen das Blut aussaugt, nur den Schwanz abgehauen, statt sie auf den Kopf zu treten“, und der Schwanz sei rasch wieder nachgewachsen.[35] Nach dem Unterstützungsaufruf der Paulskirchen-Linken bildeten sich auch in den größeren hessischen Städten gemeinsame Ausschüsse der demokratischen Vereine, ein „Bewaffnungsausschuß“ in Gießen, ein „Wehrausschuß des Volkslesevereins, des Märzvereins und der beiden Handarbeitervereine“ in Darmstadt. Der „Nidderbund“ wollte, wie Niddas Bürgergardekommandeur Ludwig Gelan dem Frankfurter Kongreß der Märzvereine berichtete, eine Brigade von 8 000 Mann aufstellen, doch auf dem zur „Instandbringung einer bewaffneten Volkswehr zum Schutze der Verfassung“ für den 17. Mai nach Nidda berufenen Vereinstag beschränkte man sich wohl, wie andernorts auch, auf kämpferische Resolutionen zur „Lage des Vaterlandes“.[36] Tatsächlich ausgerückt ist zur Unterstützung des badisch-pfälzischen Aufstands außer dem vom Demokratischen Provinzialdirektorium Rheinhessens unter Zitz und Ludwig Bamberger aufgestellten „Freikorps“ nur die gut gerüstete Hanauer Turnerwehr.[37] Der von der großen Volksversammlung in Erbach unter Vorsitz des Darmstädter Demokraten Karl Ohly und seines Wormser Kollegen Ferdinand Löhr beschlossene Zug von mehreren Tausend unzulänglich bewaffneten Odenwäldern am 24. Mai 1849 endete schon an der badischen Grenze bei Ober-Laudenbach in einer blutigen Konfrontation mit den gegen die badischen Revolutionäre aufgebotenen Darmstädter Gardekompanien.

Anders als in Berlin oder Wien war der reformerische Impetus des Jahres 1848 in den hessischen Staaten auch mit der gewaltsamen Niederwerfung der sogenannten Reichsverfassungsbewegung, der Auflösung des von Frankfurt nach Stuttgart verlegten Rumpf-Parlaments am 18./19. Juni 1849 noch nicht am Ende.

---

35 Zitiert im „Promemoria über die politisch-revolutionären Verbindungen 1816–1852“ des Gießener Polizeikommissars L. Nover, StA Darmstadt Abt. C 1 C Nr. 54, Bl. 144 v.

36 Vgl. Köhler: Im Feuer der sozialen Republik, S. 450; zur „Reichsverfassungskampgane“ insgesamt auch Wettengel: Die Revolution von 1848/49, S. 461 ff.

37 Vgl. K. Geisel: Die Hanauer Turnerwehr. Ihr Einsatz in der badischen Mairevolution von 1849 und der Turnerprozeß, Hanau 1974; dazu der Katalog: 150 Jahre Revolution und Turnerbewegung Hanau 1848–1998, Hanau 1998.

Abb 5: „Treffen bei Hemsbach am 30ten Mai 1849. Zwischen den Großherzogl. Hessischen Truppen & den Badischen Freischaaren".
Lithographie von 1849. Generallandesarchiv Karlsruhe, J-G-H/8

In Wiesbaden hatten zwar die von den Demokratenkongressen in Oranienstein und Idstein formulierten Forderungen auf weitere Demokratisierung keine Aussichten auf Erfolg, zumal das konstitutionelle Ministerium unter Hergenhahn, der den vom Herzog beschlossenen Schwenk ins preußische Unions-Lager nicht mitvollziehen wollte, bereits am 7. Juni zurückgetreten war. Doch die von der neuen Regierung des Freiherrn von Wintzingerode gegen Redakteur Julius Oppermann von der „Freien Zeitung" und die Sprecher des Idsteiner Kongresses eingeleiteten Hochverratsverfahren führten zu Freisprüchen, und Herzog Adolf unterzeichnete noch Ende Dezember 1849 eine „Zusammenstellung des nach den bestehenden Gesetzgebungen" in Nassau „geltenden Staatsrechts", in die sowohl der Grundrechtskatalog der Paulskirche wie das demokratische Einkammer-Wahlrecht, das öffentliche Gerichtsverfahren und der Verzicht auf die Domänen aufgenommen wurden. Erst nach der offiziellen Zurücknahme der Grundrechte durch den wiederhergestellten Bundestag in Frankfurt im Spätsommer 1851 hat man mit Dekret-Gesetzen vom 25. November auch die nassauische Staatsreform von 1849 mit dem Domänenverzicht und den übrigen Revolutions-„Errungenschaften" widerrufen und den Landtag in der vormärzlichen Form wiederhergestellt.[38] Selbst die in den „beiden Hessen" schon in den 20er Jahren durchgeführte Trennung von Justiz und Verwaltung wurde in Nassau von der konservativen Regierung des Fürsten Wittgenstein 1854 noch einmal zurückgekurbelt.

In mehr oder minder abgewandelter Form übernommen wurden die Grundrechte der Paulskirche auch in die erst im Dezember 1849 verabschiedeten Reform-Verfassungen für die Stadt Frankfurt und für die Landgrafschaft Hessen-Homburg, die bis 1848 gar keine Verfassung besessen hatte. Der aufgrund der März-Petitionen an die Spitze der Homburger Landesverwaltung berufene Gießener Rechtsanwalt und Landtagsabgeordnete Christian Bansa hatte bereits im Sommer 1848 einen konstituierenden Landtag wählen lassen, der nach dem unzeitigen Tod des reformbereiten Landgrafen Gustav erst im Frühjahr 1849 zusammentreten konnte. Die von Bansa vorbereitete Verfassung wurde zwar am 3. Januar 1850 vom Landesherrn unterzeichnet und publiziert, letztlich aber trotz der im Herbst angesetzten Neuwahlen nie wirklich in Kraft gesetzt und im April 1852 formell wieder aufgehoben.[39] In Frankfurt, das bis 1848 mit der patriarchalischen „Konstitutionsergänzungsakte" von 1816 regiert worden war, hatte der Senat zwar im Oktober 1848 eine mit der Verfassungsrevision betraute „Konstituante" wählen lassen, die am 3. Dezember 1849 schließlich beschlossene Verfassung aber nicht sanktioniert.[40]

Am spektakulärsten vollzog sich die „Reaktion" in Kurhessen. Hier war nach schwierigen Beratungen mit dem Ende 1848 noch mit dem alten Gesetz nachgewählten Landtag im April 1849 ein neues Wahlgesetz unterzeichnet worden.[41] Der auch nach den Neuwahlen im Sommer von den gemäßigten Konstitutionellen beherrschte Landtag billigte den im August beschlossenen Anschluß an die preußisch geführte Union, machte aber mobil, als der Kurfürst im Februar 1850 statt des entlassenen Eberhard den noch aus seiner ersten Amtszeit in den 30er Jahren verhaßten Ludwig Hassenpflug zum neuen Regierungschef berief. Als sein Haushaltsanschlag im Sommer und Herbst zweimal vom Landtag verworfen wurde und die Beamtenschaft die verfassungswidrige Steuererhebung ohne Landtagsbe-

38 Texte bei Franz/Murk: Verfassungen in Hessen, S. 59–83.
39 Text der Verfassung ebenfalls bei Franz/Murk: Verfassungen ..., S. 322–30.
40 Text des im Dezember angenommenen Verfassungsentwurfs vom März 1849 ebd. S. 364 ff. (mit S. 336).
41 Text bei Franz/Murk: Verfassungen ..., S. 272–78.

schluß verweigerte, verfügte die Regierung die Ausrufung des Kriegszustands.[42] Der Eklat wurde noch gesteigert, als die Mehrheit des kurfürstlichen Offizierkorps – ein Unikum in der deutschen Geschichte – den Befehl zur gewaltsamen Durchsetzung der Regierungspolitik unter Hinweis auf den geleisteten Verfassungseid mit dem Abschied, der Aufkündigung des Dienstverhältnisses quittierte.[43] Die daraufhin erwirkte Zwangs-Exekution des neubelebten Bundestags mit dem Einmarsch der sogen. „Strafbayern" führte nach Beilegung des mit dem preußischen Einrücken in Nordhessen drohenden Konflikts zur oktroyierten Verfassungs-Neuordnung vom April 1852, die nicht nur alle Neuerungen der letzten Jahre, sondern auch wesentliche Elemente der Verfassung von 1831 außer Kraft setzte.[44]

Bleiben Waldeck und Hessen-Darmstadt: Das Fürstentum Waldeck hat die liberalisierte Verfassung, die nach recht rabiaten Unruhen in der beschaulichen Residenz Arolsen und längerer Beratung Ende Mai 1849 verkündet worden war, zwar ebenfalls im Sommer 1852 durch eine moderatere Verfassungs-Urkunde ersetzt. Doch anders als in Kurhessen oder auch Nassau blieb hier die konstitutionelle Neuordnung mit der relativ starken Stellung des Landtags und einem nur in einigen Punkten reduzierten Grundrechts-Teil erhalten.[45]

Im Großherzogtum hatte der aufgrund des erst im Herbst 1849 publizierten neuen Wahlgesetzes gewählte Landtag eine klare demokratische Mehrheit. Die als Einschüchterungsversuch kurz vor der Parlamentseröffnung im Dezember angeordnete Verhaftung einer Reihe ihrer führenden Köpfe wegen Verwicklung in den badisch-pfälzischen Aufstand brachte nur Verbitterung und einmütige Protest-Resolutionen, die zur vorzeitigen Auflösung der Kammer führten.[46] Nach Rehabilitierung der Verhafteten durch den Freispruch des Geschworenengerichts im Mai, der nachfolgenden Entlassung des letzten im Hessischen amtierenden Märzministers Jaup im Juni 1850 und dem erneuten Sieg der Demokraten bei der Neuwahl des Landtages, der nach Ablehnung des Finanzgesetzes auch diesmal vorzeitig nach Hause geschickt wurde, verfügte die konservative Regierung Dalwigk im Oktober auf dem Verordnungswege die „Berufung einer außerordentli-

42 Vgl. H. Seier/U. v. Nathusius (Hg. u. Bearb.): Akten und Dokumente zur kurhessischen Parlaments- und Verfassungsgeschichte 1848–1866, Marburg 1987.
43 Vgl. E. Radbruch: Offiziere im Konflikt um Eid und Gehorsam, in: GWU 19 (1968), S. 137–45.
44 Text Franz/Murk: Verfassungen ..., S. 279–292.
45 Texte ebd., S. 113 ff.
46 Vgl. Köhler: Im Feuer der sozialen Republik, S. 481 ff.

chen Ständeversammlung“, da es mit dem gültigen Wahlgesetz offenbar nicht gelinge, „in der Landesvertretung solchen Männern Wirksamkeit zu verschaffen, welchen das Wohl des Volkes wahrhaft am Herzen liegt und welche sich in dessen Beförderung mit unserer Regierung zu vereinigen gesonnen sind“.[47] Trotz des dafür eingeführten Dreiklassenwahlrechts nach preußischem Muster gab es auch in diesem im Januar 1851 eröffneten Landtag mit den militanten Veteranen August Becker und Ludwig Bogen, die bis zur Flucht nach Amerika Anfang 1853 aktiv im Landtag mitwirkten, mit dem Darmstädter Märzvereins-Vorsitzenden August Metz, den Rheinhessen Behlen und Mohr eine ganze Reihe engagierter Demokraten.[48] Vom Landtagswahlrecht und der wohl nur bedingt erfolgreichen Verwaltungsreform, aus der man den gewählten Bezirksausschuß auf die wiederhergestellten Kreise übertrug, blieben im Großherzogtum trotz einer auch hier in vielen Punkten restriktiven Regierungspolitik wesentliche Teile der 1848/49 erreichten Neuerungen wie die Geschworenengerichte oder die weitgehende Beseitigung der im Vormärz immer wieder Unruhe stiftenden standesherrlichen Sonderrechte erhalten.

Als „Errungenschaft“ der 48er Revolution, die trotz zeitweiliger Beschränkungen nicht wieder rückgängig zu machen war, muß neben der endgültigen Liquidation des Feudalsystems und der schon in den Strafverfahren gegen die „Revolutionäre“ wirksamen Liberalisierung der Rechtsprechung, natürlich auch und vielleicht sogar vorrangig die politische Mobilisierung durch Zeitungen und politische Vereine gelten. Das zeigte sich nicht zuletzt in den Verfassungskonflikten in Kurhessen und Nassau, die mit dem Versuch der autoritären Unterdrückung gescheitert sind. Es waren in den Jahren 1848/50 geschulte Parlamentarier wie der Märzvereins-Präsident Metz und sein Freund Karl Hoffmann, die im Großherzogtum mit dem Wahlsieg der Fortschrittspartei 1862 erneut die Führung übernahmen, wobei sie auch bei der Schaffung neuer politischer Infrastrukturen auf die fortlebende Erinnerung an das Vereinswesen der Revolutionsjahre aufbauen konnten. Es waren dieselben Liberalen, die aus der Frustration des Kampfs gegen die Reaktion in Kassel und Wiesbaden für den Anschluß an Preußen optierten. Es ist natürlich einseitig und verkürzt,

47 Großherzoglich. Hessisches Regierungsblatt 1850, S. 371–390.

48 Vgl. H. G. Ruppel/B. Groß: Hessische Abgeordnete 1820–1933. Biographische Nachweise für die Landstände des Großherzogtums Hessen (2. Kammer) und den Landtag des Volksstaats Hessen, Darmstadt 1980; für A. Becker vgl. E. Kickartz: „Der Rote Becker“. Das politisch-publizistische Wirken des Büchner-Freundes August Becker (1812–1871), Darmstadt 1997, insbes. S. 63–74.

doch fällt es immerhin ins Auge, daß nur die beiden Staaten mit einer letztlich trotz zeitweiliger Konflikte kontinuierlichen Verfassungsentwicklung, Hessen-Darmstadt und Waldeck, ihre staatliche Eigenständigkeit auch über die Gründung des Bismarck-Reichs hinaus behaupten konnten. Das vom gebürtigen Nassauer Wilhelm Heinrich Riehl angesichts der reaktionären Turbulenzen in Kurhessen im Herbst 1850 beschworene Bild eines größeren Hessenlandes für das Nassau einschließende „Volk der Hessen", das „von Haus aus das Zeug zu etwas mehr als einem Kleinstaat" hätte,[49] blieb Zukunftsvision.

49 W. H. Riehl, Land und Leute, 1854, S. 270; vgl. Franz: Der Weg nach Großhessen, S. 77.

Revolution in Kurhessen 1848–1850

Hellmut Seier

1.

Die kurhessische Revolution entsprach im Grundzug dem südwestdeutschen Muster. Das galt vor allem für die Ursachen, die Entstehung und den Verlauf. In mancher Beziehung, wenngleich nicht eindeutig, auch für den Ausgang und für die Ergebnnisse.

Wie ziemlich überall überwog in der Entstehungsphase die Spontaneität, eine situationsbezogene Interaktion mit mehr politischer als wirtschaftlich-sozialer Prägung. Der Erhebung vorausgegangen war zwar eine langanhaltende Massenverarmung vorindustriellen Charakters. Auch die klimatisch und agrarisch bedingte Versorgungs- und Teuerungskrise (1845/46), die in großen Teilen Europas ihre Spuren hinterließ, hatte der Kritik am Herrschaftssystem neuen Auftrieb gegeben. Revolutionäre Hochspannung in dem Sinne, daß der Notstand zum Aufruhr motiviert oder einen Staatsverfall mit anarchischen Zügen hervorgerufen hätte, lag bis 1848 aber nicht in der Luft.

Dabei schlug zu Buche, daß das hessische Kurfürstentum seit 1831 ein Verfassungsstaat war, und zwar mit Ansätzen zur Grundrechtswahrung und zu mitbestimmender Ständeopposition. Einige seiner Einrichtungen, so das Einkammersystem, der militärische Verfassungseid und die Anklagepflicht der Ständeversammlung bei Verfassungsbruch, hatten sogar Pionierrang. So unbeliebt die dynastisch-bürokratische Herrschaft war, schlechterdings unrechtsstaatlich war sie nicht. Sie neigte zu autoritärem Druck und bisweilen zur Willkür, aber im Biedermeier-Format.

Das erklärt, warum es eines Anstoßes von außen bedurfte, um das System zu verunsichern, und es erklärt ebenso, daß schon die entstehende Revolution mit gespaltener Zunge sprach. Die Liberalen tendierten zur „*konstitutionellen Monarchie mit wahrer Vertretung des Volkes*“[1], die Demo-

1 Akten und Eingaben, S. 544 (Erklärung des Abg. Wippermann, 13. 3. 1848).

Die Volkscommission in Hanau an den Kurfürsten von Hessen, Königl. Hoheit.

Königliche Hoheit!

Durch die Proclamation Eurer königl. Hoheit vom 7. dieses sind die Wünsche des Volkes nicht erfüllt und seine Bitten unvollständig gewährt werden. —

Das Volk ist mißtrauisch gegen Eure königl. Hoheit Selbst, und sieht in der unvollständigen Gewährung seiner Bitten eine Unaufrichtigkeit.

Das Volk hat in der unvollständigen Gewährung seiner Bitten nichts gesehen, als die dringendste Aufforderung sich noch enger zusammenzuschaaren und eine noch festere Haltung Eurer Königl. Hoheit gegenüber einzunehmen.

Das Volk, welches wir meinen, ist nicht der vage Begriff mehr von ehedem, nein es sind Alle — Alle! — Ja, Königl. Hoheit: Alle! Auch das Militär hat sich für einstimmig erklärt!

Das Volk verlangt, was ihm gebührt. Es spricht den **Willen** aus, daß seine Zukunft besser sein solle, als seine Vergangenheit, und dieser Wille ist unwiderstehlich. —

Das Volk hat sich eine Commission erwählt, und diese verlangt nun für es und Namens seiner:

1) **Besetzung aller Ministerien, soweit diese nicht neuerdings geschehen ist, mit Männern, welche das Vertrauen des Volks geniessen.**
2) **Auflösung der wiedereinberufenen Ständeversammlung und als baldige Berufung neu zu wählender Stände.**
3) **Bewilligung vollständiger Preßfreiheit auf Grund der hierzu im §. 95 der Verfassungs-Urkunde gewährten Zuständigkeit.**
4) **Vollständige Amnestie für alle seit dem Jahr 1830 begangenen politischen Vergehen.**
5) **Gewährung vollständiger Religions- und Gewissensfreiheit und deren Ausübung.**
6) **Hinwirkung bei dem deutschen Bund auf Bildung einer deutschen Volkskammer. Zurücknahme aller den Genuß verfassungsmäßiger Rechte, ganz insbesondere des Petitions-Einigungs- und Versammlungsrechtes beschränkenden Beschlüsse.**
7) **Die bestimmte Zusage, daß die bereits durch die Proclamation vom 7. dieses zugesicherten und in Beziehung auf die ausgesprochenen Desiderien weiter erforderlichen Gesetzentwürfe der nächsten Ständeversammlung vorgelegt werden. —**
8) **Entschliessung Eurer Königlichen Hoheit binnen drei Tagen von heute an, deren Verstreichen ohne Antwort als Ablehnung angesehen werden soll.**

Jetzt ist die Stunde gekommen, wo Sie zu zeigen haben, Königl. Hoheit, wie Sie es mit dem Volke meinen.

Zögern Sie nicht einen Augenblick zu gewähren, vollständig zu gewähren.

Besonnene Männer, Königl. Hoheit, sagen Ihnen hier, daß die Aufregung einen furchtbaren Charakter angenommen hat. Bewaffneter Zuzug aus den Nachbarstädten ist bereis vorhanden, schon wird man mit dem Gedanken einer Lostrennung vertraut und kennt recht wohl das Gewicht der vollendeten Thatsache.

Königl. Hoheit, gewähren Sie! Lenke Gott Ihr Herz.

Hanau, den 9. März 1848.

Die Volkscommission:

P. Jung,
Ed. Graf,
Renaud,
Rollenberger,
L. Braun,
Lautenschläger,
G. Pfluger,
C. Röttelberg,
Dr. G. Pressel,
L. A. Pelissier,
H. Rau,
Ph. Heydt,
A. Gouze,
Braubach,
C. Weidman,
C. W. Wagner,
J. G. Schreyer,
A. Rühl,
Springmühl,
W. Ziegler,
Eberhard,
Rommel,
Manns,
A. Schärttner,

Abb. 6: Hanauer Ultimatum vom 9. März 1848
Hessisches Staatsarchiv Marburg

kraten dagegen zur volkssouveränen Republik und minoriär zur radikalen Umwälzung. Niemand, verkündete auf einem Turnertreffen ein Sprecher aus Hanau, dürfe geschont werden, „*kein Alter, kein Stand, kein Geschlecht*", und zu allererst müsse man „*die Köpfe der Tyrannen holen*".[2]

Hanau ging, neben Kassel und Marburg, beim Revolutionsbeginn voran, aber Tyrannen-Köpfe standen selbst in dem früh industrialisierten Mittelpunkt der unruhigen Südprovinz nicht ernstlich auf dem Spiel. Einem Extrablatt mit der Pariser Thronsturz-Nachricht (26. Februar 1848) folgten Versammlungen, Kundgebungen, erste Wunschkataloge (29. Februar), bevor ein bewaffnetes Arbeiter-Freikorps zusammentrat (4. März) und eine gewählte Volkskommission, der freilich auch der Oberbürgermeister angehörte, Machtbefugnisse übernahm (8. März).

Die Kommission beschloß am nächsten Tag das sogenannte „Hanauer Ultimatum", ein aufsässig formuliertes Reformprogramm, dessen konkrete Forderungen (neue Minister, neue Stände, Pressefreiheit, Amnestie, Religionsfreiheit, uneingeschränktes Petitions-, Vereins- und Versammlungsrecht, deutsche Volkskammer) sich freilich in Grenzen hielten und das eine Verhandlungs-Delegation in Kassel übergab. Zugleich strömten kampfbereite Tumultuanten, „Blusen- und Sensenmänner", Arbeiter aus dem Umland herbei, gemeinsam mit den Hanauern angeblich circa 6 000 bis 8 000 Waffentragende, so daß eine unübersichtliche Lage entstand. Noch bedenklicher schien, daß Sezessionsgedanken in Umlauf kamen. Die Aufstandsbetreiber im kurhessischen Süden erwogen den Anschluß an das zu diesem Zeitpunkt schon revolutionierte hessische Großherzogtum und knüpften in Darmstadt Verhandlungen darüber an. Nicht zuletzt diese Alternative, zusammen mit den Übergriffen auch in anderen Landesteilen und mit Hilfsabsagen aus Berlin, bewirkte den Umschwung. Beraten von seinen Polizeidirektoren und unter Druck gesetzt auch vom Kasseler Stadtrat, bewilligte Kurfürst Friedrich Wilhelm I. nach zähem Ringen nahezu alles (11. März). Worauf in Hanau die unterdes errichteten Barrikaden wieder verschwanden, die Umstürzler sich ihrer Flinten, Büchsen, Musketen, gestreckten Sensen, Spieße, Äxte und Morgensterne entledigten, die letzten Zuzügler abrückten und ein Dankgottesdienst auf dem Neustädter Marktplatz den glimpflichen Ausgang feierte (13. März).

---

2 Franz, Arbeitervereine, S. 171 f. (Rede des Seifensieders Una in Hattersheim, Januar 1848).

Abb. 7: Zerstörung des Prügelbockes in Hanau am 18. März 1848
Verwaltung der Museen Schloß Philippsruhe Hanau, Inv.-Nr. B 6725 HGV

Ein Verlauf, der mehr Typisches als Atypisches aufwies. Typisch waren der zündende Pariser Funke, die anfangs weitgehend impulsive, spezifisch städtische Eröffnung und das primär grundrechtspolitische Reformverlangen. Im „Hanauer Ultimatum" fehlten nicht nur bäuerliche und ländliche Anliegen, sondern überhaupt Forderungen sozialer und wirtschaftlicher Art. Auch daß die Herrschaft elastisch zurückwich, das Militär im Hintergrund blieb, die Deeskalation ein gemeinsames Streben von Obrigkeit und Bürgerschaft war, variierte nur das in kleineren Staaten Übliche. Im ersten Anlauf verband die Erhebung gewissermaßen Arm und Reich. Dagegen war atypisch, daß herausragend von der Provinz und nicht vorrangig von der Hauptstadt die gestaltende Aufwallung ausging, und aus dem Rahmen fiel ebenfalls, daß sie im ersten Auftakt Züge von selbstorganisierter Machtdarstellung hatte und einige Tage lang der demokratische und republikanische Akzent nicht nur ein Nebenton war. Hier kam die besondere

Dynamik des werdenden Rhein-Main-Raums zur Geltung, so sehr das imaginäre Stoppschild vor Fürst, Thron, Hof und überkommener Gesellschaftsordnung selbst die Hanauer Avantgarde vom schrankenlosen Dammbruch abhielt.

Entsprechend moderat verliefen die damit in Gang gebrachten Kasseler Neuerungen. Sie betrafen die Regierungsbildung, den Landtag und die ersten Reformgesetze. Die Umbesetzung der Spitzenpositionen nahm Rücksicht auf die Unmutsbewegung, wahrte formal aber die Spielregeln des Monarchischen Prinzips. Da sämtliche Minister durch Rücktritt oder wegen Krankheit von der Bildfläche verschwunden waren, berührte die Auswahl der neuen Ressortchefs praktisch den ganzen Staatapparat. Auch sah sich der Landesherr zu Ernennungen genötigt, die zuvor nicht denkbar gewesen wären. Zur faktischen Spitzenfigur als neuer Vorstand des Innenministeriums wurde der gemäßigt liberale Bernhard Eberhard, bisher Hanauer Oberbürgermeister und empfohlen durch den unblutigen Ausgang der Erhebung in seiner Stadt, und auch in die anderen ministeriellen Schlüsselstellungen rückten reformistisch Orientierte ein, so insbesondere der entschieden liberale Jurist Carl Wippermann, der ab August 1848 das wichtige Finanzministerium leitete.

Abb. 8: Bernhard Eberhard
Verwaltung der Museen Schloß Philippsruhe Hanau

Dennoch blieb die Einigung mit dem Fürsten weiterhin unvermeidlich. Denn sein Veto stach. Unter den in Spitzenämter Berufenen, sämtlich Protagonisten des Groß- und Bildungsbürgertums, war kein einziger, der sich verfassungspolitisch als Demokrat oder Republikaner verstand. Spätestens ab April 1848 trachteten sie alle danach, die Revolution so rasch wie möglich zu beenden und bei künftigem Wandel verfassungsgemäß vorzugehen.

Hilfreich dabei war, daß der Landtag die neuen Minister deckte. Im Februar 1848 vertagt, war er an der Auflehnung nicht beteiligt gewesen, und als er Mitte März wieder zusammentrat, fehlten viele der altständisch-adligen Abgeordneten, so daß sich – ohne generelle Neuwahl – die Mehrheit nach links verschob. Sie stützte die neuen Verwaltungschefs bei ihren Reformvorhaben.

Das schlug sich in den sogenannten Märzgesetzen nieder, die bis zum Sommer 1848 zu einer gewissen Modernisierung von Staat und Gesellschaft führten. Verwirklicht wurden dabei Vorhaben dreierlei Art. Zunächst, wie überall in Deutschland, solche, die Grundrechtsgarantien verstärkten. Das reichte von der Abschaffung der Zensur bis zur Vereins- und Versammlungsfreiheit und bis zu einer Prozeßrechtsreform, die öffentlich verhandelnde Schwurgerichte schuf und die Polizeigerichtsbarkeit aufhob. Mit der Einführung der obligatorischen Zivilehe stießen die Kurhessen sogar in kulturelles Neuland vor. Ein zweites Reformpaket modernisierte die ländliche Sozialordnung. Hier wurde nachgebessert, was die Strukturreform von 1832 zwar angestrebt, aber nicht vollendet hatte: die teils abzulösende, teils entschädigungslose Aufhebung grundherrlicher Rechte und drükkender Privilegien. Dazu zählte unter anderem das Jagdrecht auf fremdem Grund und Boden. Mit seiner Beseitigung entfiel ein jahrhundertealter Zankapfel. Im Verbund mit den übrigen Zugeständnissen entschärfte dies den dörflichen Sozialprotest. Die Landbewohner verließen als erste die Phalanx der Revolution.

Der dritte Ansatz galt der Verfassungsreform. Er stärkte die parlamentarische Komponente des konstitutionellen Systems und schwächte punktuell die dynastische. Der Fürst mußte Macht abgeben, vor allem durch Einschränkungen des militärischen Oberbefehls und des Richterernennungsrechts. Auch im Wahlrecht und in der Verwaltung kam es zu Verbesserungen. Die regionale Selbstverwaltung wurde erweitert, die Polizei teilweise kommunalisiert. Wesentlich weiter kam die Reform allerdings nicht. Eine Gesamtnovellierung der 1831er-Konstitution wurde nicht in Angriff genommen, sowenig wie (bis Sommer1848) eine umfassende Wahlrechtsreform und eine durchgreifende personelle Erneuerung von Offizierkorps und Bürokratie. Näherte sich die Verfassungswirklichkeit einem de-facto-Parlamentarismus, so blieb der monarchische Charakter des Systems im Grundsätzlichen davon unberührt. Der Landesherr blieb Haupt der Exekutive. Er behielt das absolute Veto auch in der Gesetzgebung. Notstandslagen durfte er verordnungsrechtlich überbrücken.

Mit alledem war gleich im ersten Anlauf eine begrenzte Neuordnung erreicht. Kein Durchbruch, aber ein deutlicher Schritt in liberaler Richtung. Auch die märzlichen Unruhen und Exzesse, die sich nach Art des vorindustriellen Sozialprotests vor allem gegen vermeintliche Negativ-Exponenten (wie Juden, Forstbeamte, Schloßpersonal) gerichtet hatten, ebbten ab. Doch die Dynamik der Revolution war damit noch nicht gebrochen. Sie wirkte im Untergrund vielmehr weiter und erzielte nichts Geringeres als einen Wandel der politischen Kultur.

2.

Dieser Wandel äußerte sich auf verschiedenen Ebenen. Als markanteste Symptome gelten: eine Politisierungswelle zuvor unbekannten Grades, ein Massenimpuls zu Selbstorganisation, eine sprunghaft wachsende Tendenz zur Interessen-Differenzierung und andrerseits ein Integrationsverlangen, das über die Staatsgrenzen hinausgriff und zur Neugestaltung Deutschlands als Gesamtnation aufrief.

Am weitesten voran kam im ersten euphorischen Überschwang der nationale Affekt. Zwei Grundmodelle konkurrierten: das bundesstaatliche (legale Bundesform im Einvernehmen mit den Dynastien) und das in letzter Konsequenz einheitsstaatliche (volkssouveräne Selbstbestimmung durch demokratische Wahl einer verfassungsgebenden Nationalversammlung). Was verwirklicht wurde, kombinierte die beiden Modelle. Daran hatte auch Kurhessen Anteil. Es stützte den Versuch einer probürgerlich-reformistischen, mit der Fortdauer der Monarchien verträglichen, gemäßigt liberalen Lösung.

Das Kurfürstentum war vertreten in den Gremien und Institutionen der Kontinuitätsbewegung (Frankfurter Bundestag und Siebzehnerausschuß, in beiden durch den liberalen Staatsrechtler Sylvester Jordan), und es war ebenso vertreten in den Organen der Selbstorganisation (Vorparlament und Nationalversammlung).

Abb. 9: Professor Dr. Sylvester Jordan (1792–1861) aus Marburg, Deputierter beim Kurhessischen Landtag 1831, Mitautor der kurhessischen Verfassung von 1831, liberaler Staatsrechtler
Zeitgen. Lithographie. Stadtmuseum Kassel

Die Kurhessen im Vorparlament (26 von 574) votierten mehrheitlich gegen Republik und Permanenz, und auch die Kurhessen in der Nationalversammlung (11 von 585) ordneten sich bis auf Ausnahmen der politischen Mitte zu. Öfter allerdings der linken Mitte (Württemberger Hof, Westendhall), seltener der Casino-Fraktion.

Die Wahl zum Paulskirchen-Parlament fand im Kurstaat unter Bedingungen statt, die das allgemeine und gleiche Männerwahlrecht teils progressiv (Direktwahl, Jugendwahlrecht ab 22 Jahren), teils retardierend (strenge Auffassung von „Selbständigkeit" als Wahlrechtskriterium) nuancierten. Unter den Gewählten ragten prominente Kammerliberale (wie der Bibliothekar Bernhardi, die Anwälte Henkel und Schwarzenberg, der Stadtsekretär Wippermann) und Vormärzkritiker (wie der Marburger Nationalökonom Hildebrand) heraus. Die meisten waren akademisch-juristisch gebildet, der größere Teil im öffentlichen Dienst, während das Wirtschaftsbürgertum in der Minderzahl blieb und das bäuerlich-handwerkliche Element vollkommen fehlte. Ein paulskirchentypisches Wahlergebnis also, passend zum Parlament der „Abkömmlichen". Alle aber stimmten darin überein, daß sie einen gesamtdeutschen Neuanfang für unerläßlich hielten. Alle wollten wirkliche, tiefgreifende Reformen.

Abb. 10: Bruno Hildebrand, Marburger Nationalökonom, um 1849
Bildarchiv Foto Marburg, Nr. 222 239

Überwog im Spiegel der Paulskirche somit das revolutionsrealistische, zur Besonnenheit mahnende, funktional hemmende Element, so kompliziert sich der Befund, wenn wir die kurhessischen Anteile an der Politisierungswelle, an der Interessen-Differenzierung und an der parteivorbereitenden Selbstorganisation ins Auge fassen. Denn auf diesen Feldern und überhaupt im außerparlamentarischen Bereich war die stärker drängende, auch Unterschichten vertretende, demokratisch-republikanische Linke vergleichsweise stärker präsent. Von den 87 politischen Vereinen, die 1848 im Kurstaat entstanden, sind 21 (also fast ein Viertel) allein im März und April erstmals hervorgetreten. Nur fünf davon hatten einen spezifisch demokratischen, vom Gesamtliberalismus entsprechend abgehobenen Anstrich. Bald jedoch verschob sich die Relation, und zwar derart, daß schon bis zum Jahresende mehr als ein Drittel der Vereine eindeutig demokratisch war. Auch erzielten die Demokraten schon 1848 teilweise höhere Mitgliederzahlen. Ihr Mobilisierungseffekt erreichte mit durchschnittlich 6,2 % der Ortsbevölkerungen in ihren Hanauer Hochburgen den relativ höchsten Stand, wogegen die Liberalen mit 3,3 % in Hanau und 5,5 % an ihren niederhessischen Schwerpunkten dahinter im Rückstand blieben. Insgesamt ergibt sich bei Hochrechnung der für zwei Drittel aller Vereine vorliegenden Mitgliederzahlen, daß sich bis Ende 1848 circa 15000 Kurhessen politisch engagierten. Eine erstaunliche Aktivität, die im Zuge der zweiten Vereinsgründungswelle im Winter 1848/49 sogar noch anschwoll. Auf dem Höhepunkt gab es 157 politische Vereine im Kurstaat, wobei sich liberale und demokratische numerisch etwa die Waage hielten und die hochgerechnete Quote der Engagierten bis Mai 1849 auf circa 19000 anstieg.[3]

Dazu paßte der gleichzeitige Aufschwung des Pressemarktes. Auch er wuchs nicht nur im Gesamtvolumen, sondern auch nach Maßgabe der immer ausgeprägteren Schattierungsdichte und der Spannweite zwischen rechts und links. Nicht alle Gründungen waren so erfolgreich wie Friedrich Oetkers liberale „Neue Hessische Zeitung", nicht alle hatten ein so starkes publizistisches Echo wie die von Kellner und Heise redigierte „Hornisse", ein demokratisch-republikanisches, nicht nur sartirisches Blatt, dessen Liberalismuskritik im Zuge des Paulskirchen-Fiaskos immer stechender wurde. Das Angebot insgesamt aber lockte eine immer größere Zahl von Lesern, repäsentierte zugleich das werdende Parteiensystem und trug zu seiner Entfaltung bei. Denn es gab auch sozialistische und spezifisch katholische Stimmen, so gut wie umgekehrt die Revolutionskritik aus konservativer Sicht. Für die letztere stand August Vilmars „Hessischer Volksfreund" ein, weniger masseneffizient, aber gleichfalls bemüht um eine neue, durchaus volkstümliche Tonart. Darauf fußte auch der erste schwache Versuch einer konservativen Parteibildung („Treubund für Fürst und Vaterland", November 1850).

Indes der Wandel der politischen Kultur erschöpfte sich nicht darin, daß anders als ehedem gewählt und geworben wurde, mehr Assoziation und Partizipation enstand, die Leselust um sich griff und jedermann disputierte. Es entwickelte sich auch sonst viel Neues. Dazu zählte die Heraufkunft der Arbeiterbewegung mit ihrer für Kurhessen typischen Doppelbasis, der aktivistisch-kommunistischen im Einzugsbereich des Rhein-Main-Gebiets und der mehr genossenschaftlich-zünftlerischen in Kassel. Zum Neuen waren des ferneren die Anfänge einer politisch-katholischen Selbstorganisation zu rechnen, abzulesen an der Entstehung des Fuldaer Pius-Vereins (Dezember 1848). Allenthalben intensivierte sich andrerseits die standesinterne Interessen-Verfechtung, bei der Berufs- und Statusgruppen, von den Handwerkern bis zu den Privatdozenten, um Bewahrung oder

3 Angaben nach Gums, Liberalismus S. 71–90. Zur zweiten Welle (1848/49 demnächst Gums, Bewegung S. 203, 207 f.

Abb. 11: Carl Theodor Bayrhoffer, Marburger Philosoph und „Lichtfreund"
Bildarchiv Foto Marburg, Nr. 221 828

Ausbau von Einfluß rangen, und bei alledem nahm die staatenübergreifende Koordinierung zu, wofür der von Carl Theodor Bayrhoffer, dem Marburger Philosophen und „Lichtfreund", angeregte erste Demokratenkongreß (Mai 1848) exemplarisch war. Und doch blieben auch Gemeinsamkeiten. Der verbindende Anstoß zu gerechterer Neuordnung hielt lange vor. Wie sich bei konkreten Reformvorhaben die Abstände zwischen Hauptströmungen der Revolution, der liberalen und der demokratischen, verfestigten und inwieweit ungeachtet dessen Spielraum für Kompromisse bestand, läßt sich am Beispiel der kurhessischen Wahlrechtsreform studieren.

3.

Daß das Kurfürstentum ein neues Landtagswahlrecht brauchte, unterlag an sich keinem Zweifel. Was 1831 an Altständischem in die Verfassungszeit mit hinübergeglitten war: das Sonderrecht der Prinzen und Standesherren, der Bremsklotz der Ritterschaftmandate, das ständische Minderheitsvotum („Separatstimme") – es konnte unmöglich überdauern, sowenig wie der hohe Zensus, der die Wählbarkeit der Hälfte aller Stadt- und Land-Abgeordneten beschränkte. Trotzdem begnügte sich die Regierung Eberhard zunächst mit Schönheitskosmetik und Bagatellreparaturen. Der Grund dafür war, daß die Verfassung vor jedwedes Streben nach Verfassungsänderung ein haushohes Hindernis (Einhelligkeit oder zweimalige Dreiviertelmehrheit) aufgetürmt hatte, eine Barriere, die den bisher Privilegierten praktisch die Mitentscheidung über den Abbau von Privilegien zusprach. Eine Alternative hierzu aber bot sich nicht, denn ohne peinlich beachtete Verfassungstreue schien weder die Zustimmung des Landesherrn noch die Mitwirkung des Adels erlangbar. Man mußte sich also einigen.

Der Eberhardsche Kompromißentwurf (Oktober 1848) bot dem Adel für den unerläßlichen Rückzug denn auch handfeste Kompensationen an. Zwar sollten die Sonderrechte der Standesherrn und der Ritterschaft entfallen. Auch die Zensusschranke alter Art verschwand. Nicht gedacht dagegen war an ein allgemeines und egalitäres Wahlrecht nach dem Muster der Paulskirche. Vielmehr sollten drei Wählergruppen – Höchstbesteuerte, Städter und Landbewohner – hinfort gleiche Wahlkraft haben, nämlich das Recht, jeweils ein Drittel aller Mandate (16 von 48) zu bestimmen. Natürlich erhob sich sogleich Protest. Demokraten und Linksliberale fanden, es schlage „*der Volkssouveränität geradezu ins Gesicht*", wenn 750 Höchstbesteuerte, 192 800 Städter und circa 450 000 Landleute jeweils als Gruppen gleichviel Wahlgewicht hätten.[4] Auch mit manchem andern, so mit der Heraufsetzung des Wahlalters auf 30 Jahre, war man nicht einverstanden. Daß der Entwurf, von links her eingeschätzt, durchaus auch Vorzüge hatte, neben dem Wegfall geburtsständischer Vorrechte besonders die Direktwahl, das Einkammerprinzip und eine deutliche Abschwächung der Selbständigkeitskriterien, kam demgegenüber weniger zur Geltung.

Um das Wahlgesetz ist monatelang gerungen worden. Kein anderes Reformprojekt war im Kurstaat so umstritten wie dieses. Ein Gegenentwurf mit Aussicht auf Mehrheits-Akzeptanz kam aber nicht auf den Tisch. Und als nach einem ersten Dreiviertelvotum alles wieder auf der Kippe stand und der Umschlag drohte (Rückkehr zum Status quo ante, Rücktritt der Regierung Eberhard, Ende der „Revolution"), lenkten die Linksliberalen ein. Sie akzeptierten nunmehr die Eberhard-Novelle als „Abschlagszahlung" („*Das Beste ist oft der Feind des Guten*"[5]) und ermöglichten damit die zweite Dreiviertelmehrheit. Auch der Adel stimmte zu. Das neue Wahlrecht trat im April 1849 in Kraft.

Gezeigt hatte sich damit zweierlei: zum einen die Unvereinbarkeit der Wahlrechtsprinzipien von Liberalismus und Demokratie, zum andern die Befähigung des kurhessischen Parlamentarismus zum konstruktiven Kom-

---

4 Akten und Dokumente, S. 87 f. (Rede des Abg. Knobel, 24. 10. 1848).
5 Ebenda, S. 88 f. (Rede des Abg. Henkel, 21. 12. 1848).

promiß. Das neue Wahlrecht hat der Opposition 1849 und 1850 zumindest Stimmengewinne gebracht und dazu beigetragen, daß im Sommer 1850 der Demokrat Bayrhoffer zum Landtagspräsidenten gewählt werden konnte. Zu diesem Zeitpunkt war die Revolution freilich schon fast gescheitert. Denn ihr Ende hatte sich auch im Kurstaat bereits seit dem Frühherbst 1848 angebahnt. Es hatte teils revolutionsstrukturelle und innerkurhessische, teils außen- und deutschlandpolitische Gründe.

4.

Zeitlich parallel zum kurhessischen Ringen um ein besseres Wahlrecht verschlechterten sich die Aussichten der Nationalstaatsbildung. Beides hing zusammen, denn hinter beidem stand der Zweifrontenkampf der bürgerlichen Mitte. Wie sie die Partizipation der „Selbständigen" erweitern und doch auch begrenzen wollte, strebte sie in der Deutschlandpolitik sowohl die Machtbeschränkung der Einzelstaaten als auch die machtgestützte Garantie der bürgerlichen Ordnung an. Eine Gratwanderung, die in dem Maße halsbrecherisch wurde, wie die Staaten sich regenerierten, wie der Großmächte-Dualismus wieder wuchs, wie die Alternative Klein- oder Großdeutschland zu einer Schlüsselfrage der Parteienprofilierung wurde und grob gerechnet mit dem Gegensatz von Liberalen und Demokraten verschmolz. Speziell im Falle Kurhessens kamen noch die Sonderprobleme seiner machtgeographischen Lage hinzu. Je mehr der Kurstaat ins Manövrierfeld zweier Hegemonie-Aspiranten geriet, durch die Nachbarschaft Frankfurts und den Hanauer Demokratismus in den Streit um die Paulskirche verwickelt wurde und all dies die Optionsmöglichkeiten der Märzregierung beengte, desto frostiger wurde die Situation. Schlag und Gegenschlag bedingten sich dabei wechselseitig.

Am Anfang hat Kurhessen die Deutschlandpolitik der Paulskirche ohne Vorbehalt unterstützt. Es billigte auch die Wahl eines Reichsverwesers und die Bildung einer Reichsregierung. Sogar der Übergang der Militärhoheit an den Reichskriegsminister wurde akzeptiert. Und zum Glanzpunkt im kurhessischen Revolutionserleben wurde das Huldigungsfest am 6. August 1848, bei welchem die Kasseler Garnison zum ersten Mal die schwarzrotgoldene Kokarde trug, der Kurfürst zu Ehren Erzherzog Johanns, des neuen faktischen Reichsoberhaupts, den Degen zog, ja sich in bürgerlicher Kleidung und mit den deutschen Farben am Hut unter die Volksmenge mischte und höchstselbst das Arndtsche „Vaterlandslied“ anstimmen ließ. Ein Stiftungsfest bürgerlich-dynastischer Kompromiß-Bemühung.

Danach blitzschnell der Szenenwechsel. Zur Wasserscheide wurde auch aus kurhessischer Perspektive die Parlaments- und Reichskrise Anfang September 1848, als mit dem Fiasko des deutsch-dänischen Schleswig-Krieges (Waffenstillstand von Malmö, Drohungen Rußlands und Englands, Umfall der Paulskirchen-Mehrheit) der Prestige-Schwund der Nationalversammlung überhand nahm und eine militante Linke sich gegen sie erhob (Frankfurter Aufstand, 18. September). Hatten sich in der Malmö-Frage die kurhessischen Paulskirchen-Abgeordneten zumeist preußenkritisch engagiert, so standen im Frankfurter Straßenkampf Kurhessen auf beiden Seiten der Barrikaden, auf der einen das zur Niederwerfung des Aufstands detachierte Infanteriebataillon, auf der andern die am Aufstand Beteiligten aus dem frankfurtnahen Grenzgebiet. Großen Anteil am Ausgang hatte wohl keine der beiden, aber das Ja oder Nein zur Fortsetzung der Revolution trennte auch im Kurstaat fortan die Fronten.

In den Mittelpunkt trat dabei vom Herbst an das Ringen um die Reichsverfassung. Der große Schlüsselkompromiß vom März 1849 (einerseits preußischer Erbkaiser, andrerseits demokratisches Wahlrecht) wurde zur Kernstreitfrage, ja zum Angelpunkt der Lagerbildung. Kurhessen beteiligten sich von Hanau aus am Ausbau des prodemokratischen „Zentralmärzvereins“ und an der preußenskeptischen „Reichsverfassungskampagne“, hatten von Kassel aus aber auch die Stabführung im „Nationalen Verein“, einer großbürgerlich-liberalen Sammlung auf der Linie der Frankfurter Mitte und mit zunehmend kleindeutschem Akzent. Und wiewohl sich etwa die Hälfte der kurhessischen Paulskirchen-Parlamentarier nur widerstrebend für das Gagern-Modell (engerer Bund im weiteren Bund) und für den Erbkaiser erwärmte und erst nach Stimmungsturbulenzen eine deutliche Mehrheit (9 von 11) die Kaiserwahl des Preußenkönigs mittrug, hat sich das Kurfürstentum als Staat zuletzt doch eindeutig zur Reichsverfassung, so wie sie war, bekannt. Es hat sie ähnlich wie Württemberg (und anders als Österreich, Preußen, Bayern, Hannover und Sachsen) in aller Form anerkannt und mehrere Wochen lang als geltendes Recht betrachtet. Erst die in rascher Folge sich steigernde Paulskirchen-Agonie und die letzte Revolutionswelle in Baden, der Pfalz und Sachsen (Mai/Juni 1849) veränderten erneut die Lage.

Schon als der preußische Monarch sich weigerte, die Kaiserkrone anzunehmen, reagierten die Spitzen der Kasseler Willensbildung verschieden. Der Außenminister, Wilhelm Frhr. von Schenck zu Schweinsberg, wollte weiterhin die Gruppe der 28 deutschen Staaten stützen, die das Frankfurter Verfassungswerk bedingungslos anerkannt hatten und „*als deren feste Spitze mit Recht Kurhessen angesehen wird*“[6]. Der Landesherr dagegen lehnte das ab. Er habe, schrieb er an Schenck, die Billigung der Reichsverfassung nur unter der Voraussetzung zugelassen, daß die übrigen deutschen Staaten und namentlich Preußen keine Einwände erhöben. Komme es nunmehr zu dem „*unerwünschten Fall*“ eines Bruchs zwischen der Hohenzollernmacht und der Nationalversammlung, so stehe er zu Preußen.[7] Und dem König von Hannover versicherte er, die unternommenen Schritte in der deutschen Verfassungssache seinen „*ohne mein Zuthun lediglich von meinem revolutionairen Ministerium ausgegangen*“.[8]

Eine dritte Position nahmen die Hanauer Turner und Demokraten ein. Sie erwarteten zu dieser Zeit bereits einen Waffengang zugunsten der Reichsverfassung, als deren zu sichernden Kern sie allerdings nur noch die Grundrechte, die Stärke der Reichsgewalt und das Wahlrecht betrachteten, nicht mehr den Erbkaiser und die preußische Führungsrolle. Vollends in den Mai- und Juniwochen lösten sie sich als extreme Linke vom gemäßigt demokratischen Märzverein und seinem Verfassungsverständnis. Propagiert und militärisch vorbereitet wurde statt dessen der Aufbau einer Freischar, die sich am Kampf gegen „*Despotismus und Barbarei*“[9] beteiligen sollte und deren hintergründiges Ziel, so jedenfalls Minister Eberhard, die „*rote Republik*“[10] war.

Dem diente letztlich auch der Marsch der Hanauer Turnerwehr zur Revolution in Baden (Juni/Juli 1849). Der von dem Turnerführer August Schärttner kommandierte, von polnischen Aufstandsverfechtern begleitete, aus 220 Hanauer Gesellen und Goldarbeitern sowie ihren Mitstreitern bestehende Verband kämpfte zusammen mit anderen Freikorps bei Hirschhorn (15. Juni) und Waghäusel (21. Juni) im Odenwald, teils gegen preußisches Militär, teils gegen Reichstruppen, unter welchen auch eine Kompanie kurhessischer Infanteristen war. Die Gefechte waren im Endeffekt vergeblich, denn weder militärisch noch politisch setzte die badische Revolution sich durch. Der Ausgang aber hatte ebenso schwerwiegende wie widersprüchliche Folgen.

---

6 Nass, Verfassungskampf S. 2 (Schenck an Kurfürst, 25. 4. 1849).
7 Ebenda, S. 316 (Kurfürst an Schenck, 1. 5. 1849).
8 Ebenda, S. 317 (Kurfürst an König von Hannover, 10. 5. 1849).
9 Tapp, Hanau S. 396 (Aufruf Klub Donnersberg, 8. 5. 1849).
10 Eberhard, Leben S. 58.

Abb. 12: Übung der Hanauer Turner, um 1849
Verwaltung der Museen Schloß Philippsruhe Hanau

Einesteils verhärtete sich überall im Süden die Animosität gegen Preußen. Dazu trug auch die scharfe Verfolgung der Insurgenten (standrechtliche Erschießungen, Zuchthausurteil gegen Schärttner) bei. Andernteils resultierte aus der badischen Tragödie nicht nur der Zerfall der die Reichsverfassung deckenden Staatengruppe, sondern auch der Einsturz etlicher Einheits- und Freiheitsmythen. So hatte sich die Hoffnung der Hanauer Turner auf Zuzug aus Nord- und Mittelhessen als nahezu illusorisch erwiesen. Die große Masse der Bevölkerung verhielt sich mittlerweile passiv. In großen Teilen des revolutionsmüden Bürgertums obsiegte gar schon die Schutzsuche bei der Ordnungsmacht. Ein Wechselbad der Empfindungen, das den von Fremdinteressen umschlossenen Kurstaat in neue Zerreißproben verstrickte.

5.

Wann endete die Revolution in Kurhessen? Nach landläufiger Meinung: im Februar 1850, als die Regierung Eberhard stürzte. Man kann aber auch sagen: im Juli 1849, als der Turnerzug nach Baden endgültig gescheitert war und der Kurstaat dem preußisch-sächsisch-hannoverschen „Dreikönigsbündnis“ beitrat, einer kleindeutschen „Union“, die zwar unvereinbar mit dem Deutschen Bunde Metternichscher Prägung war, die Frankfurter Reichsverfassung in wesentlichen Zügen aber ebenso preisgab. Drittens kommt in Frage: November 1850. Denn erst im Gefolge der Besetzung Kurhessens durch Bundestruppen nach der Punktation von Olmütz entfielen die Revolutionsgesetze, die die Auflehnung von Militär, Justiz und Bürokratie gegen die Eberhard-Nachfolger mitinspiriert und teilweise mitermöglicht hatten, einen in der deutschen Geschichte beispiellosen, noch immer zu wenig gewürdigten Vorgang. Doch für welches zäsursetzende Datum auch immer wir uns entscheiden, kaum zu bezweifeln ist, daß sich der Ausklang der Revolutionszeit im Kurfürstentum stufenreich, dramatisch und in mehrfacher Hinsicht sonderbar gestaltete – anders als anderswo und mithin wert, genauer beschrieben zu werden.

Die letzten Monate der Amtszeit Eberhards verliefen unerquicklich. Innenpolitisch bedrückten Finanzprobleme. Durch Ausgabenanstieg und Einnahmenrückgang war seit März 1848 ein Haushaltsdefizit von einer halben Million Talern entstanden. Man hatte zur Aushilfe sogar Papiergeld gedruckt. Mental verbreitete sich postrevolutionärer Frust. Letzte Zukunftsprojekte mit märzlichem Einschlag, von der Schulreform bis zur „inneren Kolonisation“, wurden fallengelassen. Außen- und deutschlandpolitisch schließlich starben die nationalen Träume und griff pure Ratlosigkeit Platz. Und was die Machtlage anging, so pfiffen die Spatzen vom Dach, daß der Kurfürst mit seinen Ministern zerfallen war und Eberhard loswerden wollte. Er wußte bloß nicht recht, wie. Im August 1849 scheiterten Staatsstreicherwägungen daran, daß sich niemand fand, der bereit und geeignet gewesen wäre, sie als Nachfolger zu vertreten und ihre Verwirklichung durchzustehen.

Anders ein halbes Jahr später. Jetzt stand ein Nachfolger bereit: Ludwig Hassenpflug, konservativ, hartstirnig, konflikterfahren seit seiner ersten Kasseler Ministerzeit (1832–1837) und auch jetzt wieder geneigt zu einem Kurs am Rande des Staatsstreichs, sofern das Unterfangen formallegal abzusichern und auf preußische oder österreichische Rückendeckung zu stützen war. Auch war der Regierungswechsel, der am 22. Februar 1850

Abb. 13: Ludwig Hassenpflug (1794–1862), kurhessischer Staatsminister. Fotographie nach einem Gemälde in Privatbesitz, Künstler nicht ermittelt
Hessisches Staatsarchiv Marburg, Slg. 7 b, Nr. 320

stattfand, nicht ohne Folgerichtigkeit, selbst nach liberalem und konstitutionellem Maßstab. Stand doch hinter Eberhard nur noch eine bröckelnde Landtagsmehrheit. Die ersten Wahlen gemäß reformiertem Wahlrecht (Juni 1849) hatten den Demokraten einen Stimmengewinn, wenn auch nicht die Majorität gebracht, und spätestens seit dem Badener Debakel war der Graben zwischen ihnen und den Regierungsliberalen unüberbrückbar geworden. Eberhard, ein Mann mit irenischem Naturell und ein Meister der politischen Vermittlung, war nie besonders populär gewesen und wurde es jetzt erst recht nicht.

Einer aber überbot in der Rolle des Prügelknaben und Bösewichts alle andern im Land: eben Hassenpflug. Schon die Nachricht von seiner Rückkehr hat „*wie eine spanische Fliege auf offener Wunde*"[11] gewirkt. Gleich beim ersten Auftritt im Landtag empfing ihn eine fast einstimmige Mißtrauenserklärung. Umstritten war dann besonders seine Haushaltspolitik. Er begehrte unübliche Vollmachten zur Beseitigung der Finanznot, erst einen Kredit, dann die Steuerforterhebung ohne Budgetgesetz, konnte die Notwendigkeit, vom verfassungsgemäßen Modus der Etatbewilligung abzuge-

11 v. Sybel, Hassenpflug S. 56 (Äußerung Hassenpflugs, undatiert).

hen, aber nicht schlüssig begründen. Der Streit nahm in mancher Hinsicht den Bismarck-Konflikt von 1862 vorweg. Als der Landtag auf der Wahrung seines Budgetrechts bestand, wurde er aufgelöst, und als aus der Neuwahl im Hochsommer 1850 eine gestärkte Opposition hervorging, griff der Minister zur Gewalt: Notverordnungen, Kriegsrecht, Hilfsappell an den soeben wiedereröffneten Deutschen Bund (September 1850).

Das Bemerkenswerte, ja Einmalig-Spektakuläre war, daß die beamteten und uniformierten Eliten im Kurstaat es ablehnten, Hassenpflug und das ihn deckende Staatsoberhaupt zu stützen. Im Gegenteil, die Finanzbehörden verweigerten die unentgeltliche Steuererhebung. Der geschäftsführende Landtagsausschuß schritt zur Ministeranklage. Das Oberappellationsgericht in Kassel, zugleich Staatsgerichtshof und höchste juritische Autoriät im Lande, nahm einen Zivilprozeß zum Anlaß, um durch Normenkontrollbeschluß die Nichtigkeit der Steuernotverordnung zu konstatieren. Den empfindlichsten Schlag aber versetzte dem Kurfürsten seine Armee. Als sie zögerte, das verhängte Kriegsrecht zu exekutieren, und als das Offizierkorps daraufhin vor die Wahl gestellt wurde, entweder gehorsam zu sein oder den Abschied zu nehmen, entschied es sich mit überwältigender Mehrheit fürs letztere. Vier Fünftel aller kurhessischen Offiziere (233 von 296) reichten den Abschied ein.[12] Sie hielten die Spannung zwischen Fürstentreue und Verfassungseid für unüberbrückbar und setzten im Zweifel lieber das Portepee und die Pension aufs Spiel. Das war sensationell. Dergleichen war nie vorgekommen. In keinem anderen deutschen Staat brachte die Endphase der Revolution Vergleichbares hervor. Der landesweite Widerstand erreichte damit den Gipfel. Hassenpflug schien nahe daran, der Eliten-Renitenz zu erliegen.

Gewiß, er erlag nicht. Die Auflehnung der Staatsdiener hatte keinen langen Atem. Als die Regierung floh, Fürst und Hof sich in den Schutzbereich Frankfurts begaben, der erneuerte Rumpfbundestag die militärische Exekution beschloß und die einrückenden Bundestruppen die Privathaushalte obstinater Beamten und Richter mit Strafeinquartierung belegten, da knickten die Widerständler ein. Das Oberappellationsgericht revidierte seinen Beschluß, und die meisten Offiziere zogen den Antrag auf Verabschiedung zurück oder akzeptierten dessen Nichtannahme. Schon am dritten Weihnachtstag amtierten der Kurfürst und die Minister wieder in der Residenz, und obwohl die vom Bund installierte Besatzungsverwaltung

12 Arndt, Abschiednahme S. 80 ff.

noch Ende Januar 1851 die Meinung vertrat, der *„offene Widerstand“* sei *„nur zurückgedrängt und nicht in seiner Wurzel erstickt“*[13] schienen die „Strafbayern“ bald entbehrlich. Die Interventionsarmee kehrte ab Februar 1851 nach und nach in ihre Heimatländer zurück. Gelöst war die „kurhessische Frage“ mit alledem jedoch nicht. Vor allem in der Armee schwand die Erinnerung an die Auflehnung nicht mehr. Das Verhältnis zwischen dem Staatsoberhaupt und seinen Dienern blieb eisgekühlt.

Auch kam die organisierte politische Opposition nicht so glimpflich wie mancher Richter und Offizier davon. Zug um Zug wurden Vereine und Versammlungen verboten, wurden Bürgergarden entwaffnet, Presseorgane zum Schweigen gebracht, Gefährdete ins Exil gedrängt. Gegen mehrere hundert Justiz- und Verwaltungsbeamte, die sich im Sinne der Opposition besonders hervorgetan hatten, leiteten Sondergerichte und Disziplinarinstanzen Untersuchungen ein.

Von den fünf Mitgliedern des Landtagsausschusses, der die Anklage gegen Hassenpflug formuliert und vertreten hatte, befand sich im Frühjahr 1851 kein einziges mehr auf Dauer im Land und auf freiem Fuß. Zwei (Bayrhoffer und Kellner) entwichen nach Amerika, drei (Gräfe, Henkel, Schwarzenberg) verbüßten Haftstrafen.

Kein Zweifel, jetzt war die Revolution wirklich und endgültig vorbei. Sie hatte ihre Anführer verloren, ihre Medien eingebüßt, kein einhelliges Ziel fortan und kein Zutrauen mehr zu sich selbst. Statt dessen begann ein Prozeß der Rücknahmen und Umbiegungen im Reform- und Verfassungsbereich. Zu fragen ist, wie weit dies ging und kam. Was blieb von den Anstößen der Revolution? Wie stand es in Kurhessen um ihr Scheitern, ihren Teilerfolg, ihr Vermächtnis?

6.

1. Daß die Revolution, gemessen an maximalen Zielen, gescheitert ist, läßt sich kaum verkennen. Auch Kurhessen ging nicht als soziale Demokratie aus ihr hervor, fand sich am Ende nicht als Teil einer deutschen Republik und eines geeinten Europas wieder. Demokratie und Republik sind aber auch im Kurfürstentum weder erklärtes Eröffnungsprogramm noch die Quersumme aller Gruppenziele gewesen. Im „Hanauer Ultima-

13 Akten und Dokumente, S. 155 (Graf Leiningen an Scheffer, 31. 1. 1851)

tum" stand nichts darüber, und selbst 1849 griff die Mehrheit der Wähler, Gewählten, Vereine und Zeitungen so hoch nicht.
Im Vordergrund der Hoffnungen und Ziele standen vielmehr die Grundrechte, standen der Abbau feudaler Privilegien, der Ausbau parlamentarischer Handhaben, die Herstellung von mehr Legitimation und mehr Partizipation sowie die Schaffung einer deutschen Nationalvertretung. Und insoweit kam man auch voran. Auf dem Scheitelpunkt auch der kurhessischen Revolution gab es Pressefreiheit, war Politik erlaubt, bestand vermehrte Rechtssicherheit. Die Bauern waren zufrieden gestellt, die Parlamente moderner gewählt, die Machtanteile des Landtags und der Nationalversammlung im Rahmen der konstitutionellen Monarchie bis zum de-facto-Parlamentarismus ausgedehnt. Es gab sogar ein deutsches Reich mit Reichsministern und einem Reichsparlament. Kurhessen kochte auf der kleinen Flamme seiner Möglichkeiten an alledem konstruktiv mit. Erst an der Frage, wie das Errungene langfristig zu schützen und zu nutzen sei, in welcher Richtung es weiterentwickelt werden solle und welches Endziel sich damit stelle, trennten sich die Wege. Liberale und Demokraten antworteten verschieden. Bürger und Nichtbürger hatten ungleiche Interessen und setzten jeweils andere Prioritäten. Schlüsselproblem im Kurstaat war dabei das Landtagswahlrecht.

2. Zur Bilanz der Ergebnisse. Es gab Reformen, die zunächst oder auf Dauer überlebten (wie mancher Ansatz zur Gesellschafts- und Agrarreform und wie die Gerichtsreform mitsamt den öffentlich verhandelnden Schwurgerichten). Die Gerichtsreform kam bereits den Hanauer Turnern zugute. Soweit sie zurückkehrten, wurden sie freigesprochen. – Es gab sodann Reformen, die nicht überlebten, sich aber in den späten 1850er und frühen 1860er Jahren als regenerierbar erwiesen (wie die Verfassung von 1831 insgesamt, einschließlich Grundrechten, Einkammerlandtag, Budgetrecht, Ministeranklage und sogar dem reformierten Wahlrecht von 1849). Das alles verschwand 1851/52, ging nur zum geringeren Teil und meist umfunktioniert in die oktroyierten Verfassungen von 1852 und 1860 ein, wurde 1862 aufgrund eines Bundesbeschlusses jedoch weitgehend wiederbelebt. Schon 1853 bestand erneut eine parlamentarische Opposition im Kurstaat. Schon 1855/57 hatte sie wieder die Mehrheit. – Und es gab schließlich politisch-mentale Errungenschaften der Revolution, die trotz Unterdrückung von Vereinsrecht und Pressefreiheit als Denkbedingung und Bildungsbesitz weiterlebten und seit den 1860er und 1870er Jahren auch politisch wieder wirksam wurden, wenn auch oft aktualisiert und instrumetalisiert und mit ver-

ändertem Vorzeichen (wie das allgemeine und gleiche Wahlrecht, das Aufkommen der Arbeiterbewegung, der Sozialstaatsgedanke, aber auch der kleindeutsche Nationalstaat und der preußische Erbkaiser). Das betraf Kurhessen als Staat allerdings nicht mehr. 1866 annektiert, hat es die umgedeutete Nachwirkung der 48er-Ideen nur noch als preußische Provinz erfahren. Die Perspektivverlängerung bis 1866 und darüber hinaus ist aber unerläßlich, wenn sich die Wirkungskalkulation nicht mit dem Vordergrund begnügt.
Bei solch weitperspektivischer Deutung rückt namentlich der deutschlandpolitische Aspekt der letzten Revolutionsphase ins Zwielicht. Hatte sich doch schon 1849/50 gezeigt, wie bedroht das von preußischen Militätstraßen durchzogene Kurhessen war und wie rasch es in Gefahr geriet, zum Anlaß und zum Schauplatz von militärischer Konfrontation zu werden. Aus dem Epilog der Revolution war damals unversehens Kriegsgefahr erwachsen, und als die Verständigung der Großmächte diese Gefahr behob, war die Besetzung Kurhessens durch Bundestruppen an ihre Stelle getreten. Die Lehre hatte gelautet, daß für ein am Schnittpunkt von Großmachtinteressen gelegenes kleines Land vom Gelingen oder Scheitern einer Revolution weit mehr abhängen kann, als was beim Blick auf deren internes Geschehen den Vordergrund ausmacht.

3. Im Grund verkürzt die Frage nach Erfolg oder Scheitern ganz generell die Bedeutung des Phänomens. Erfolg und Scheitern sind fast immer zwei Seiten derselben Medaille – so wie Bewegung und Bewahrung, wie Wandel und Dauer, wie Neueinsatz und Kontinuität. Auch 1848/49 hatte als Spiegelung von Gegebenheiten letztlich beides seinen Wert und Sinn: sowohl das stürmische Drängen zum Aufbruch mit hochgespanntem Ziel als auch das bremsende Mahnen zum sichernden Kompromiß. Worauf den Akzent zu setzen das Vermächtnis der Revolution gebietet, ist – nicht nur bezogen auf Kurhessen – eine Frage mehr des Standpunkts und des Geschichtsbilds als der historischen Rekonstruktion.

Literaturhinweise

Akten und Dokumente zur kurhessischen Parlaments- und Verfassungsgeschichte 1848–1866. Hg. v. Hellmut Seier, bearb. v. Ulrich v. Nathusius und Hellmut Seier, Marburg 1987.
Akten und Eingaben aus dem kurhessischen Vormärz 1837–1848. Hg. v. Hellmut Seier, bearb. v. Bernd Weber und Hellmut Seier, Marburg 1996.

Arndt, Marco: Die Abschiednahme des kurhessischen Offizierskorps im Verfassungskonflikt 1850, in: Winfried Speitkamp (Hg.), Staat, Gesellschaft, Wissenschaft, Marburg 1994, S. 73–90.

Berge, Otto: Fulda in der Revolution von 1848/49, in: Fuldaer Geschichtsblätter 5, 1975, S.133–217.

Eberhard, Bernhard: Aus meinem Leben, Hanau 1911.

Franz, Eckart G.: Die hessischen Arbeitervereine im Rahmen der politischen Arbeiterbewegung der Jahre 1848–1850, in: Archiv für hessische Geschichte und Altertumskunde 33, 1975, S. 167–262.

Franz, Eckart G.: Vormärz und Revolution in den kurhessischen Landen „am Werra-Strom", in: Otto Perst (Hg.), Festschrift Karl August Eckardt, Marburg/Witzenhausen 1961, S.245–283.

Geisel, Karl: Die Hanauer Turnerwehr. Ihr Einsatz in der badischen Mairevolution von 1849 und der Turnerprozeß, Hanau 1974.

Gums, Matthias: Von der Bewegung zur Partei. Liberalismus in Kurhessen 1847–1850, voraussichtlich phil. Diss. Marburg 1999.

Gums, Matthias: Liberalismus in Kurhessen im Jahre 1848, Mag.-Arbeit (Ms.) Marburg 1994.

Hessen 1848. Revolution für Freiheit und Einheit, Recht und Gerechtigkeit. Ausstellungskatalog, bearb. v. Günter Hollenberg, Marburg 1998.

Kukowski, Martin: Pauperismus in Kurhessen, Darmstadt/Marburg 1995.

Lemberg, Margret: „Es gibt nur ein Privilegium, das des Talents". Die Landes-Universität Marburg und die Revolution 1848, in: alma mater philippina. Wintersemester 1998/99, S. 1–6.

Lemberg, Margret (Hg.): Zwischen Unterdrückung und Widerstand. Der Vormärz in Kurhessen und die Revolution von 1848 (Geschichte im Archiv, 4), Marburg 1994.

Lohmeyer, Oda: Kurhessen und die deutsche Einheitsbewegung in den Jahren 1848 und 1849, phil. Diss. (Ms.) Marburg 1911.

Nass, Karl: Vom deutschen zum kurhessischen Verfassungskampf. Hassenpflugs Politik 1850/51, phil. Diss. (Ms.) Marburg 1925.

von Nathusius, Ulrich: Die politische Rolle des Adels in Kurhessen von der Revolution 1848/49 bis zur Annexion 1866, in: Winfried Speitkamp (Hg.), Staat, gesellschaft, Wissenschaft, Marburg 1994, S. 175–210.

Rusche, Fritz: Kurhessen in der bürgerlichen und sozialen Bewegung der Jahre 1848 und 1849, phil. Diss. (Ms.) Marburg 1921.

Seier, Hellmut: Das Kurfürstentum Hessen, in: Handbuch der hessischen Geschichte. Hg. v. Walter Heinemeyer, Bd. 4/2, Marburg 1998, S. 1–183.

von Sybel, Heinrich: Hans Daniel Hassenpflug, in: Historische Zeitschrift 71, 1893, S.48–67.

Tapp, Alfred: Hanau im Vormärz und in der Revolution von 1848–1849, Hanau 1976.

Varrentrapp, Carl: Meinungen in Kurhessen über das deutsche Kaisertum in den Jahren 1848 und 1849, in: Historische Zeitschrift 94, 1905, S.67–106.

Wasielewski, Andreas: Der Kurhessische Verfassungskonflikt von 1850 in der Bewertung des Deutschen Konstitutionalismus, Kassel 1990

Vom feudalen Agrarstaat zum liberalen Verfassungsstaat: Waldeck 1848/49

Gerhard Menk

1. *Waldeck als Land zwischen den Extremen: von der konservativen Unbeweglichkeit zur „perennierenden Revolution"*

Als die Reaktion während des zweiten Halbjahres 1849 wieder die Oberhand gewann, war es unausbleiblich, daß das Fürstentum Waldeck kurz über lang in das Fadenkreuz der konservativen Kritik geraten mußte. Allen voran standen dabei die diplomatischen Vertreter der größeren Bundesstaaten, die sowohl in Kassel wie in Frankfurt als vorgeschobene Beobachtungsposten dienten. Erstmals schilderte der Gesandte Preußens in Kassel, v. Thile, die politischen und verfassungsrechtlichen Verhältnisse beim kleinen waldeckischen Nachbarn in den düstersten Farben. Die Arolser „radicale Kammer bedränge das Fürstliche Haus mit einer Reihe der ungehörigsten Forderungen", schrieb v. Thile Anfang März 1850 nach Berlin.[1] Besonders heraushebenswert fand er, daß die höchsten waldeckischen Staatsbeamten mit dem Landtag im Bunde stünden. Ausdrücklich beim Namen wurden der Staatsrat Wolrad Schumacher und der Regierungsrat Wilhelm Gleisner genannt.[2] Der preußische Geschäftsträger spitzte sein

Benutzte Siglen: FWRB: Fürstlich Waldeckische Regierungs-Blätter, Gbll Waldeck: Geschichtsblätter für Waldeck (und Pyrmont), GStAPK: Geheimes Staatsarchiv Preußischer Kulturbesitz, Berlin, Hess Jb Lgesch: Hessisches Jahrbuch für Landesgeschichte, StAM: Hessisches Staatsarchiv Marburg, SdtA KB: Stadtarchiv Korbach, WGemZ: Waldeckische Gemeinnützige Zeitschrift

1 Bericht v. Thile, Kassel 2. III. 1850 (GStAPK III. HA. Nr. 538 fol. 1).

2 Zu Schumacher, auf den unten noch im Hinblick auf die Verfassung näher zurückzukommen ist, siehe: G. Menk, Die Beziehungen Wolrad Schumachers zu Christian Karl Josias Bunsen und der Mythos Waldeck, in: Hundert Jahre Historische Kommission für Hessen 1897–1997. Festgabe ... hrsg. von W. Heinemeyer, 2. Bd., Marburg 1997, S. 889–913.

Urteil über Waldeck wenig später noch weiter zu, indem er über die Personen hinaus jetzt auch zur Charakteristik der Verfassungsverhältnisse schritt. Nach einem Besuch in Arolsen berichtete er nämlich folgendes nach Berlin: „Der überwiegend democratische Character der Waldeckschen Verfassung, welcher die Fürstin im Mai v[origen] J[ahres] Ihre Sanction ertheilt hat und welche seitdem von allen Civil- und Militairbeamten beschworen worden ist, tritt nunmehr in seinen practischen Consequenzen und Wirkungen immer greller hervor und läßt der Regentin fast nur noch den Schein eigener Wirksamkeit."[3] Die augenblickliche Regierung gebe sich mit diesem ohnehin schon höchst beklagenswerten Zustand, so Thile anklagend, aber nicht einmal zufrieden. Vielmehr verschlimmere sie die schon völlig verfahrene Situation jetzt auch noch „durch neue Gesetzesvorlagen im ultrademocratischen Sinne."

Diese Sicht der Dinge, die das monarchische Prinzip nachgerade in den Schmutz getreten sah, machte rasch Schule. Denn der Gesandte Preußens in Frankfurt hieb im November 1850 in die gleiche Kerbe wie sein Kasseler Kollege, indem er mit Nachdruck darauf drang, daß den augenblicklichen „Zuständen in dem waldeckischen Fürstenthume ein baldiges Ende" gesetzt werde.[4] Bei dem Gesandten handelte es sich um niemand anderen als den späteren Reichskanzler Otto v. Bismarck, der sich in Frankfurt seine ersten diplomatischen und überdies auch politischen Sporen verdiente. Ging Bismarck in seinem Urteil schon weit, so wurde er noch übertrumpft durch den österreichischen Gesandten in Kassel, Graf Hartig. Denn der über lange Zeit verschlafen wirkende Kleinstaat Waldeck mit seinen rund 50 000 Bewohnern[5] erschien in der Berichterstattung Hartigs nach Wien in einer noch deutlicheren demokratischen Perspektive, als dies bei seinen preußischen Pendants der Fall war. Es stehe gänzlich außer Frage, so der österreichische Diplomat im Frühjahr 1851, daß Waldeck von Demokraten reinsten Wassers beherrscht werde[6] Allein schon die Tatsache, daß die knapp zwei Jahre zuvor im Mai 1849 erlassene Verfassung mit dem Grundrechtsteil im Vorspann nicht längst zur Disposition gestellt worden sei,

3 Kassel 11. III. 1850 (GStAPK III. HA. Nr. 538 fol. 3–4).

4 Otto v. Bismarck an Ministerpräsident und Minister des Äußeren, v. Manteuffel, Frankfurt a. M. 6. XI. 1850 (Ebda. fol. 10–11).

5 Zum vormärzlichen Waldeck siehe zusammenfassend A. Gabert, Waldeck, in: Conversationslexicon der Gegenwart 4. Bd., 2. Abt., T–Z, Leipzig (Brockhaus) 1841, S. 307–322; die hier angegebene Bevölkerungszahl von 55 000 für das Jahr 1841 verminderte sich noch einmal durch Auswanderung bis 1848 erheblich.

6 Graf Hartig an Fürst Schwarzenberg, Kassel 19. III. 1851 (Haus-, Hof- und Staatsarchiv Wien, Politisches Archiv VII, Kasten 75).

müsse sehr zu denken geben. Mit der weiterhin in Geltung befindlichen Verfassung liege es völlig offen zutage, so Hartig, daß sich die waldeckische Regierung „gänzlich in den Händen von Gothanern und Demokraten" befinde, die keinerlei Bereitwilligkeit zeigten, „solchen allgemeinen Maßregeln beizutreten, durch welche jene mit den Worten ‚liberale Richtung' bemäntelte Sendung nach perennirender Revolution beseitigt werden soll."

Der Adressat des Hartigschen Berichts, Fürst Schwarzenberg, mußte sich keineswegs die Augen reiben, als die Arolser Nachrichten aus der Hauptstadt Kurhessens in Wien eintrafen. Längst nämlich hatte der preußische König Friedrich Wilhelm IV. darauf hingewirkt, daß auch die politischen Verantwortlichen in Wien von den angeblich so unhaltbaren waldeckischen Verhältnissen informiert waren.[7] Gleichwohl stellte die Herrschaft von Demokraten und überdies die von Hartig so wortgewaltig beschworene „perennirende Revolution", wie sie sich angeblich unter dem Deckmantel des Liberalismus entfaltete, eine für das Bild Waldecks mehr als ungewohnte Perspektive dar. Denn in den rund dreieinhalb Jahrzenten von 1816 bis in das Vorfeld von 1848 hatte sich das Fürstentum im politischen Schatten des großen kurhessischen Nachbarn geradezu den Ruf eines biedermeierlich-verschlafenen, sowohl der allgemeinen verfassungsrechtlichen wie auch der Verkehrsentwicklung hinterherhinkenden Landes erworben. Insbesondere die 1816 zustandegekommene Verfassung[8], die unter preußischem Druck erlassen worden war und auf diese Weise noch stark von altständischen Elementen bestimmt wurde[9], hatte den Eindruck eines besonders retardierten Kleinstaates hervorgerufen. Doch auch die Beharrungskraft, die das Land 1830 zeigte, trug zu diesem Urteil bei. Denn die sogenannte „Landständische Verfassungs-Urkunde" überlebte den anderswo heftig zu Buche schlagenden Umbruch der Revolution von 1830/31.

---

7 Die erste Mitteilung v. Manteuffels an Generalleutnant v. Radowitz erfolgte von Berlin [gestr.: Erfurt] am 30. III. 1850 (GStAPK III. HA. Nr. 538 fol. 7–8).

8 Landständische Verfassungs-Urkunde vom 19. April 1816, in Wiederabdruck aus den „Fürstlich-Waldeckischen Regierungsblättern" jetzt bei: E. G. Franz/K. Murk (Hrsg.), Verfassungen in Hessen 1807–1946. Verfassungstexte der Staaten des 19. Jahrhunderts ..., Darmstadt 1998, S. 104–113.

9 Zur Entstehung der „Landständischen Verfassungsurkunde" siehe u. a.: D. Weigel, Fürst, Stände und Verfassung im frühen 19. Jahrhundert. Studien zur Entstehung der Verfassungsurkunden von 1814 und 1816 des Fürstentums Waldeck, in: Gbll Waldeck 59, 1967; G. Menk, Staat und Stände in Waldeck, in: B. Heidenreich/K. Böhme (Hrsg.), Hessen. Verfassung und Politik, Stuttgart-Berlin-Köln 1997, S. 126–150, hier S. 134 ff.; zum Kontinuitätstheorem der kleinstaatlichen Politik Waldecks: ders., Grundzüge der Geschichte Waldecks in der Neuzeit. Perspektiven und Perseveranz kleinstaatlicher Politik, in: Hess Jb Lgesch 37, 1987, S. 241–297.

Während seinerzeit im nahen hessischen Kurfürstentum eine Verfassung moderner Prägung entstand, konnte in Waldeck nach einer kurzen revolutionären Zuckung der biedermeierliche Dämmerschlaf seinen ungestörten Fortgang nehmen. Ernsthafter Druck auf die zunehmend verkrusteten Verhältnisse begann sich erst zu regen, als 1832 mit Wolrad Schumacher ein neuer Landsyndikus frischen Wind in das politische Leben des Landes brachte.[10] Noch deutlicher artikulierte sich das liberale Element im Lande, seitdem die „Waldeckische Gemeinnützige Zeitschrift" zu Ende der 30er Jahre erstmals erschien. Mit diesem Publikationsorgan verschafften sich die Liberalen im Lande, allen voran der versierte Jurist Friedrich Weigel[11], eine öffentliche Plattform, die bis in die konservativen Kreise hinein zum neuen Publikationsorgan wurde. Als die Zeitschrift allerdings 1845, nach kaum einem Jahrzehnt der Existenz, ihr Erscheinen wieder einstellen mußte, schien dies ein schlechtes Omen für alle künftigen Bemühungen, auf absehbare Frist sowohl im politischen Leben wie in der Verfassungsordnung eine von zahlreichen Seiten gewünschte grundlegende Wende herbeizuführen.

Doch erwies sich diese düstere Perspektive rasch als ein Trugschluß. Für das scheinbar so reformunfähige Land bedeuteten die beiden Revolutionsjahre 1848 und 1849 nämlich einen tiefen Einschnitt. Während der beiden Jahre blieb nämlichr so gut wie kein Stein auf dem anderen. Der Umbruch, den Waldeck seit dem Frühjahr 1848 ebenso kontinuierlich wie in der Nachhaltigkeit der Folgen erlebte, läßt sich bereits an der dichten Folge von Gesetzen ablesen, mit denen die alte feudale Ordnung Zug um Zug abgelöst wurde. Doch auch der Blick auf die politischen Trägerschichten, die für die rasche Wende verantwortlich zeichneten, fördert Erstaunliches zu Tage. Denn keineswegs nur die kleine bildungsbürgerliche Elite, die auch nach 1849 heftig für ihre Interessen kämpfte[12], war für den Wechsel der Dinge verantwortlich. Ohne den massiven Druck von unten hätten die Reformen vielmehr kaum so zügig vorankommen können, wie dies zwi-

---

10 Vgl. hierzu schon: E. W. Budach, Das Fürstentum Waldeck in der Zeit des Deutschen Bundes: Studien zur Verfassungsgeschichte der Kleinstaaten 1815 bis 1866, Diss. jur. Kiel 1973; zu den waldeckischen Ständen im Vormärz jetzt mehrheitlich aus sozialgeschichtlicher Perspektive: Th. Seibel, Die Waldeckischen Landstände im Vormärz, Frankfurt a. M. 1997; zu Wolrad Schumacher und seinem intellektuellen Zuschnitt siehe: Menk, Die Beziehungen Wolrad Schumachers (wie Anm. 2).

11 Zu ihm siehe: F. Weigel, Geschichte des waldeckischen Zweiges der Familie Weigel, Mengeringhausen 1920.

12 Vgl. hierzu: G. Menk, Das waldeckische Bildungsbürgertum und die Alte Landesschule zwischen Revolution und Akzessionsvertrag, in: Gbll Waldeck 85, 1997, S. 84–95.

schen Frühjahr 1848 und Frühsommer 1849 der Fall war. Selbst die ganz von konstitutionell-liberalen Momenten durchdrungene Verfassung, die im Mai 1849 unter der Bezeichnung „Staatsgrundgesetz“ in Kraft trat[13], wäre wohl ohne die neu auflebende Furcht vor einem neuen revolutionären Akt nicht unterzeichnet worden. Die Verfassung bildete – so läßt sich zugespitzt formulieren – den Schlußstein einer Politisierung, die seit dem Frühjahr 1848 nicht nur die zuvor schon reformwilligen Eliten, sondern jetzt auch breiteste Bevölkerungskreise bis hin zu den Bauern in den entlegensten Ortschaften des Landes erfaßte. Der frische Wind des Aufbruchs war allenthalben zu spüren. Insbesondere die Kommunen, daneben aber auch die neugegründeten Vereine unter anderem in Korbach und im Oberamt Lichtenfels, entwickelten sich zu den Trägern und zugleich Vermittlern einer politischen Lebendigkeit, wie sie Waldeck zuvor nie gesehen – und wohl auch später nicht mehr in dieser Weise erlebte. Durch die Verbindung zu den Volksvereinen im nahen Hessen löste sich Waldeck auch erkennbar aus seiner Isolierung, die ihm später immer wieder bescheinigt werden sollte.

Als Gradmesser für die nachdrückliche Belebung des politischen Moments dürfen auch die beiden Zeitungen angesehen werden, die der Aufbruch hervorbrachte. Zum einen handelt es sich um den bereits 1848 ins Leben gerufenen liberal-konstitutionellen „Volksboten“; ihm folgte in einigem zeitlichen Abstand die demokratische „Volksstimme“. Da die „Volksstimme“, begleitet von dem eher satirischen „Krakeeler“, erst 1849 von dem Landtagsabgeordneten August Wirths[14] begründet wurde und immerhin drei Jahre lang bis in das Frühjahr 1852 hinein erschien, hatte Graf Hartig in der Tat einen aussagekräftigen Bezugspunkt, um seinen Festellungen über die „perennirende Revolution“ einige Substanz zu verleihen. Letztendlich aber überschätzte der hochkonservative Diplomat den Einfluß des demokratischen Spektrums entschieden. Denn wie schon zu Anfang des Jahrhunderts waren die Großmächte längst wieder auf dem Plan, um die Reformen auch im Verfassungsleben auf das Mindestmaß zu begrenzen.

---

13 Wiederabdruck aus den „Fürstlich-Waldeckischen Regierungsblättern“ in: Franz/Murk, Verfassungen in Hessen, S. 113–135; zur Entstehung siehe bislang: M. Bürsch, Kleinstaatliche Verfassung zwischen Vormärz und Reaktion. Studien zur Entstehung der waldeckisch-pyrmontischen Verfassungsurkunden von 1849 und 1852, Diss. jur. Kiel 1970.

14 Kurzbiographie bei: R. König (Bearb.), Die Abgeordneten des waldeckischen Landtags von 1848 bis 1929, Marburg 1985, S. 97 f.

2. *Die Vorboten und Hintergründe der Revolution: Liberale Kritik, das Ungenügen an der Verfassung und die Agrarkrise*

Wesentlichen Anteil an der Formulierung jener liberalen Prinzipien, die während der Revolutionszeit zum Durchbruch kamen und schließlich zum staatstragenden Prinzip aufstiegen, hatte der Jurist Friedrich Weigel. Er stammte aus einer alteingessenen Druckerfamilie, studierte wie der nach 1848 führende waldeckische Politiker Wolrad Schumacher vornehmlich in Göttingen und kehrte schließlich nach Waldeck zurück, um sich als Advokat in Mengeringhausen niederzulassen. Vom unmittelbaren Vorfeld Arolsens aus ließ sich am ehesten Einfluß auf die Dinge nehmen, die in der Residenzstadt ihre politische Mitte hatten. Die Möglichkeit hierzu schuf die bereits erwähnte „Waldeckische Gemeinnützige Zeitschrift." Weigel nutzte nämlich ab 1837 alle Möglichkeiten, um seine politischen und verfassungsrechtlichen Vorstellungen einem breiteren, allerdings mehrheitlich bildungsbürgerlichen Publikum darzulegen. Am klarsten und prägnantesten formulierte er sie in einem längeren Aufsatzzyklus, der den

Abb. 14: Wolrad Schumacher (1793–1862), zuerst Landsyndikus, dann Staatsrat; Vater der liberalen Verfassung von 1849
Hessisches Staatsarchiv Marburg

unverfänglichen Obertitel „Politisches und Staatswirthschaftliches" trug. Damit versuchte er die Zensur zu umgehen, die freilich eher schläfrig über der Zeitschrift wachte. Weigel als entschiedener Anhänger des englischen Verfassungs- und Justizsystems legte in einem programmatischen Teilbeitrag ein offenes Bekenntnis zum liberalen, auf die Freiheit der Person zielenden Gedankengut ab: „Die Herstellung der persönlichen Freiheit scheint das nächste, leichteste und für alle Interessen gefahrloseste Mittel zur Verjüngung der Nation. Auch beim Untergang der politischen Freiheit erzeugt sie noch wie in den despotischen Reichen des Morgenlandes ein Selbstgefühl und Wohlbehagen, das bei den Völkern, welche die politische Freiheit ohne die persönliche errungen haben, vergeblich gesucht wird. Nicht die politische Freiheit allein, welche doch zunächst nur einen sittlichen Werth hat, und von welcher überdies ein großer Theil des Volks ausgeschlossen ist, begründet in England die allgemeine Anhänglichkeit an die Verfassung, sondern die persönliche Freiheit, das persönliche Recht ist es, welches zunächst diese Wirkung hervorbringt, insofern Jeder sein eignes Recht in der Verfassung gesichert sieht."[15]

Mit der beachtlichen Weite seines Blickes, der sogar über den europäischen Kulturraum hinaus reichte, verfügte Weigel über Vorstellungen und Visionen, die für ein kleines Land wie Waldeck nicht selbstverständlich waren. Der Advokat wäre auch dazu berufen gewesen, den entscheidenden Phasen der Revolution ihren Stempel aufzudrücken und die Entwicklung hin zur liberalen Verfassung zu begleiten. Doch dem Mann, der 1846 noch eine „Einleitung in das Waldeckische Landesrecht" verfaßte und hier eingangs verkündete, daß „Ansicht und Sitte des Volks" eine besonders „reichhaltige Quelle des Rechts" darstellten, war es nicht vergönnt, diese Entwicklung noch zu erleben. Als er im Januar 1847 starb, schien sein Verlust schwer zu wiegen. Doch war es nicht allein die indirekte liberale Kritik an den verkrusteten Verhältnissen Waldecks, die den Boden für die Revolution vorbereiteten. Eine wichtige Rolle spielte auch die schwere Krise der agrarischen Lebenswelt, die sich seit 1845 abzeichnete und – wie auch im benachbarten Hessen – im Frühsommer 1847 zu einer erheblichen Verknappung der Versorgung führte. Die Mißernte des Jahres zuvor, von der Ungunst der Witterung hervorgerufen und durch keinerlei Maßnahmen zu unterdrücken, ließ die Preise steigen und verteuerte die Lebensführung in

15 WGemZ 3, S. 217 f.; zum Freiheitsmoment bei Weigel siehe auch den Nachruf des Pfarrers K. Trainer in: Zum Andenken an Friedrich Weigel, Worte an seinem Grab gesprochen von C. Curtze und K. Trainer, Mengeringhausen 1847, S. 12.

Abb. 15: August Schumacher (1790–1864), Kammerrat und Dichter
Hessisches Staatsarchiv Marburg

breiten Teilen der Bevölkerung derart, daß alle vorherigen Klagen über den Pauperismus in den Schatten gestellt wurden.[16] Insbesondere traten die Folgen im waldeckischen Umland zutage. Der Arolser Kammerrat August Schumacher reiste im Mai vor Ort, um die Verhältnisse zu überprüfen. Er brachte dabei in Erfahrung, daß insbesondere im Kirchspiel Usseln sowie in den Gemeinden Goldhausen, Niederschleidern, Neerdar, Alleringhausen und Bömighausen große Not herrsche, „die sich mit jedem Tag steigere.“[17] Manche Bewohner dieser Ortschaften, so der im liberalen Geist wirkende Beamte, hätten seit 14 Tagen kein Brot gegessen; sogar „Hausfrauen aus Bauren-Gütern bettelten um ein Stück Brod.“ Unter den gegebenen Umständen hielt Schumacher die Lage für überaus ernst. Die „Reitzbarkeit bey dem Volke“ schätzte er seinerzeit als „nicht unbedenklich“ ein.

Schumacher sollte jedoch recht behalten, indem er die „Aufregungen“ vorerst nur als örtlich gebundene Ereignisse beurteilte, die sich nicht zu

16 [Anon.], Der Pauperismus und seine Bekämpfung, in: WGemZ 3, S. 307–323.
17 A. Schumacher an Domänenkammer, Arolsen 21. V. 1847 (StAM 126, Nr. 1323).

einem großen Flächenbrand ausweiteten. Eine „massenhafte Demonstration" schloß er seinerzeit noch gänzlich aus. Auch wenn der aufgekommene Unmut jetzt noch keine öffentlich erkennbare Folge zeitigte, so stellte sich doch jetzt schon scharfe Kritik an der längst als selbstgenügsam und überheblich wirkenden höheren waldeckischen Beamtenschaft ein.[18] Erwies sie sich angesichts der erkennbaren Versorgungsnotlage nicht einmal ansatzweise flexibel, um durch Getreideaufkäufe in Bremen oder Hamburg eine Linderung der Versorgungsnöte zu veranlassen, so verstärkte sich die Kritik an ihr 1847 noch weiter durch die jetzt erstmals vehement vorgetragenen Klagen über die Verfassungsverhältnisse.

Im August 1847 wurde nämlich eine landesweite Petition in Umlauf gebracht, die schließlich über die Stände an die Regierung gelangte.[19] Die Petition unterzeichneten nahezu 1400 Waldeckern; sie darf mithin den Anspruch erheben, die politische Meinung im Lande weithin widerzuspiegeln. Die zentrale Forderung der Petition, deren Autor nicht genannt und bekannt, vielleicht aber in dem Korbacher Gymnasiallehrer Louis Curtze zu suchen ist[20], war der Wunsch nach einer neuen Verfassung. Zu Anfang der Ausführungen heißt es nämlich: „Die Erfahrung selbst hat sehr wesentliche Mängel an unserer Verfassung nachgewiesen – Mängel, welche das gedeihliche Wirken derselben auf die Verbesserung und Hebung des geistigen und materiellen Wohls unsers Volks verzögern, erschweren, ja in mancher Beziehung völlig verhindern. Diese Mängel liegen so offen, daß sie wohl allgemein anerkannt sind, von Jedem wenigstens, dem das Verfassungsleben nicht etwas Gleichgültiges ist, der ein Herz für sein Volk hat." Zwar reichten die Klagen über die Verfassungsverhältnisse insbesondere im Pyrmonter Landesteil bis in die 20er Jahre zurück, doch jetzt erst, unter dem Druck der Agrarkrise, gewann die Kritik eine entschieden vergrößerte Bedeutung und vor allem die Chance zur Verwirklichung.

Die Petition erschöpfte sich aber nicht nur in blanker Kritik ohne jeglichen Ansatz zur Besserung der Lage. Vielmehr ließ sie durchaus schon ein Stück jener bürgerlichen Aufbruchstimmung erkennen, die dann auch auf die bäuerlichen Schichten überging. Wenn der bürgerliche Unmut an

---

18 Dazu: R. Polley, Die Anrede „Herr" im behördlichen Geschäftsstil als Verfassungsproblem, in: J. Eckert/H. Hattenhauer (Hrsg.), Sprache – Recht – Geschichte, Heidelberg 1990, S. 229–253.

19 Nachträglich gebundener Band in: StAM 135, Nr. 418.

20 Zuletzt zu ihm: G. Menk, Louis Curtze und die Anfänge der modernen Historiographie in Waldeck (1862–1874), in: W. Speitkamp (Hrsg.), Staat, Gesellschaft, Wissenschaft. Beiträge zur modernen hessischen Geschichte, Marburg 1994, S. 281–312.

den obsoleten Verfassungsverhältnissen und das bäuerliche Ungenügen an der überkommenen Agrarverfassung eine wesentliche Triebfeder für die politische Entwicklung darstellte, so bedurfte es doch gleichwohl auf beiden Seiten des Prinzips Hoffnung, um das Ungenügen auch in Aktion umzusetzen. Daß die Situation längst reif für eine Änderung war, erkannte am ehesten der seinerzeitige ständische Syndikus Wolrad Schumacher. Der später von preußischer Seite als Demokrat verschrieene Mann nutzte die Gunst der Situation und zugleich seine Stellung im November 1847 dazu aus, um einen dreiköpfigen ständischen Ausschuß unter seiner Führung einzurichten. Dem Ausschuß hatte Schumacher nur eine einzige, aber doch höchst wichtige Aufgabe zugedacht: er sollte die Revision der bestehenden Verfassung betreiben.[21] Schumacher, dessen verfassungsrechtliche Forderungen seinerzeit schon weiter reichten als die in der Petition vertretenen, ließ sich auch nicht mehr von der erheblichen Reserve stören, die die Regierung seinen als keck und aufmüpfig empfundenen Plänen entgegenbrachte. Denn der äußerst agile und verfassungsrechtlich versierte Landsyndikus wußte zu gut, daß er jetzt politisches Profil gewinnnen konnte, indem er nach dem Tod Weigels auch die intellektuelle Führung im Lande an sich riß. Überdies wußte niemand besser über die Stimmung im Lande als Schumacher, der sich jetzt endgültig anschickte, an die Spitze der Kritik zu treten. Liberale Positionen, wie er sie bereits in dem längeren programmatischen Kommentar zur Petition gegenüber den Ständen vertreten hatte, ließen sich inzwischen bestens mit der Kritik an einer Verfassung verbinden, die sich seit langem als die Petrifizierung eines feudalen, von völliger Unbeweglichkeit gekennzeichneten Systems ausnahm.

Bevor Ende Februar 1848 der zündende revolutionäre Funke von Frankreich aus nach Deutschland übersprang, stand schon im Herbst 1847 das ganze Verfassungs-, Rechts- und Sozialsystem des kleinen waldeckischen Fürstentums auf dem Prüfstand. Angesichts seiner in jeder Hinsicht retardierten Verhältnisse, ebenso aber der längst eingesetzten Kritik war jetzt schon klar, daß es auch den kleinsten Sturm nicht mehr überstehen werde.

21 Hierzu und zum folgenden: StAM 135, Nr. 418.

3. Von der Kritik zum offenen Konflikt: die „revolutionären" Ereignisse von Bergheim bis Arolsen

Durfte die landesweite Petition des Herbstes 1847 bereits als erstes, eigentlich unübersehbares Alarmzeichen gedeutet werden, so konnte die unbeugsame Haltung Wolrad Schumachers im Januar 1848 als ein weiteres Indiz dafür gewertet werden, daß die aufgeheizte Stimmung nunmehr in ein schweres Gewitter umschlagen und sich so auch wieder entladen könnte. Denn die Rufe nach einer neuen Verfassung ließen sich seit der Einrichtung der ständischen Kommission nicht mehr unterdrücken, erhoffte man sich doch mit ihr die Veränderung des gesamten Lebensstils. Mehr noch als der Kirchenkalender prägten nämlichen die vielfachen, kaum noch zu übersehenden Abgaben und Dienste den Alltag des einfachen Mannes. Unter dem Eindruck der Entbehrungen und schieren Not, wie sie seit dem Frühjahr 1847 weite Bevölkerungskreise erfaßte, zielte der Ruf nach einer neuen Verfassung erkennbar darauf ab, die nicht mehr zeitgemäßen und unter dem Eindruck der Not kaum zu leistenden Abgaben und Dienste abgeschafft zu sehen.

Anfang März 1848, mithin gegenüber anderen Staaten vergleichsweise früh, zeigte die Regierung erstmals Zeichen des Einlenkens. Allerdings hatten sich wenige Tage zuvor die Forderungen im Lande noch einmal verstärkt geäußert, indem jetzt sogar die beiden Städte Arolsen und das unmittelbar angrenzende Mengeringhausen im amtlichen „Regierungsblatt" Petitionen an Fürstin und Regierung veröffentlichten.[22] Wenn die Protestwelle sogar bis in die immer fürstentreue Residenzstadt überschwappen konnte, dann waren die Zeichen der Zeit selbst bei den bisher in ihrer Unbeweglichkeit kaum zu überbietenden höheren Beamten nicht mehr zu übersehen. Sie drängten das seit 1845 regierende Staatsoberhaupt, die für ihren noch unmündigen Sohn Georg Victor regierende Fürstin Emma, jetzt zu einer raschen öffentlichen Bekanntmachung.[23] Die Regentin sicherte hier zuerst einmal Pressefreiheit zu, sie wollte überdies Bürgerwehren dulden, vor allem aber versprach sie, die von den Ständen auf den Weg

---

22 Petitionen der Einwohner zu Arolsen und zu Mengeringhausen, jeweils vom 9. März 1848, gedruckt in: Beilage zu den FWRB vom 14. März 1848; übergeben wurden die Petitionen am 9. März (Arolsen) und am 10. März (Mengeringhausen).

23 Bekanntmachung der Fürstin zur Gewährung von Rechten und Freiheiten, die Ankündigung von Verfassungsberatungen und Aufruf zur Ruhe und Ordnung, Arolsen 11. März 1848 (Einzelblattdruck, Reproduktion in: G. Menk, Waldecks Beitrag zum heutigen Hessen).

gebrachte Reform der Verfassung zu unterstützen. Mit dem Flugblatt wollte sie die Lage im waldeckischen Lande erst einmal beruhigen, verbreitete sie doch jene Hoffnung, von der das Bürgertum voll war. Die Regentin versprach nicht nur „eine neue und bessere Zeit“, sondern appellierte zugleich an die Einhaltung von Ruhe und Ordnung: „Ich hege dagegen die zuversichtliche Hoffnung, daß meine geliebten Unterthanen ihrer Seits auch in dieser ernsten und bewegten Zeit ihre Liebe und Treue gegen mich und ihren minderjährigen Fürsten und ihren Sinn für Gesetzlichkeit und Ordnung bewähren, und sich stets von der Ueberzeugung leiten lassen werden, daß nur diejenigen Reformen und Einrichtungen, welche nicht blos für den Augenblick berechnet und die auf dem gesetzlichen Weg getroffen sind, das Wohl unseres Vaterlandes vollständig und dauernd begründen können.“

Wenn man von Regierungsseite „ernste und bewegte Zeiten“ zur Kenntnis nahm, so ging man doch fehl in der Hoffnung, mit dem Aufruf und den darin enthaltenen Versprechungen eine Beruhigung der Situation zu erreichen. Vielmehr trat jetzt das genaue Gegenteil ein – die Dynamik des sich beschleunigenden politischen Moments entfaltete sich in einem Kleinstaat, dessen Retardierung in nahezu allen Bereichen des Lebens mit Händen zu greifen war. Es dauerte nur zwei Tage nach dem Aufruf der Fürstin, ehe das zuvor kaum Faßbare eintrat: die ständische Deputation trat zusammen und stellte einen langen Katalog an Forderungen auf, den sie auch so rasch wie möglich als gedrucktes Sitzungsprotokoll der Öffentlichkeit zugänglich machte.[24] War damit der langgehegte Wunsch nach Öffentlichkeit der Sitzungen sozusagen im Vorgriff auf künftige Entwicklungen auf kaltem Wege verwirklicht, so enthielt das „Protokoll der landständischen Deputation“ aber weit mehr noch das gesamte Reformprogramm, das die Stände gegenüber der Regierung einforderten. An oberster Stelle stand selbstverständlich die Reform der Verfassung. Die Beratungen über die neue Verfassung sollten, so die einhellige Meinung, schon von einem neugewählten Parlament vorgenommen werden, das nicht mehr dem vielkritisierten bisherigen Repräsentationsmodus folgte. Vielmehr war jetzt eine „gleichmäßige Repräsentation aller staatsbürgerlicher Interessen“ anzustreben, das heißt ein allgemeines Wahlrecht vorgesehen. Um diesem Genüge zu tun, mußte ein neues Wahlgesetz beschleunigt auf den

24 Einblattdruck (StdtA KB); ohne Nachweis des Druckers, aber wohl bei F. C. Weigel in Mengeringhausen gedruckt; Hinweis auf das Erscheinen unter der Rubrik „Berichtigung“ in der Beilage zu den FWRB vom 21. März 1848, S. 141.

Weg gebracht werden; dieses wollte man Anfang April auf der letzten Vollsitzung der alten Stände beraten und beschließen.

Neben dem Wahlgesetz wurde aber auch die Abschaffung der Zensur in Form eines neuen Pressegesetzes (Punkt 2), die Sicherstellung des Bundeskontingents (Punkt 3), die außerordentlich wichtige Ablösbarkeit der Domanialabgaben und Gefälle, und zwar teilweise ohne jede Entschädigung (Punkt 4), die Gleichheit der Staatsbürger und die Freiheit des Wahlrechts, die Öffentlichkeit der ständischen Beratungen samt Publikation des Staatshaushalts, der Erlaß einer Kommunal- und Städteordnung unter Einschluß einer selbständigen Kommunalverwaltung, die Religionsfreiheit, die Schaffung von Kreisen, die vollständige Trennung der Justiz von der Verwaltung, die Ministerverantwortlichkeit, die Vereidigung der Beamtenschaft und des Militärs auf die Verfassung, schließlich noch die besonders dringlich erscheinende Förderung der gewerblichen Wirtschaft verlangt (Punkt 5). Nachdem die Gesamtstände seit 1816 nicht mehr als dreimal getagt hatten, versuchte nun die ständische Deputation mit ihren 9 Mitgliedern unter Schumachers Führung das Gesetz des Handelns an sich zu bringen, um so einerseits die zahlreichen kommunalen Initiativen zu bündeln, sie jedoch andererseits auszuschalten. Diesmal erfolgte die Reaktion der Regierung umgehend. Schon am 14. März erließ sie gleich zwei Gesetze, wobei zuerst einmal die Zensur abgeschafft wurde.[25] In dieser Hinsicht bezog man sich auf einen Beschluß des Bundestages vom 3. März 1848, hatte mithin Bundesrecht hinter sich. Ebenfalls nur einen Tag, nachdem die ständischen Forderungen auf den Tisch gekommen waren, schaffte die Regierung „für immer" alle Feudallasten ab, deren Obsoletheit längst außer Frage stand.[26] Der sogenannte Hering bei Fruchtlieferungen zählte beispielsweise hierzu, aber auch die „Drittenpfennigsgelder", das herrschaftliche Hundefuttergeld von Bauerngütern, das herrschaftliche Einzugs-, Auszugs- und Umzugsgeld, das Ziegengeld und weitere Lasten, die im Lande nur als geldschöpfendes und letztlich schikanöses Verhalten von Seiten der Obrigkeit verstanden wurden.

Während in Mengeringhausen die ersten Zugeständnisse der Fürstin-Regentin gefeiert und den „zu hoffenden Verbesserungen unserer öffentlichen Zustände" mit Optimismus entgegengesehen wurde[27], schlug nur wenig später an anderer Stelle der lang angestaute Unmut in einen Akt der

25 Gesetz die Aufhebung der Censur etc. betreff[end] (FWRB 1848, S. 4–6).

26 Ebda. S. 3.

27 Dank der Stadt Mengeringhausen für die positive Aufnahme ihrer Forderungen; Druck in: Beilage zu den FWRB, 14. März 1848, S. 132–133.

Gewalt um. In der Edertalgemeinde Bergheim lag allerdings auch ein besonders hohes Konfliktpotential vor, war doch hier seit dem frühen 18. Jahrhundert die gräfliche Nebenlinie ansässig. Das gräfliche Haus, dessen Herrschaftsbezirk nur die drei Dörfer Bergheim, Königshagen und Wellen umfaßte, verfügte über einen eigenen Kreis an Abgaben und Lasten, so daß sich die Beschwerungen in Bergheim stärker spürbar machten als anderswo. Außerdem ließ sich der kommunale Protest am kleinen Residenzort besonders gut personalisieren. So wurde der örtliche Amtmann Friedrich Lagrèze[28] in der Nacht vom 18. auf den 19. März das erste Opfer eines örtlich begrenzten Aufstands. „Die vergangene Nacht haben wir hir in Bergheim erlebt, das Menschen Gedenken, und noch vil darüber hinaus in unserm Waldeckschen Lande nicht vorgekommen ist", hielt der gräfliche Bedienstete Friedrich Leusmann in seinem Tagebuch zu den Bergheimer Vorkommnissen fest.[29] Leusmann war sich dabei sofort der Außerordentlichkeit des Ereignisses sicher, so daß er den recht blutigen Gang der Dinge am Morgen des 19. März so genau wie möglich festzuhalten suchte: „In dieser Nacht wurde der Amtman Lagreze von den Bergheimer aus dem Bette an die Füße gepackt und so zum Hause hinaus die Treppe hinunter unter das Volk geschlebt, und so nackent solte der über die Eder gebracht werden; aber durch das vile Schreien der Frau und 8 Kinder, die auch vil bluteten, wurde es erlaubt, das er wieder ins Haus getragen wurde, unter Bedingung, das er des Morgens Bergheim verlassen müste."

Nur der Hilfe des örtlichen Pfarrers Friedrich Ludwig Stallmann, einem ebenso konservativen wie mutigen Mann, hatte es Lagrèze wohl zu verdanken, daß er am Leben blieb. Der Bergheimer Gerichtspedell Neuschäfer zog rasch Lehren aus dem Vorgehen der Gemeinde, indem er sich durch eilige Flucht einem ähnlichen Maltraitement entzog. So unterschiedlich die Schicksale der beiden gräflichen Bediensteten auch ausfiel: Sie rundeten das Bild von einer äußerst angekränkelten Herrschaft ab, die nur durch die Festlegungen des Landesvertrags von 1816 mit dem Gerichtsbezirk und seinen Beamten hatte überleben können. Im Gegensatz zu den beiden örtlichen Beamten Lagrèze und Neuschäfer freilich blieb die gräfliche Familie völlig ungeschoren. Im Gegensatz zu den Beamten, die Strafgelder

28 Zu dem aus einer Familie mit hugenottischer Herkunft stammenden Lagrèze siehe: H. Nicolai, Staat, Behörden und Beamte in Waldeck 1814–1868, Arolsen 1956 (=Gbll Waldeck 48, 1956), S. 101 f.

29 Tagebuch in: StAM 134, Nr. 75; ebenfalls zu den Vorkommnissen: Graf Carl von Waldeck-Bergheim an die Regierung zu Arolsen, Bergheim 19. III. 1848 (Konz. in: StAM 134, Nr. 76).

festlegten oder einzogen und sich dabei einen Teil ihrer Einkünfte sicherten, sah die Bergheimer Bevölkerung in dem Grafenhaus eine Institution, die wohltätig wirkte. Zu besonderen Gelegenheiten wie an Weihnachten verteilte die gräfliche Familie nämlich Geschenke und trat durch andere Gaben an die Bevölkerung hervor. Dies haftete ebenso im kommunalen Gedächtnis wie die Personifizierung der als höchst ungerecht empfundenen Geld- und Gütereintreibung, für die Lagrèze und Neuschäfer standen. In Bergheim wie in Arolsen und anderswo partizipierte die Beamtenschaft nicht an dem thaumaturgischen Nimbus, den die regierenden Familien immer noch besaßen, und mochten die Herrschaftsverhältnisse wie in Bergheim auch noch so kleinräumig sein.

Die Vorkommnisse in Bergheim, so sehr sie auch am geographischen Rande Waldecks stattfanden und eigenen Gesetzen zu gehorchen schienen, prägten gleichwohl die Muster für alle weiteren mehr oder weniger revolutionären Aktionen im Fürstentum. Denn die Zonen, in denen ein besonderer revolutionärer Aktionismus zu verzeichnen war, verfügten über entsprechende Traditionen bis in den Bauernkrieg hinein: das Edertal und der Westen Waldecks in der Umgebung des früheren Klosters und nunmehrigen Damenstifts Schaaken. Neben der „longue durée", die durch das immer gut funktionierende kommunale Gedächtnis gefördert wurde, spielten aber auch die jeweiligen Belastungen und vor allem der Eindruck, von einzelnen Beamten in besonderer Weise traktiert und geschunden zu werden, immer eine wichtige Rolle. Denn dies war auch der Hintergrund für den einzigen wirklichen transkommunalen, gleichwohl aber bescheiden ausfallenden Aufstand, der Mitte April vornehmlich einen Haufen Goddelsheimer Bauern zum Protestmarsch in die Residenzstadt Arolsen führte. Daß sich der Unmut gerade in Goddelsheim formierte, kam nicht von ungefähr. Denn hier konnten sich die Formen lokalen Unmuts nicht nur gegen die Grafen, sondern gegen die beiden Adelsgeschlechter der Gaugreben und der Eppe, schließlich in deren Folge der Zerbsts, über längere Zeit besonders gut entwickeln. Kaum eine waldeckische Gemeinde dürfte bereits im 16. Jahrhundert, aber auch später über soviel kommunales Selbstbewußtsein und zugleich politisches Geschick wie die kleine Kommune Goddelsheim verfügt haben.

Das Ziel des Marsches der Goddelsheimer Bauern in die Residenz bildete nicht die fürstliche Familie, sondern wie schon in Bergheim die Beamtenschaft. Gleich mehrere Häuser höherer Beamten, darunter auch das Schreibersche Haus, wurden gestürmt. Das Inventar fiel entweder der bäuerlichen Zerstörungswut zum Opfer oder wurde – wie im Falle wertvoller

Gegenstände – entwendet.[30] Dagegen kamen Personen auch deswegen nicht zu Schaden, weil die Regentin auf den Einsatz von Truppen verzichtete. Damit gewann die Bergheimer Attacke auf Lagrèze nicht nur wegen ihrer weitaus schwereren Folgen, sondern zudem wegen ihrer Initialzündung des Protests im Fürstentum letztlich eine weit höhere Bedeutung als die Vorgänge in der Residenzstadt. Allerdings lagen zwischen dem ersten Akt lokaler bäuerlicher Insurrektion im Bergheimer Gerichtsbezirk und dem Marsch auf Arolsen rund einen Monat später noch zahlreiche weitere, allerdings unbedeutendere Aktionen gegen örtliche Beamte. Dies war vornehmlich in Wildungen und in Sachsenhausen der Fall. Hier wurden ebenfalls Beamte das Ziel von lokalen Aktionen. Das Einwerfen von Fensterscheiben und Katzenmusiken rechneten dabei wie anderswo zum gängigen Repertoir des Unmuts. Auch diese Aktionen unterstrichen, daß die Arolser Aufrufe zur Einhaltung von „Recht und Ordnung" nur maßvoll befolgt wurden. So veröffentlichte der bereits erwähnte Kammerrat August Schumacher am 16. März 1848 ein vierseitiges Flugblatt, das mit bewegten Worten den „Geist der Gesetzlichkeit" beschwor, der im politischen Leben über allem stehen müsse.[31] Den pathetischen Eingangsworten folgte der sprachlich nicht minder stilisierte Aufruf an die Einwohner Waldecks: „Zu diesem göttlichen Genius des Rechts und der Ordnung, der selbst die Gestirne des Himmels in ihren Bahnen hält, laßt uns vertrauend emporschauen, daß wir Klarheit gewinnen für einen besonnenen Blick auf die Verhältnisse unseres kleinen Waldeckschen und unseres großen Deutschen Vaterlandes."

4. *Der Kampf um die politischen Ideale: die Auseinandersetzungen zwischen den Liberalkonservativen und den Demokraten*

August Schumacher stand auf konservativer Seite keineswegs alleine, als die politische Situation sich zuspitzte. Außer ihm gab es noch eine beachtliche Zahl an Vertretern der alten Ordnung, die sich jetzt zu Worte meldeten, um die wichtigen Teile der bisherigen Verfassung und zugleich deren Ideale zu verteidigen. Zu ihnen zählte im Spätherbst 1847 beispiels-

30 Verlustliste der im Schreiberschen Haus entstandenen Schäden oder aber der entwendeten Gegenstände als Notiz in: Beilage zu den FWRB vom 13. Juni 1848, S. 277.

31 Ex. in Bundesarchiv Abt. Frankfurt a. M., Zsg. 8/82. Gedruckt ist das Flugblatt bei der Druckerei Weigel zu Mengeringhausen.

weise der Direktor des Hofgerichts, Wilhelm von Hanxleden.[32] Er bekannte sich seinerzeit in durchaus ungewohnter Offenheit zu den Repräsentanten der „conservativen" Richtung, als die ständische Deputation ihn in den dreiköpfigen Ausschuß wählen wollte, der die Revision der Verfassung auf den Weg zu bringen hatte. „Zum Deputirten für die Ritterschaft würde ich einen andern vorschlagen, weil ich dazu zu alt und zu conservativ gesinnt bin", hielt er seinerzeit fest, um schließlich doch die Wahl anzunehmen.[33]

Im Frühjahr 1848, zumal nach dem Marsch der Goddelsheimer Bauern auf Arolsen, fielen die Urteile von liberalkonservativer Seite schon weit subtiler aus. Gleichwohl trat jetzt eine starke Strömung gerade innerhalb des bildungsbürgerlichen Lagers hervor, das den Ordnungsgesichtspunkt über alles stellte, nachdem es zuvor noch uneingeschränkt auf rasche Reformen gedrängt hatte. Zu den Vertretern dieser Richtung zählte neben dem Begründer des „Volksboten" Robert Varnhagen auch der Korbacher Gymnasiallehrer Louis Curtze, der bereits als mutmaßlicher Verfasser der landesweiten Petition aus dem Sommer 1847 erwähnt wurde. Curtze, längst als Kenner der waldeckischen Geschichte mit einer besonderen Betonung des Korbacher Lokalkolorits hervorgetreten und wahrscheinlich schon vor der Publikation seiner großen waldeckischen Geschichte landesweit bekannt[34], intensivierte 1848 seine Bemühungen um die rechte Deutung des historischen Hintergrundes wie auch – damit eng verbunden – der waldeckischen Politik. So publizierte der entschiedene Anhänger des konstitutionellen Prinzips in den aufregenden Monaten im Frühjahr 1848 zuerst einmal eine Studie zur Entwicklung und politischen Funktion der waldeckischen Landstände.[35] Mit dem Versuch, die in den Jahrzehnten zuvor so gut wie gänzlich zur politischen Bedeutungslosigkeit verurteilten Stände wieder in die frühere verfassungsrechtliche Bedeutung zu setzen, war der Wunsch Curtzes und seiner liberalkonservativen Anhänger verbunden, Ordnung und Übersichtlichkeit zum Durchbruch zu verhelfen. In den

32 Kurzbiographie Hanxledens (1789–1869), der 1849 in den Landtag gewählt wurde, bei: Nicolai, Staat, Behörden und Beamte in Waldeck, S. 91

33 Undat. Kommentar Hanxledens zu Wolrad Schumachers Bemerkungen im Hinblick auf die Verfassungsfrage (StAM 135, Nr. 418).

34 Vgl. u. a.: L. Curtze, Corbach im Jahre 1840, in: WGemZ 3, 1840, S. 195–216; Curtze greift mit seinen Betrachtungen zu Holzdiebstahl und Armenwesen der Debatte über den Pauperismus voraus; in seiner Forderung nach größerer Öffentlichkeit vertritt er ganz liberale Positionen.

35 L. Curtze, Die waldeckischen Landstände, Mengeringhausen (Weigel) 1848 (19 S. in Oktav); ders., Geschichte und Beschreibung des Fürstenthums Waldeck. Ein Handbuch für Vaterlandsfreunde, Arolsen 1850.

zahlreichen kommunalen Aktionen, wie sie sich während des kurzen revolutionären Prozesses gezeigt hatten, erkannten die traditionellen, bildungsbürgerlich geprägten waldeckischen Eliten nicht nur das Element des intellektuell inferioren, sondern auch ein schwer steuerbares Vorgehen.

Die Entwicklung der Politik bis hin zur Schaffung einer neuen Verfassung als steuerbaren Prozeß in die Hand zu bekommen: dies war die eindeutige Absicht Curtzes in allen seinen jetzt erscheinenden kleineren und größeren Publikationen. Er entwarf deswegen auch das Idealbild von einem Abgeordneten, damit nicht die falschen Vertreter in den Landtag einzogen, um schließlich nicht nur eine in seinem Sinne falsche Politik zu führen, sondern auch eine nicht hinreichende Verfassung zu entwickeln.[36] „Ueberlegung, Gewissenhaftigkeit und Besonnenheit" sollte der Abgeordnete vor allem besitzen, wobei Curtze das badische Parlament als Vorbild vor Augen stand. Immer wieder stach bei Curtze der Bildungsdünkel hervor; so forderte er, daß ein Abgeordneter im Stande sein müsse, „alle Verhältnisse aus einem höheren Gesichtspunkte" zu betrachten. Damit verschaffte Curtze seinen politischen Gegnern nicht nur erhebliche Angriffsflächen, sondern er trug auch maßgeblich zur politischen Vereinseitigung der nachrevolutionären Entwicklung bei. Sie fand schließlich auch in der Gründung einer eigenen politischen Gesellschaft bzw. Partei ihren Ausdruck. Hatte Curtze schon in seinem Tugendkatalog für die künftigen waldeckischen Abgeordneten gefordert, „daß ihnen ein Herz voll warmer Liebe zum Vaterlande im Busen schlägt", so wundert es nicht, daß diese Parteiung später als „Vaterlandsfreunde" auftraten. Neben ihrer liberalkonservativen Bestimmung verfochten die „Vaterlandsfreunde" mit Vehemenz die fortdauernde Eigenständigkeit Waldecks als herausragendes politisches Ziel. Sie konnten sich dabei auch auf den waldeckischen Abgeordneten in der Paulskirche, Dr. Hermann Backhaus[37], stützen. Jenseits aller politischen Bindungen war es für ihn eine Selbstverständlichkeit, daß an der Selbständigkeit Waldecks nicht gerüttelt werden dürfe.

---

36 L. Curtze, Welche Eigenschaften werden bei den neuen Ständen verlangt, in: Beilage zu den FWRB vom 25. April 1848, S. 202.

37 Kurzbiographie in: W. Wolf/R. Koch (Hrsg.), Hessen in der Revolution von 1848/49, Wiesbaden 1989, S. 102; zum Auftreten des fürstlichen Bundestagsgesandten Stockhausen in der Mediatisierungsfrage siehe: v. Stockhausen, Die Lebenserinnerungen, S. 30 ff.

Protokoll der landständischen Deputation.

Arolsen am 31. März 1848.

Die zur Vorberathung des provisorischen Wahlgesetzes heut wieder zusammengetretene landständische Deputation hat

1. bei der Eröffnung sich vom Regierungskollegio Auskunft erbeten, wie es sich um den Ausmarsch des hiesigen Militairs verhalte, da in öffentlichen Blättern die Nachricht vorgekommen, daß desfallsige Aufforderung von Seiten des Bundestags erfolgt sey. Es ist hierauf die Erklärung ertheilt, daß jene Nachricht insofern grundlos sey, als bis jetzt blos die Aufforderung zur Aufstellung und Bereithaltung des hiesigen Kontingents eingegangen. Die Deputation hat hierauf den Antrag gestellt, daß möglichst nachdrücklich dahin gewirkt werde, den Ausmarsch der Truppen, so lange es irgend thunlich sey und die Vertheidigung Deutschlands gegen den äußeren Feind unsere Mitwirkung nicht unbedingt und entschieden erheische, nicht vor sich gehen zu lassen. Regierungsseitig ist die Versicherung ertheilt, daß zu diesem Zweck Alles, was den Umständen nach thunlich seyn werde, geschehen solle.

2. In der Höchsten Bekanntmachung vom 11. d. M. war unter andern die Zusage geschehen, daß wegen Ablösbarkeit der Zehnten und anderer Domanialabgaben ein Gesetz vorbereitet und darüber nach Erledigung der Angelegenheit wegen der Verfassungsreform mit den Ständen verhandelt werden solle. Da dem Vernehmen nach in diesen Tagen wieder speciell und dringend der Wunsch ausgesprochen ist, daß wenigstens die Schafzähl- und Wollenzoll-Abgaben gegen eine billige, den in die Kammerkasse bisher eingeflossenen Ertrag sicherstellende Entschädigung alsbald aufgehoben werden möge; so ist dieses deputationsseitig dringend bevorwortet und, weil in Betracht der zunächst von Fürstlicher Domainenkammer abhängigen Erklärung eine bestimmte Zusicherung nicht erfolgte, die Stellung eines besondern ständischen Antrags vorbehalten worden.

Alsdann hat

3. die Deputation, zu ihren Berathungen übergehend, die Sache wegen der Pensionirung des Herrn Geh. Raths und Regierungsdirectors H a g e m a n n erwogen und nach Art. 3 des Gesetzes vom 6. Jun. 1832 ihre Erklärung zustimmend, auf das Gesuch um Erhöhung der gesetzlichen Pension jedoch ablehnend, ertheilt.

4. Die übrige Sitzungszeit hat die Vorberathung des provisorischen Wahlgesetzes und sonstiger mit der Verfassungsreform in Verbindung stehender eventuell proponirter Gesetze eingenommen und soll morgen damit fortgefahren werden. Wie oben.

Die landständische Deputation.

Ph. Waldeck. W. Engelhard. Th. Canisius. F. Duncker. Hassenpflug. J. Ebersbach.
F. Schreiber. B. Bunte. J. Waldschmidt.

Abb. 16: Protokoll der landständischen Deputation, Arolsen am 31. März 1848, unterzeichnet von Ph. Waldeck, W. Engelhard, Th. Canisius, Duncker, Hasstenpflug, Ebersbach, Schreiber, Bunte und Waldschmidt

Das Beharren auf der Eigenständigkeit des Landes unterschied die geschichtsbewußten Liberalkonservativen im Lande schärfstens von den ebenfalls starken Demokraten. Denn die Demokraten zogen trotz aller Reserven gegenüber Friedrich Wilhelm IV. zumindest eine Anlehnung an, am liebsten aber ein Aufgehen in Preußen vor, um so aus vornehmlich wirtschaftlichen, keineswegs aber politischen Gründen die retardierten Verhältnisse möglichst rasch ändern zu können.[38] Bevor August Wirths nicht nur solche, sondern auch andere politische Optionen äußerte, verfocht der Arolser Advokat Eduard Cuntze[39] politische Positionen, die dem demokratischen Gedanken den Weg ebneten. Nicht nur seine unabhängige Stellung innerhalb des Berufsstandes der Advokaten, die sich bereits im Vormärz zu einem Verein zusammgeschlossen hatten[40], sondern auch seine herausgehobene Stellung innerhalb der Residenzstadt befähigten ihn zu einem unabhängigen Urteil. In einem mehrseitigen Flugblatt, das er Ende März 1848 veröffentlichte, stellte Cuntze in der Überschrift die für ihn nicht schwer zu beantwortende Frage: „Was bedürfen wir Waldecker jetzt besonders ?" Während ihn seine Forderung nach einem gänzliche neuen, „auf starken, kernigen Grundmauern und Pfeilern" beruhenden Staatsgebäude nicht von den liberalkonservativen Kritikern unterschied, so nahm er doch entschieden für die weniger gebildeten Bevölkerungsschichten Partei. Sichtbar wird dies in seinen Auffassungen zur Pressefreiheit. Wenn erst eine freie Presse geschaffen sei, so Cuntze, dann müsse es möglich sein, daß „nicht nur der Gebildete ... seine Ansichten mittheilen, sondern auch der minder Gebildete, also jeder Staatsangehörige, ohne Furcht vor Kritik über seine Schreibart etc. frei und offen sagen kann, wo ihn der Schuh drückt, wer denselben zu enge machte und wie dem Uebel abzuhelfen ist." Die Sorge, daß alle Bevölkerungsschichten von den Errungenschaften der neuen Ordnung profitieren sollten, war auf liberalkonservativer Seite weit weniger ausgeprägt.

Den schärfsten Gegenspieler fand die alte Ordnung freilich bei den Demokraten, wobei sie ihren profilitiertesten Kopf in August Wirths hatten. Er trat als Organisationstalent auf, das offenbar schon bei den Bergheimer Ereignissen seine Hand im Spiel hatte. Aber auch andernorts schien er immer dann vor Ort präsent zu sein, wenn es zu Insurrektionen gegen Staatsdiener kam. Dabei war Wirths selbst der Sohn eines kleinen waldek-

38 Vgl. schon Menk, Grundzüge der Geschichte Waldecks in der Neuzeit.
39 Mehrere Eingaben an die Stände aus den Jahren 1845–1846 in: StAM 135, Nr. 654.
40 Zur Gründung siehe: StAM 121, Nr. 268.

kischen Beamten, dessen Erbe als Rentmeister er aber 1840 nur interimistisch verwalten konnte, weil er als gescheiterter Theologiestudent längst schon wegen seiner mehr als säkularen und aus dem Rahmen fallenden Überzeugungen bei der Arolser Beamtenschaft verschrieen war.[41] Da nutzte es auch wenig, daß es sich bei Wirths um den Schwager des Bergheimer Grafen Georg handelte, der bereits in den Verfassungsverhandlungen vor 1816 als Gegenspieler des waldeckischen Fürsten Georg Heinrich aufgetreten war, nach seinem Wechsel in das württembergische Gaildorf neuerlich König Wilhelm I. in die Bredouille zu bringen suchte. Während Graf Georg altständische Interessen mit allem Nachdruck verfocht, stand Wirths dagegen am anderen Ende des politischen Spektrums. Doch kannte sich der führende waldeckische Demokrat in der Klaviatur des politiktheoretischen Diskurses kaum weniger gut als sein Bergheimer Schwager aus. Wirths, der dank der Heirat mit einer reichen Arzttochter offenbar über längere Zeit ein eher großbürgerliches Leben führen konnte, publizierte Anfang April 1848 eine programmatische Züge tragende „Erzählung des Mannes aus dem Lande der neuen Freiheit".[42] In diesem als Parabel verfaßten Traktat beschwor Wirths – hier ganz in der publizistischen Tradition Friedrich Weigels – den Mythos der Freiheit als Kern seines politischen Credo. Die „Sonne der Freiheit", so heißt es in der kleinen Schrift ebenso optimistisch wie suggestiv, werde innerhalb kürzester Frist „die Bedrückungen, unter denen die Völker seufzen, auflösen."

Nicht immer befleißigte Wirths sich einer solch gehobenen Form der politischen Auseinandersetzung wie in der „Erzählung". Wenn er auf die kleinen waldeckischen Kommunen einzuwirken suchte, die neben dem jetzt wieder stärker in den Mittelpunkt rückenden Landtag einen durchaus wichtigen Faktor des politischen Lebens bildeten, bediente Wirths sich dagegen einer weit kräftigeren Sprache. Ansonsten aber unternahm er in den zahlreichen Kleinschriften, die er seit dem Frühjahr 1848 publizierte, alle Anstrengungen, um das demokratische Gedankengut mit einer beachtlichen intellektuellen Schärfe gegen den politischen Gegner zu verteidigen.

---

41 Eine vielleicht überzogene, letztlich aber recht kenntnisreiche und auch für sich sprechende Beurteilung liegt vor von dem Immighäuser Bürgermeister Friedrich Höbel; vgl. K.-H. Völker, Richter, Räuber, Revolutionäre. Lebenserinnerungen des Immighäuser Bürgermeisters Friedrich Höbel, Wiesenfeld 1982, S. 17 ff.

42 Ex. in Bibliothek der Domanialverwaltung Arolsen; Anzeige des Erscheinens in der Beilage zu den FWRB vom 11. April 1848, S. 178.

Proklamation.

Mit dem Bewußtsein, mein dem Lande gegebenes Versprechen, alle gerechten und billigen Wünsche auf dem Wege der Ordnung und des Gesetzes gewähren zu wollen, soweit es thunlich war, gewissenhaft erfüllt, und soweit es dazu gesetzlicher Vorbereitungen bedurfte, dieselben nach allen Kräften getroffen zu haben, muß es mich mit der innigsten Betrübniß erfüllen, daß die Ruhe und gesetzliche Ordnung im Lande auf die beklagenswertheste Weise gestört und noch weiter bedrohet ist. Nicht politische Rechte sind es, die verlangt werden, sondern Angriffe und Bedrohungen von Leben und Eigenthum, die mein Herz tief bekümmern und beunruhigen. Es giebt nur Ein Mittel, dieser Gefahr völliger Gesetzlosigkeit und Auflösung aller bürgerlichen Ordnung ein Ende zu machen, und in den Händen der Gutgesinnten meiner Unterthanen liegt es, dieses zu ergreifen. Diese, und ich hoffe zu Gott, es ist die Mehrzahl, müssen sich vereinigen, um mit vereinten Kräften dem Unglück, was uns Alle bedrohet, vorzubeugen. Ich rufe sie dazu auf, ich beschwöre Jeden, der sein Vaterland liebt, in dem der Geist der Ordnung wohnt, sich sofort bei mir einzustellen und im Verein mit den gutgesinnten Unterthanen und der mir treuen bewaffneten Macht die Herrschaft des Gesetzes aufrecht zu erhalten. Kommt also Alle, in denen ein solcher Geist wohnt, zu mir, damit ich Euch, soweit es thunlich ist, und soweit Ihr nicht selbst mit Waffen versehen seid, bewaffne und Euch, unter selbst gewählten Anführern organisire! Von dem Tage an, wo Ihr Euch bei mir einstellt, werdet Ihr einen entsprechenden militairischen Sold empfangen. Außerdem wird Euch meine und des Vaterlandes Dankbarkeit gesichert bleiben. Ich erwarte mit Zuversicht, daß sofort eine ansehnliche Zahl von Euch Gutgesinnten bei mir sich einfinden wird.

Auf also! Alle, die es treu mit mir und dem Vaterlande meinen.
Arolsen am 17. April 1848.

Emma.

vt. C. W. v. Stockhausen.

Abb. 17: Proklamation der Fürstin Emma vom 17. April 1848

Allerdings führten seine Publikationen und auch sein Auftreten dazu, daß er sich alsbald auf Burg Waldeck wiederfand. Der spätere Landtagsabgeordnete und Begründer der „Volksstimme" landete 1851 erneut im zentralen waldeckischen Gefängnis, das längst zum Sinnbild von Unfreiheit und Bedrückung avanciert war. Sowohl 1848 wie 1851 wehrte Wirths sich vehement mit der Feder gegen die Beamten, die ihn gleich mehrfach seiner persönlichen Freiheit beraubt hatten. Allerdings trat er auch gegen die Gemeinde Goddelsheim an, die ihn als Rädelsführer ihres Marsches gegen Arolsen und damit zugleich als Sündenbock hingestellt hatte. In seiner Verteidigung nutzte Wirths eine wieder einmal ironische und damit zugleich anspruchsvolle Form der Darstellung.[43] Er werde „überall von Mord und Gefangenschaft bedroht", klagte er seinerzeit – in der Tat war ihm der bespitzelnde Staatsapparat immer auf den Fersen, ohne ihn allerdings immer gleich fassen zu können. Allerdings unternahm Wirths auch alles, um das Interesse der Staatsorgane auf sich zu lenken. So sah sich das in Korbach beheimatete waldeckische Hofgericht im Frühjahr 1848 dazu veranlaßt, mit einer eigenständig erschienenen Rechtfertigungsschrift schweres Geschütz gegen ihn aufzufahren, nachdem Wirths die Behörde in einem wieder einmal ironisch gefaßten Flugblatt zu einer massiven Stellungnahme geradezu herausgefordert hatte.[44]

Wenn August Wirths anfangs eher in der Defensive stand, so gewann er mit der Länge seines mutigen Auftretens zunehmend an Rückhalt in der Bevölkerung und auch an politischem Profil. Noch ehe er in den Wahlen von 1849 zum Landtagsabgeordneten gewählt wurde und mit dem jüdischen Kaufmann Jacob Wittgenstein sowie dem Korbacher Gymnasiallehrer Carl Beck zwei weitere prominente demokratische Mitstreiter aus Korbach an seiner Seite hatte[45], räumten ihm seine politischen Gegner im liberalkonservativen „Volksboten" beachtlich viel Platz ein, damit er seine Auffassungen ohne jede Einschränkung unter das Volk bringen konnte. Nach den ersten gedruckten Kontroversen mit dem Hofgericht sowie dem Prinzenerzieher und Mengeringhausener Pfarrer Carl Albracht[46] verlagerte

43 Vgl. den Einblattdruck als Flugblatt: [A. Wirths], In Sachen des August Wirths zu Immighausen, Kl[äger] gegen das Waldecksche Publicum, insonderheit den vornehmen Pöbel, Bekl[agten] Verläumdungsbeleidigung betr.; Geschehen im Fürstenthum Waldeck den 10. Mai 1848 (Ex. in SdtA KB, Flugschriftensammlung).

44 Rechtfertigung des Hofgerichts für die Verhaftung Wirths und gegenüber dessen öffentlicher Anklage in einer ohne Überschrift verbreiteten Flugschrift (Ex. in: SdtA KB, Flugschriftensammlung).

45 Zum Ausgang der Wahlen siehe: König, Abgeordnete, S. 10; Kurzbiographie Becks ebda. S. 10, Kurzbiographie Jacob Wittgensteins ebda. S. 98.

Wirths die politische Debatte zunehmend in die neugegründete Zeitung, in der sich auch Louis Curtze und der Herausgeber Robert Varnhagen beständig zu Worte meldeten. Zwar stand Wirths mit seinen politischen Auffassungen erkennbar am Rande des Spektrums, denn die Demokraten gewannen nur langsam an Boden. So mußte er bis zur Gründung der eigenen demokratischen Zeitung im Mai 1849 dankbar für das Forum sein, das ihm der „Volksbote" zur Propagierung seiner Auffassungen bot. Mit dem Erscheinen der Wirthsschen „Volksstimme" und schließlich auch noch dem „Krakeeler" entstand eine Farbigkeit der politischen Diskussion, die Waldeck nie zuvor und später gekannt hat; allenfalls in den 20er Jahren unseres Jahrhunderts näherte man sich der Heftigkeit der Debatten, wie sie zwischen 1848 und 1850 durchgängig das Bild beherrschte.[47]

In den bewegten beiden Revolutionsjahren war August Wirths der eigentliche Garant dafür, daß der Kampf um die politischen Ideale auch mit jener sprachlichen Zuspitzung geführt wurde, die Ecken und Kanten nicht vermissen ließ. Hatte er Mitte Juli 1848 in einem wieder einmal eigenständig gedruckten Flugblatt mit Bewunderung zur Kenntnis genommen, daß nicht mehr jedermann Tyrannei ausüben könne, „dessen Kopf leer von gesundem Menschenverstande und voll von hochmüthigem Dünkel und voll von Wein und Berndorfer Felsenbier" sei[48], so herrschte in seinen Kommentaren künftig das immer wieder durchdringende Bedauern über den mangelnden Schulterschluß zwischen denjenigen Gesellschaftsschichten, die als Träger der Revolution aufgetreten waren. Wirths Klagen über die „verderbenbringende Zerrissenheit zwischen der vornehmen und der bürgerlichen Gesellschaft", mehr aber noch die „Abkoppelung der niederen Bevölkerungsklassen von der neuen Entwicklung" bildeten die Standardaussage seiner politischen Analyse. Damit beschrieb er am Bei-

46 [C. Albracht], Die andere Erzählung des Mannes aus dem Lande der neuen Freiheit, o. O. [Mengeringhausen] o. J. [1848]; während diese Publikation noch anonym erschien, gibt sich Albracht (1814–1896) Ende Juni 1848 in einem weiteren eigenständigen Druck als Autor der „anderen Erzählung" zu erkennen: C. Albracht, Offenes Sendschreiben an Herrn A. Wirths, als Verfasser der Erzählung: „Ein bekannter und ein noch unbekannter Mann", o. O. [Mengeringhausen] o. J. [1848], Albracht hatte zwischen 1840 und 1848 als Erzieher des künftigen Fürsten Georg Victor gewirkt, ehe er im Revolutionsjahr die Pfarrstelle in der Stadt Mengeringhausen übernahm; Kurzbiographie in: Nicolai, Staat, Behörden und Beamte in Waldeck, S. 75.

47 Vgl. hierzu jetzt: G. Menk, Das Ende des Freistaates Waldeck. Bedingungen und Möglichkeiten kleinstaatlicher Existenz in Kaiserreich und Weimarer Republik, Bad Arolsen ^{2}1998.

48 [A.] W[irths], Nebenbemerkungen zu dem „allbekannten ?! – Texte.", o. O. [Mengeringhausen] o. J. [1848].

spiel Waldecks jenes Dilemma, das letztlich das Scheitern der Revolution im Reiche bedeutete. Kam der führende waldeckische Demokrat mit seinen immer zugespitzten Aussagen und zugleich einem betont kämpferischen Auftreten dem Typus des Volkstribuns sehr nahe, so gewannen seine politischen Kommentare mit der von ihm ins Leben gerufenen „Volksstimme" ein noch schärferes Profil. So verfaßte Wirths im Juli 1849 eine scharfsinnige Betrachtung über die „Zukunft der Monarchie, der Bourgeoisie und der Democratie", wobei er der Staatsform der Monarchie den alsbaldigen Untergang prophezeite. „Die Monarchie oder das Königthum von Gottes Gnaden ist unrettbar verloren", behauptete er dabei in der ihm eigenen, höchst apodiktischen Diktion.[49]

Daß Wirths mit solchen scharfzüngigen Aussagen die liberalkonservative Kritik geradezu auf sich zog, verwundert nicht. Andererseits scheint er nicht zuletzt wegen seines überaus mutigen Auftretens gegenüber der Obrigkeit in vielen Ortschaften vor allem bei der einfachen Bevölkerung ein besonders offenes Ohr gefunden zu haben. Der Immmighäuser Bürgermeister Höber verzeichnete denn auch in seinem Tagebuch: „Er hatte einen großen Anhang. Das Volk lief alle auf ihn zu. Sie wählten ihn zum Landtagsabgeordneten, zum Mitglied des Kreisvorstandes."[50] Jenseits der liberalen Verfassung stellte Wirths zumindest in Waldeck selbst das persönliche Sinnbild jener tiefen politischen Veränderungen dar, die vor 1848 geradezu undenkbar schienen.

4. *Von den Einzelreformen zur liberalen Verfassung vom 23. Mai 1849*

Wenn die am 11. März 1848 proklamierte und drei Tage später garantierte Pressefreiheit ein völlig neues, von Meinungsvielfalt und Lebendigkeit geprägtes Lebensgefühl in Waldeck erlaubte und überraschenderweise auch rasch schuf, so wirkte sich der neue Wind, der Waldeck erfaßte, noch stärker in den ersten freien und allgemeinen Wahlen[51] sowie in der Gesetzgebung aus. In der angesprochenen Bekanntmachung des Fürstin-Regentin, die zur Beruhigung der Lage dienen sollte, rangierte nebem dem

---

49 Die Volksstimme, Freitag 6. Juli 1849.

50 Zitat bei: Völker, Richter, Räuber, Revolutionäre, S. 19.

51 Zum Ergebnis siehe: A. Sieburg, Der Verlauf der Revolutionen von 1830 und 1848 in Waldeck, in: Gbll Waldeck 69, 1981, S. 146.

sofortigen Verzicht auf die Zensur die Aufhebung einer ganze Reihe von Diensten und Abgaben an der obersten Stelle der Prioritätenliste – und dies aus gutem Grund. Entsprechende Forderungen hatten nämlich eine längere Vorgeschichte – und überdies besaßen sie Vorbilder in anderen Staaten, auf die sich leicht verweisen ließ. Zuletzt war im Jahre 1830 die Forderung zur Aufhebung oder doch zumindest Ablösung von Diensten und dinglichen Lasten in enger Verbindung mit einer Verfassungsänderung gestellt worden. Eine kommunale Initiative, die alle Richter der Gemeinden im Oberamt des Eisenberges bei der Regierung vorstellig werden ließ[52], unterstrich die besonderen Bedrückungen, die solche Dienste und Abgaben im alltäglichen Leben einer ausschließlich agrarisch geprägten Gesellschaft bedeuteten.

Während die 1830 eingereichte Bitte – wie vieles andere mehr – in die Mühlen einer bewußt langsam und schleppend arbeitenden Bürokratie geriet und hier schließlich bis auf einige 1834 eingeführte Verbesserungen versandete[53], war die Situation im Frühjahr 1848 doch entschieden anders. Spätestens nach den ersten Attacken gegen einzelne Beamte, vor allem aber nach dem Marsch auf Arolsen schien der Druck aus der bäuerlichen Bevölkerung so stark, daß das Bemühen um eine neuerliche Politik des Aufschubs lebensgefährliche Züge annehmen konnte. Während die bürgerlichen Intellektuellen eher am Schreibtisch über einer neuen Verfassung brüteten, zeigten die in ärgster Not befindlichen Bauern inzwischen keine Zurückhaltung mehr, um mit den ihnen zur Verfügung stehenden Möglichkeiten auf die Besserung ihrer Lebensbedingungen zu drängen. Unter der mehr oder weniger offenen Drohung, auf die Anwendung von Gewalt nicht zu verzichten, wenn dies aus erkennbaren Gründen für notwendig erachtet werden sollte, hielt die Regierung auch Wort.[54]

Allein die beachtlich hohe Zahl an Gesetzesvorhaben von grundsätzlicherem Charakter, die zwischen Frühjahr und Dezember 1848 einer sehnlichst auf Reformen hoffenden Bevölkerung verkündet wurden, spricht für sich. Zwar befand sich der ebenfalls erwartete krönende Abschluß eines

52 Überlieferung in: StAM 131, Nr. 11; die Befassung mit der Sache reichte immerhin zurück bis 1842.

53 Gabert, Waldeck, S. 318, überzeichnet 1841 die erreichten Ergebnisse, wenn er in seiner Schrift über die Landstände festhält: „Die wichtigste und ersprießlichste Folge Landtags von 1830, seit welchem eine Zusammenberufung der Stände nicht stattgehabt hat, war die Ablösung eines bedeutenden Theils der bäuerlichen Dienste, welche in J[ahre] 1834 zu Stande kam."

54 Zur Regierungssicht siehe vornehmlich die kommentierten Memoiren der späteren Vertrauten Fürst Georg Victors: E. v. Stockhausen, Lebensbild des Fürstlich Waldeckischen Geheimrats Carl Wilhelm von Stockhausen, in Gbll Waldeck 5/6, 1905/06, S. 20 ff..

Abb. 18: Carl Wilhelm von Stockhausen (1804–1889), Geheimer Rat, Berater der Fürstin während der Revolutionsereignisse, später graue Eminenz am waldeckischen Hofe; unter anderem Gesandtschaften an den Berliner Hof
Hessisches Staatsarchiv Marburg

durchaus bewegten Reformjahres – die neue Verfassung – nicht unter den verwirklichten Reformprojekten, obwohl die Fürstin-Regentin bei der Landtagseröffnung am 14. Juni 1848 noch einmal die Durchsetzung des wichtigsten Steins in dem großen Gebäude der Reformen verheißen hatte. Doch auch ohne diesen dringend notwendigen Abschlußstein hatte sich die Lebenswelt der ganz überwiegend agrarischen Bevölkerung bis zum Jahresende 1848 bereits einschneidend geändert. Nach der Beseitigung vieler der drückenden dinglichen Lasten verminderten sich nämlich nicht nur die perpetuierlichen, den Jahresablauf stark mitbestimmenden Zahlungen und Leistungen an irgendeine der überkommenen Gewalten, sondern mit ihrem Verschwinden konnte sich ein ganz neues, von ständigen Belastungen und aus ihnen möglicherweise resultierenden Strafandrohungen befreites Lebensgefühl einstellen. Die Launen der Natur, von denen der abgabenpflichtige Untertan im Hinblick auf die Gunst oder Ungunst der Ernten abhängig war, verloren jetzt zumindest ein Stück ihres Schreckens.

Wenn nämlich jenseits der kärglichen Eigenverversorgung Abgaben aus Ernten geleistet werden mußten, die nichts oder doch nicht Hinreichendes abgeworfen hatten, dann lag es durchaus nahe, das gesamte System rechtlicher Abhängigkeiten in Frage zu stellen. Auch die umfangreiche Zahl der unterschiedlichsten Abgaben macht es verständlich, daß in Umbruchszeiten an dem Institut der Dienste und Lasten gleichermaßen gerüttelt wurde. An Abgaben waren unter anderem Grundgeld von Häusern und Gärten, Hausgeld und Hausstättenzins, Grundzinse, Gartengeld, Wiesengeld, Geschoß (zu Weihnachten, Walpurgis, Johannis und Michaelis), die Erbbede, Agnatenbede, Maibede, Julibede, Herbstbede, das Lustgartengeld, Freiwachtegeld, Amtsbotengeld, ältere Dienstgelder, Küchengeld zu entrichten. Örtliche Besonderheiten rundeten die Gefälle und Dienste ab. So bestanden ständige Herrengefälle und ständige Grundzinse in Sachsenhausen und Freienhagen, unter der Benennung „Schatzung" nur im Kirchspiel Eppe vorkommende Abgaben, dann aber auch das Wagengeld, Marburger Zinse, Johanniter-Zinse, Bekenn- und Lehngeld, ständige Holzgelder, ständige Heuer, ständige und unständige Rotteheuer, Rottezins. Die Abgaben von Gänsen, Hühnern, Hähnen, Kapaunen, Eiern, Garn, Leinewand, Gurten, Ungel und schließlich noch Wachs kamen hinzu.

Wenn bis in den Herbst 1848 ein wesentlicher Teil der gesetzgeberischen Maßnahmen durchgeführt war, so wurden im November und Dezember noch zwei wichtige Vorhaben vollendet. Zum einen handelte es sich um das Gesetz zur Ablösung gutsherrlicher Abgaben, das dem außerordentlich umfangreichen Wildwuchs von Abgaben insbesondere an das waldeckkische Domanium ein Ende setzte.[55] Im Dezember des Jahres fand sich auch noch der Bergheimer Gerichtsbezirk aufgelöst, nachdem der oberste Beamte Friedrich Lagrèze schon ein Dreivierteljahr nicht mehr vor Ort war. Damit hatte eine der territorialen Merkwürdigkeiten, die nach dem Tod Fürst Georg Friedrichs von seinem Nachfolger Christian Ludwig auf den Weg gebracht worden waren, ihr definitives Ende. Zwar residierte die Bergheimer Familie weiterhin im Edertal, doch war sie schon seit den Märzereignissen vollständig ihrer juristischen Möglichkeiten entkleidet. Nachdem die Einkünfte aus den Gerichtsstrafen ausblieben, war die gräfliche Familie fortan völlig von den Apanagezahlungen abhängig, die von Arolsen kamen. Nicht zuletzt die Auflösung des Bergheimer Gerichtsbezirks fügte sich gut in das Bild ein, das die Reformen insgesamt auszeichneten: Sie fegten alles das hinweg, was längst obsolet und zur Abschaffung vorgesehen war, sich aber gleichwohl dank der Beharrungskraft einer reformunfähigen Gesellschaft gehalten hatte.

---

55 FWRB vom 23. November 1848, S. 157–165

So vermerkte der Rückblick auf das Jahr 1848, der sich zu Jahresanfang 1849 im „Volksboten“ verzeichnet fand[56], sehr treffend ein gutes Stück jener beschleunigenden Entwicklung, die 1848 zu registrieren war und trotz allen unbestrittenen Erfordernisses doch immer noch ein gewisses Überraschungsmoment nicht verleugnen konnte.[57] In der bislang einzigen perpetuierlich erscheinenden waldeckischen Zeitung hieß es nämlich in einer zuerst einmal sehr euphorisch klingenden Bilanz: „Ja ! Da haben wir ein Jahr durchlebt, wichtiger als alle, welche Deutschland bisher gesehen hat; Dinge hat dasselbe zuwege gebracht, die vor Jahresfrist noch in den Bereich der frommen Wünsche gehörte, Ereignisse haben wir erlebt, die damals für unmöglich gehalten wurden, kurzum, das Jahr 1848 hat in Deutschland fast keinen Stein auf dem andern gelassen. Nun, es that aber auch Noth, daß der alte Sauerteig mal ausgefegt und den gerechten Wünschen des lang unterdrückten Volks Rechnung getragen wurde.“ Für den an Recht und Ordnung orientierten „Volksboten“ als Organ des liberalkonservativen Spektrums war es aber seinerzeit nicht möglich, die „Zügellosigkeiten, Unordnungen und Tumulte, die an vielen Orten, auch in unserm Ländchen, vorgefallen sind“, zu übergehen. Sie hätten „viele Menschen unglücklich gemacht“, heißt es nämlich, gerade „der wahren Freiheit, die nur bei Achtung der Gesetze und Ordnung bestehen kann, geschadet, und den Staaten die größten Kosten verursacht.“

Wenn der Blick zurück aus liberalkonservativer Warte mithin nicht nur positive Aspekte aufwies, so fiel er aus der Perspektive der Revolutionsideale weit negativer aus. Bei allen Fortschritten in Einzelfragen war doch eine der zentralen Fragen nicht gelöst: jene einer zeitangepaßten Verfassung. Die Verfassungsproblematik hielt sich mit Hartnäckigkeit im Bewußtsein der waldeckischen Bevölkerung als ungelöste Frage, wobei die Erwartungen durch einen anonym gedruckten Verfassungsentwurf genährt wurden, als dessen Verfasser sich niemand anderes als Wolrad Schumacher herausstellte. Der Konzipient des „Entwurfs eines Verfassungs-Gesetzes für das Fürstenthum Waldeck“ war sich klar über die Schwierigkeiten, den ein solches Unternehmen in sich barg. In einem knappen Vorwort entschuldigte er sich zuerst einmal für die „Mängel und Unvollkommenheiten“, die sein Entwurf enthalte. Zugleich aber verwies er auf den „Reichthum“ und

56 Volksbote Nr. 1, 1849 ohne Verfasserangabe; der wahrscheinliche Autor ist der Herausgeber Robert Varnhagen.

57 Zu der liberalen Perspektive der frühen 60er Jahre des 19. Jahrhunderts: O. Speyer, Waldeck, in: Unsere Zeit. Jahrbuch zum Conversations-Lexicon Bd. 6. Leipzig 1862, S. 657–699, insbesondere S. 679 ff..

die „Größe des Stoffs“, die in den Griff zu nehmen waren. Schumachers Vorwort läßt durchaus die Wünsche nach sicherer, schriftlich fixierter Befestigung des Aufbruchs, zugleich aber auch den Willen zur klaren Orientierung im unübersichtlich anmutenden Gewirr der theoretischen Konzepte erkennen. Alles zu „bemeistern“, so Schumacher in ebenso pathetischer wie hölzerner Diktion, könne „nur vereinten Kräften beschieden sein.“ Doch hatten sich die Kräfte längst zerteilt – und vor allem von Regierungsseite verminderten sich je länger, je mehr die früheren Ankündigungen, mit aller Macht auch durch eine neue Verfassung grundlegend veränderte Verhältnisse zu schaffen.

Männer in Waldeck und Pyrmont!

Die Fürstin hat von dem im Wahlgesetz von 1848 sich vorbehaltenen Rechte Gebrauch gemacht und die constituirende Versammlung auf unbestimmte Zeit vertagt, jetzt gerade, wo das Land der Stimme seiner Vertreter am wenigsten entbehren kann, wo es vor Allem gilt, die Errungenschaften der Revolution urkundlich zu sichern und dadurch die Revolution selbst auch in unserem Ländchen zu beenden.

Sollen wir denn immer zurückbleiben gegen unsere Nachbarstaaten, wo man sich der segensreichen Früchte der deutschen März-Erhebung in immer vollerem Maße erfreut? oder hat unser Volk für die Bestätigung seiner gerechten Ansprüche noch eine Willenskundgebung übrig?

Dann Ihr Alle in Dorf und Stadt, erhebet Eure Stimme, verlanget, daß die Abgeordneten des Landes schleunigst zusammentreten und die Verfassung vollenden, damit uns endlich Brief und Siegel über Recht und Freiheit gegeben werde! Corbach den 27 April 1849. .

Der Bürgerverein.

Der Vorsitzende: Beck.

Der Schriftführer: J. Wittgenstein.

Abb. 19: Aufruf an die Männer in Waldeck und Pyrmont. Korbach, 27. April 1849, von Beck und J. Wittgenstein unterzeichnet (Flugblatt)
Druck in Großquart, Original im Stadtarchiv Korbach, Flugblattsammlung

Daraufhin spitzte sich die Stimmung im waldeckischen Lande im April und frühen Mai 1849 noch einmal ganz erheblich zu. Von dem neugegründeten Korbacher Bürgerverein, in dem Carl Beck Vorsitzender, Jacob Wittgenstein Schriftführer und August Wirths Mitglied waren, wurde Ende April ein Aufruf an alle „Männer in Waldeck und Pyrmont" gerichtet, in dem noch einmal ausdrücklich auf die unerfüllten Hoffnungen und die endlich durchzusetzenden „Errungenschaften der Revolution" hingewiesen wurde.[58] Die ebenfalls in dem Aufruf enthaltenen Fragen hatten schon einen deutlich drohenden Unterton: „Sollen wir denn immer zurückbleiben gegen unsere Nachbarstaaten, wo man sich der segensreichen Früchte der deutschen März-Erhebung in immer vollerem Maße erfreut ? oder hat unser Volk für die Bestätigung seiner gerechten Ansprüche noch eine Willenskundgebung übrig?"

Neuerlich war es August Wirths, der nur wenige Tage später einen flammenden Aufruf an alle Waldecker richtete und sie zu einem Akt der Erhebung aufforderte, der die Ereignisse des Vorjahres noch übertrumpfen sollte.[59] Wirths sah sich zu seinem Appell durch eine eben beendete Tagung von 400 Deputierten der deutschen Märzvereine ermuntert, um die Ideale der Revolution endlich auch in Waldeck durchzusetzen. War dies nicht auf parlamentarischem Wege möglich, dann konnte seiner Auffassung nach nur noch das unmittelbare Eingreifen des Volkes zu einem Ende führen, das den längst eindeutig gesetzten Zielen entsprach. In der Wahl der Mittel ging Wirths damit weit über die Vorstellungen hinaus, die der Korbacher „Bürgerverein" nach außen hin verfolgte. Carl Beck als Vorsitzender des intellektuell sicherlich regsten demokratischen Vereins in Waldeck setzte nämlich weiterhin auf die „Aufrechterhaltung bürgerlicher Ordnung", zu der er gleichzeitig mit dem Wirthsschen Flugblatt aufrief. Damit war das klassische Spannungsfeld von Recht und Ordnung einerseits und der Durchsetzung der politischen und verfassungsrechtlichen Ideale über revolutionäre Aktionen andererseits bis in das demokratische Lager vorgerückt. Wirths setzte nach der nicht nur für ihn enttäuschenden Entwicklung in der Verfassungsfrage auf eine Wiederholung der Ereignisse des März und April 1848, wenn er den Griff zu den Waffen als einzige Möglichkeit zur Durchsetzung von Freiheit und Recht ansah: „Waldecker! Wenn alle unsere Brüder für Freiheit und Recht die Waffen in die Hand nehmen, sollen wir zurück bleiben, feig und ehrlos? Nein! Stehet auf, ihr Männer in Stadt und Dorf! Ergreifet die Waffen! Rüstet euch!"

58 Flugblatt, Druck in Großquart; Ex. in SdtA KB, Flugblattsammlung.
59 Druck in: Die Volksstimme Nr. 2, S. 8.

In dieser Situation erhielt die unzweifelhaft herausragende Figur des demokratischen Lagers offene Unterstützung von kommunaler Seite. Wenn sich die Gemeinden letztlich als die entscheidenden Motoren zur Durchsetzung der Verfassung erwiesen, dann bestätigt dies zugleich die immer noch problematische Durchsetzungsfähigkeit der Stände als Verfassungsorgan. Wie sich der kommunale Druck organisierte und zugleich kraftvoll artikulierte, unterstrich beispielhaft eine Petition aller Gemeinden des Oberamtes der Werbe an die Stände, zumal sie mit dem Aufruf Wirths zur Volkserhebung zeitlich zusammenfiel.[60] Gemahnte schon die Wortwahl in der Petition an die unruhigen Zeiten des Frühjahrs 1848, so konnten in Arolsen keinerlei Zweifel mehr daran aufkommen, daß die Stimmung im Lande unmittelbar mit ihr identisch war. So wurde ungeschminkt auf die „unverzögerte Erfüllung" aller bisher nicht eingehaltenen Versprechungen gedrungen. Nur so könnten die neuerlich „aufgeregten Gemüther" besänftigt und zugleich „unserem lieben Heimathlande" der Friede erhalten werden. An oberster Stelle der Petition stand – kaum verwunderlich – die Verfassungsfrage: „Wir wollen, daß die Stände das Verfassungswerk schleunigst beendigen", heißt es hier knapp und ohne jede Umschweife.

Einzelne Forderungen der Petition, etwa jene nach einem suspensiven Veto und die nur einmalige Auflösung der Stände durch die Regierung, überdies auch die Forderung nach ausschließlich geheimer Wahl, unterstrichen die vertieften staatsrechtlichen Kenntnisse, die der oder die Verfasser der Petition besessen haben müssen. Verwunderlich war dies keineswegs, denn schon der die Publikation des ersten Schumacherschen Verfassungsentwurfs verschaffte einer vergleichsweise breiten Öffentlichkeit die Möglichkeit, sich mehr oder weniger direkt an der Diskussion über den Zuschnitt der künftigen Landesverfassung zu beteiligen. Ihre Ausformulierung blieb freilich weitgehend in den Händen Wolrad Schumachers. Noch 1848 legte der vom Wissenschaftsideal Kants geprägte und von der staatstheoretischen Weite seines Göttinger Lehrers Heeren geprägte Schumacher weitere, nunmehr allerdings kürzer und konziser ausfallende Verfassungsvorschläge vor.[61] Bis zum letzten umfangreicheren Verfassungsentwurf, der dem waldeckischen Landtag in seiner Sitzung am 19. Februar

60 Flugblatt, undatiert (circa 15. Mai 1849); weitere Peitionen gingen aus den Gemeinden des Oberamts des Eisenbergs, dann einzelne kommunale Petitionen aus Adorf, Freienhagen, sowie aus Lichtenfels und Korbach ein (Nachweis bei: Bürsch, Kleinstaatliche Verfassung zwischen Vormärz und Reaktion, S. 109, Anm. 127).

61 Zum folgenden eingehender: Bürsch, Kleinstaatliche Verfassung zwischen Vormärz und Reaktion, S. 97 ff.

1849 vorlag, nahm Schumacher noch einmal zahlreiche Änderungen im Zuschnitt vor. Der Verfassungsausschuß, der die Vorlagen auch zuvor schon begutachtet und kommentiert hatte, kam jetzt zu dem Ergebnis, daß die nunmehr vorliegende Fassung „mit gewissenhafter Berücksichtigung der deutschen Grundrechte, so wie mit gebührender Beachtung des heutigen Standpunktes der Verfassungspolitik und Bedürfnisse unseres Landes abgefaßt" sei. Der Entwurf erfülle mithin alle Voraussetzungen, „als Grundlage der neuen Landesverfassung dienen zu können."

Entwurf

eines

Verfassungs-Gesetzes

für das

Fürstenthum Waldeck.

Arolsen, 1848.

Speyer'sche Buchhandlung.

Abb. 20: Erster Verfassungsentwurf Wolrad Schumachers, anonym gedruckt; Versandwerk an den Dalwigkschen Justizamtmann Philipp Waldeck „im Auftrage des Verfassers S(chumacher)". Arolsen 1848
Exemplar im Stadtarchiv Korbach

Bis zur endgültigen Verabschiedung der Verfassung durch die konstituierende Ständeversammlung am 18. Mai 1848 wurden noch zahlreiche Änderungen vorgenommen, wobei nicht nur weiterweisende, sondern ebenfalls retardierende Verfassungselemente zum Zuge kamen.[62] Bemerkenswerterweise besaßen die Verfassungsväter eine gehörige Distanz zum Prinzip der Volkssouveränität, wobei man überdies der Gefahr eines Umsturzes durch radikaldemokratische Mitglieder eines künftigen Landtags von vornherein zu begegnen suchte. Parallel zur endgültigen Ausformulierung der Verfassung erfolgte auch die Ausarbeitung des Wahlgesetzes, das seit Beginn der Verfassungsberatungen als unabdingbares Komplement angesehen wurde. Als das „Staatsgrundgesetz" am 23. Mai 1849 durch Veröffentlichung im amtlichen „Regierungsblatt" verkündet wurde, besaß das waldeckische Land eine auf der Höhe der Zeit stehende Verfassung. Schon der einleitende Grundrechtsteil machte deutlich, welche einschneidenden Änderungen gegenüber den bisherigen Verhältnissen eingetreten waren. Bei aller Vorsicht in Einzelfragen wie jenem des Veto verfügte das Fürstentum jetzt über eine staatsrechtliche Grundlage, die optimistisch in die Zukunft sehen ließ.

5. *Waldeck nach der Revolution: ein neuer Staat mit einem neuen Staatsgedanken*

Wenn in der Literatur immer wieder als herausragender Ausdruck des revolutionären Geschehens der Marsch auf Arolsen genannt wurde, er auch mit der Umschreibung als „Arolser Greuel" eine durchaus Schrecken einjagende Bezeichnung erhielt, so gilt es dies gleich in mehrfacher Hinsicht zu relativieren. Denn die Ereignisse des 14. April 1848 stellten kaum mehr als einen Einzelpunkt innerhalb des breiter gesteckten Rahmens an revolutionären Akten dar. Sie hatten in Bergheim eingesetzt, ehe sie sich an vielfältigen Stellen fortsetzten. In Sachsenhausen und Wildungen, in Flechtdorf und in anderen kleinen Orten war der revolutionäre Funke unmittelbar zu verspüren.[63] Als zweites ist zu vermerken, daß die sogenannten „Arolser Greuel" sich mit denjenigen in anderen Staaten kaum vergleichen lassen. Barrikadenkämpfe mit Toten waren in Waldeck nicht zu

62 Bürsch, Kleinstaatliche Verfassung zwischen Vormärz und Reaktion, S. 108 ff.; Bürsch unterschätzt trotz des Hinweises auf die kommunalen oder regionalen Petitionen die starken außerparlamentarischen Pressionen.

63 Hierzu: StAM 121, Nr. 1 607 ff.

verzeichnen. Die nur kurzfristig aufflackernden Zeichen des Ungenügens innerhalb der so gut wie durchweg bäuerlichen Bevölkerung Waldecks blieben in einem eher bescheidenen, eben kleinstaatlich geprägten Rahmen. Die Wucht der großstaatlichen Konfliktfähigkeit, wie sie gerade in Berlin und Wien zum Tragen kam, kannte Waldeck nicht.

Die begrenzten Ausmaße des unmittelbaren revolutionären Geschehens beinhalteten freilich nicht, daß die Folgen der Revolution von 1848 mit der außerordentlich liberalen Verfassung von 1849 ebenfalls den Charakter des Bescheidenen trugen. Das gerade Gegenteil war der Fall: Waldeck entledigte sich zuerst einmal des Ballastes eines überkommenen Systems an Abgaben und Diensten, das bis in das tägliche Leben hinein den Rhythmus bestimmt hatte. Fortan entfielen solche Bindungen, so daß der Rahmen für eine auf persönlicher Freiheit gegründete Ordnung geschaffen war. Sie erhielt ihre Absicherung durch die neue Verfassung, deren liberaler Tenor auch nicht von ihrer bereits 1852 erlassenen Nachfolgerin beiseite geschafft wurde. Bis hin zu dem jungen Fürsten Georg Victor, der im August 1852 zugleich mit der veränderten Verfassung die Regentschaft übernahm, waren die Voraussetzungen für eine ganz auf Liberalität und Liberalismus gegründete Entwicklung geschaffen. Doch war die Grundlegung eines neuen, auf liberalen Prinzipien beruhenden Staatsgedankens nicht alles, was die ereignisreiche Epoche im Zeitraum zwischen Frühjahr 1848 und 1849 zur Folge hatte. Es durfte nämlich jetzt erstmals von einem durch eine gemeinsame Verfassung geprägten, einheitlichen Staatsgebilde geredet werden. Zuvor trennten die geographisch ohnehin schon weit auseinanderliegenden Teile Waldeck und Pyrmont auch noch die differierenden Verfassungsverhältnisse.

Doch reicht es nicht aus, den Blick auf die waldeckische Innenpolitik und die Grundlagen der Rechts- und Verfassungsordnung zu werfen, so grundlegend auch beide verändert wurden. Für Waldeck bot die Revolution weit mehr. Wenn das Fürstentum bis 1848 eine ausgeprägte Rückständigkeit besessen hatte, die ihm außerhalb des Landes mit allergrößtem kritischem Scharfblick immer wieder attestiert wurde, so sah es sich seit dem Frühjahr 1848 wieder in die allgemeine politische Entwicklung, in die Gemeinschaft der durch „moderne“ Verfassungen geprägten Staaten eingebettet. Denn nicht nur das revolutionäre Geschehen, sondern auch seine Folgen stellten epochale Vorgänge von europäischer Dimension dar[64], an denen selbst ein Kleinstaat wie Waldeck einen beachtlichen Anteil gewin-

64 Zum vergleichenden europäischen Aspekt siehe: H. Stuke/W. Forstmann (Hrsg.), Die europäischen Revolutionen von 1848, Königstein 1979.

nen konnte. Gleichwohl stellte die Revolution von 1848 keineswegs schon die Weichen für eine rasche und zugleich direkte Entwicklung hin zur „demokratischen Moderne“[65], wie es sowohl Thile und Bismarck, mehr aber noch Graf Hartig 1851 mit allen Beiprodukten befürchtet hatten. Denn der riesige Schritt, den das kleine Fürstentum 1848 und 1849 nach vorne tat, erwies sich gleichwohl als nicht hinreichend, um sich in der einmal eingeschlagenen Richtung zügig weiterzubewegen.

Allerdings behinderten keineswegs nur die inneren Differenzen zwischen bürgerlich-liberaler und demokratischer Richtung eine konsequente Fortentwicklung der revolutionären Ideale, sondern im waldeckischen Kleinstaat bestimmten noch andere als nur die innenpolitischen Bedingungen das künftige Geschehen im Lande. Die Abhängigkeit von außen, schon immer eine Konstante für den Spielraum der Grafen und Fürsten sowohl im Heiligen Römischen Reich wie seinen Nachfolgestaaten, konnte die waldeckische Politik auch nach 1850 nicht verleugnen. Die Waage neigte sich fortan immer stärker auf die Anlehnung an und damit zugleich die Abhängigkeit von Preußen, die letztlich auch 1867 zum Abschluß des Akzessionsvertrag führte. Selbst wenn die beiden Führungsmächte im Deutschen Bund, Österreich und Preußen, es 1852 mit vereinten Anstrengungen erreichten, alle „paulskirchlichen“ Elemente aus der nunmehr revidierten Verfassung zu verbannen, so verblieben aber in ihr immer noch beachtlich starke liberale Residuen.[66] Sie prägten auch letztlich das Bild, das der junge Fürst Georg Victor in seinem politischen Wollen und Auftreten zwischen 1852 und 1893 vermittelte.[67] Auf diese Weise blieb ein beachtliches Stück des Erbes, das die Revolution als Fundamentalvorgang innerhalb der Entwicklung des Landes darstellte, im politischen Leben Waldecks fast bis zum Jahrhundertende lebendig. Während der liberale Gedanke in Preußen politisch nicht zum Zuge kam, konnte Georg Victor als Bonner Studienfreund des preußischen 99-Tage Kaisers ihn fast für ein halbes Jahrhundert im kleinen Waldeck zum staatsbestimmenden Prinzip erheben.

65 Zur Perspektive siehe: H. Brandt, Der lange Weg in die demokratische Moderne. Deutsche Verfassungsgeschichte von 1800 bis 1945, Darmstadt 1998.

66 Vgl. hierzu: O. Speyer, Das Fürstenthum Waldeck-Pyrmont und seine sociale und politische Entwicklung seit 1848, in: Unsere Zeit. Jahrbuch zum Conversations-Lexicon Bd. 6, Leipzig 1862, S. 657–699, insbes. S. 683 ff.

67 Zu seinen politischen Idealen siehe: G. Menk, Die Beziehungen zwischen Waldeck-Pyrmont und den Niederlanden in der Neuzeit, in: H. Lademacher (Hrsg.), Oranien-Nassau, die Niederlande und das Reich. Beiträge zur Geschichte einer Dynastie, Münster 1995, S. 223–258; eine eingehendere Studie zum Hintergrund der „Staatskunst“ Königin Emmas der Niederlande, die den Prinzipen des Vaters Georg Victor weithin folgte, ist in Vorbereitung.

Frankfurt am Main und die stadtstaatliche Reformbewegung von 1848–1850

Matthias Weber

1. Grundlagen

Es ist heute üblich zu sagen, Frankfurt sei die größte hessische Stadt. Doch nicht immer war sie so eng mit dem hessischen Umland verwoben wie jetzt: Erst die preußische Einverleibung 1866 machte die Stadt zum Bestandteil eines größeren Flächenstaates: bis 1945 in der preußischen Provinz Hessen-Nassau und nach dem Ende Preußens im heutigen Hessen.

Nachdem der Deutsche Bund 1866 aufgelöst worden war, fehlten dieser vormalig freien und keinem anderen deutschen Staat zugehörigen Stadtrepublik zwei wichtige Legitimationsgrundlagen: Dies war zum einen ihre Stellung als Sitz des Bundestages, zum zweiten der Ausschluß Österreichs aus Deutschland, an das sich Frankfurt so oft eng angelehnt hatte. Ob Frankfurt freilich wirklich „bis 1866 indirekt von Oesterreich (nämlich vom Bundestag, und der Bundestag von Wien aus) regiert ward“, wie es ein zeitgenössischer Befürworter der Einverleibung durch Preußen einmal schrieb,[1] sei dahingestellt, Tatsache aber ist, daß Frankfurt von der Existenz dieser deutschen und europäischen Großmacht neben Preußen profitierte.

Frankfurt am Main, das war im Europa des Wiener Kongresses von 1815 bis 1866 ebenso eine der wenigen verbliebenen Republiken. Diese Staatsform, die von 1792 bis 1804 ein spektakuläres Zwischenspiel in Frankreich gab, war vor wie nach dem Vierteljahrhundert der Revolution und des Umbruchs ab 1789 primär eine Regierungsform von Kleinstaaten, Stadtrepubliken. Die im alten Deutschen Reich so zahlreichen Reichsstädte verloren allerdings mit dem Reichsdeputationshauptschluß 1803 fast alle diesen Status. Nach 1815 blieben in Deutschland nur noch die freien

1 Karl Braun: Frankfurt's Schmerzensschrei und Verwandtes, Leipzig 1868, S. 55.

Städte Lübeck, Hamburg, Bremen und Frankfurt als Republiken und gleichberechtigte Mitglieder des Deutschen Bundes übrig. In Europa wurden sie ergänzt von den republikanischen Kantonen der Eidgenossenschaft (mit Ausnahme von Neuenburg). Selbst die Niederlande, ehedem eine Republik, führten nach ihrer Befreiung von Napoleon 1813 die monarchische Staatsform ein.

So unterschied sich Frankfurt in der Staatsform entscheidend von den meisten anderen deutschen und europäischen Staaten, eingeschlossen die Nachbarn im hessischen Raum. Keine Selbstverständlichkeit jener Tage war, daß die freie Stadt Frankfurt eine geschriebene Verfassung besaß, die Constitutions-Ergänzungs-Acte vom 18. Oktober 1816. Frankfurt war überdies insofern gegenüber den anderen freien Städten bevorzugt, als es ab 1816 den Deutscher Bundestag bzw. Bundesversammlung genannten Gesandtenkongreß beherbergte, die Vertretung der Mitglieder des Deutschen Bundes. So wurde die Stadt infolge des Wiener Kongresses 1814/15 durchaus gestärkt: der Stadtstaat war nun souverän, während ehedem als Reichsstadt „der deutsche König ihr Souverän gewesen" ist.[2] Einer Einverleibung durch eine andere Macht konnte begegnet werden (Bayern hatte soeben auf dem Wiener Kongreß großes Interesse an der Stadt gezeigt), und mit der Deutschen Bundesversammlung besaß Frankfurt eine Aufgabe und Funktion von nationaler, ja europäischer Tragweite und war von nun an mit dem Schicksal des Deutschen Bundes eng verbunden.

Über die damals bescheidenen geographischen Ausmaße hinaus besaß Frankfurt noch acht Landgemeinden, die teilweise recht weit von der eigentlichen Stadt entfernt waren: Bonames, Bornheim, Dortelweil, Hausen, Oberrad, Niederrad (bis 1842 zusammen mit Österreich), Nieder-Erlenbach sowie Niederursel, letzteres zusammen mit Hessen-Darmstadt. „Besaß" war zumindest bis 1848 der zutreffende Ausdruck, denn Rechtsgleichheit mit den Bürgern der Stadt bedeutete es nicht, ein Frankfurter Landbewohner zu sein. Immerhin gestand die Stadt ab 1824 den Landgemeinden eine recht beschränkte Selbstverwaltung zu.

Die Dörfer wurden jedenfalls von der Stadt dominiert, und selbst innerhalb der Stadt bestand nach 1815 keine Rechtsgleichheit: lediglich die im Bürgerrecht Stehenden besaßen die vollen politischen Rechte. Gerade 22 346 Bürger (bei 41 458 Stadtbewohnern) gehörten 1817 zu diesen Pri-

2 Wolfgang Klötzer: Frankfurt am Main von der Französischen Revolution bis zur preußischen Okkupation 1789–1866, S. 314, in: Frankfurt am Main. Die Geschichte der Stadt. Herausgegeben von der Frankfurter Historischen Kommission, Sigmaringen 1991.

vilegierten, und davon wiederum waren nur 4 826 männlich und erwachsen[3] und damit zu politischer Mitsprache imstande. Bürger zu sein war ein Privileg, und als solches wurde durchaus engherzig damit verfahren: 5 000 fl. Besitz mußten nachzuweisen sein, um die Möglichkeit zu erhalten, in das Bürgerrecht einzutreten. Bürger und Staatsangehöriger waren in Frankfurt vor 1848 nicht deckungsgleich, und zu den Minderberechtigten gehörten neben den schon genannten Landbewohnern die Juden und die Beisassen. Daß die Juden keine Rechtsgleichheit besaßen, war keineswegs eine Ausnahme im Europa der Restauration, doch die Beisassen bedürfen einer Erläuterung: Diese waren Staatsangehörige christlicher Konfession, doch mit z. T. erheblichen Beschränkungen ihrer wirtschaftlichen oder beruflichen Betätigungsmöglichkeiten. Daß selbst für diesen Status als Entréebillet 500 fl. Besitz nachzuweisen war, sei hier noch am Rande vermerkt.

Eine vielfach gegliederte und sozial nur beschränkt durchlässige Gesellschaft war das mithin, und dies fand auch in den politischen Institutionen einen Widerhall: einem 42 Senatoren umfassenden Senat, der selbst wiederum in drei Bänke unterschiedlicher Berufssparten – Schöffen, Senatoren und Ratsverwandte (Handwerker) – geteilt war; einer ständigen Bürgerrepräsentation (ein an Einfluß nicht gering zu schätzendes Kontrollgremium insbesondere in Haushaltsfragen); einem gesetzgebende Versammlung genannten Parlament, von dessen 85 Mitgliedern nur 45 jedes Jahr neu von der Bürgerschaft in indirekter Wahl bestimmt werden konnten. Die übrigen Parlamentarier rekrutierten sich zu gleichen Teilen aus Senat und ständiger Bürgerrepräsentation, wobei sie übrigens ihre Ämter lebenslänglich ausüben konnten.

Ein kompliziertes Geflecht von Einflußsphären und der Absicherung von Gruppeninteressen war dies, was sich nicht zuletzt aus den Erfahrungen und Machtmißbräuchen des 17. und 18. Jahrhunderts herleitete. Nach unseren heutigen Maßstäben war es gewiß keine Demokratie, doch im Rahmen der Zeit fällt ein Urteil über die Stadt doch weitaus günstiger aus: Frankfurt war Verfassungsstaat lange schon vor 1848 – im Unterschied zu Österreich, Preußen und vielen anderen, keineswegs nur deutschen Staaten. Auch war das Bemühen, den verschiedensten Teilen der Bürgerschaft einen Anteil an Verwaltung und gesichertem Broterwerb zu ermöglichen,

3 Beiträge zur Statistik der freien Stadt Frankfurt, hg. von der statistischen Abtheilung des Frankfurter Vereins für Geographie und Statistik, Bd. 1, 1. Heft, Frankfurt a.M. 1858, S. 4 f.

gewiß nicht autokratisch. Und die Constitutions-Ergänzungs-Acte bestimmte ausdrücklich die Selbstverwaltungsrechte der Bürgerschaft in dem altfränkisch anmutenden Satz: „Alle, der – durch Art. 46. der Wiener Congreß-Acte für frei und zum Mitglied des deutschen Bundes erklärten – Stadt Frankfurt – zustehenden Hoheits- und Selbstverwaltungs-Rechte beruhen in ihrem weitesten Umfange auf der Gesammtheit ihrer christlichen Bürgerschaft."[4] Die beiden jährlich wechselnden Bürgermeister beanspruchten kein Gottesgnadentum, wie das der seit 1840 regierende preußische König Friedrich Wilhelm IV. für sich verlangte – sie waren Bürger unter Bürgern und durchaus Vertreter der Bürgerschaft, auch wenn diese sie nicht wählen konnte. Das Fehlen eines Hofstaates und die bürgerliche Selbstverwaltung waren jedenfalls prägende und freiheitliche Elemente für die Freistädter, und es milderte Konflikte, die andernorts sehr blutig ausgetragen wurden. Die Regierungsform wirkte somit insgesamt integrierend, was sogar für die minderberechtigten Staatsangehörigen zutraf: denn diese Gruppen wollten gleichermaßen vom Bürgerrecht profitieren und daran teilhaben und die ihnen zugedachten Einschränkungen im Wirtschaftlichen und Politischen abschütteln. 1848 fanden sie hierzu eine Chance.

Ohne ernsthafte Konflikte lebte auch Frankfurt nicht, wenngleich der repressive Deutsche Bundestag und das häufig mit Metternich identifizierte politische System weitaus stärkeren Anlaß zu Aufruhr und Empörung gaben als die freie Stadt. Am 3. April 1833 war dies der Fall, als mit dem Frankfurter Wachensturm der politische Aufstand in Deutschland erfolglos veranlaßt werden sollte. Immer aber forderten Kurswechsel und Streitigkeiten in der deutschen Politik den Stadtstaat heraus. Und so war es auch 1848.

2. *Anfänge der Revolution*

Die französische Februarrevolution bildete in diesem Jahr die Initialzündung für deutsche Oppositionelle, und bereits am 27. Februar 1848 reagierte die schon lange aktive Opposition im Großherzogtum Baden mit öffentlichem Druck: Die Mannheimer Petition, die an diesem Tag von einer von mehreren Tausend besuchten Volksversammlung verabschiedet wurde und sich an die badische zweite Kammer (das Parlament) richtete, verzich-

4 Constitutions-Ergänzungs-Acte zu der alten Stadt-Verfassung der freien Stadt Frankfurt, Art. 5, Frankfurt a. M. 1817, S. 16.

Abb. 21: Johann Adam von Itzstein (1775–1855). Stich von J. Kauffmann 1842, Druck von Wagner, Verlag von G. Holtzmann, Karlsruhe
Historisches Museum Frankfurt a. M., N 37.202.
Foto: Ursula Seitz-Gray

tete auf die bislang üblichen höflich-untertänigen Floskeln. Sie bezog sich direkt auf die Vorgänge im westlichen Nachbarland – „Eine ungeheure Revolution hat Frankreich umgestaltet" – und stellte vier Kernforderungen auf, die nachfolgend vielerorts in Deutschland auftauchen sollten: dies waren die Volksbewaffnung mit der freien Offizierswahl (also die Demokratisierung des bislang fürstlichen Militärs), Pressefreiheit – verständlich angesichts der bis 1848 allerorten herrschenden Zensur -, Schwurgerichte (d.h. die Verbesserung des Gerichtswesens unter Anteilnahme von Laienrichtern) und als vierte Forderung die sofortige Herstellung eines deutschen Parlaments, ein Ziel, welches dann in Vorparlament und Nationalversammlung in Frankfurt seine Erfüllung fand.[5] Die Zeit sei vorüber, die Mittel zu diesen Zwecken (gemeint waren Wohlstand, Bildung und Freiheit für alle Gesellschaftsklassen) lange zu beraten; eine bislang unbekannte Unduldsamkeit der Oppositionellen zeichnete sich hier ab. In Mannheim nahmen herausragende Vertreter der badischen liberalen und demokratischen Opposition teil, so Adam von Itzstein, Friedrich Daniel Bassermann oder Gustav von Struve. Ihre Bedeutung und Bekanntheit reichte schon

5 Abdruck der Petition u. a. in: Hans Fenske (Hg.): Vormärz und Revolution 1840–1849, 2. Aufl. Darmstadt 1991, S. 264 f.

seit langem über ganz Deutschland, und speziell mit dem Namen des bereits 1775 geborenen Demokraten Itzstein verband sich ein deutschlandweites Netzwerk der vormärzlichen Opposition, welches gemeinhin mit Itzsteins Gut in Hallgarten im Rheingau identifiziert wird. Dort fanden die meisten Zusammenkünfte statt, an denen auch Frankfurter Anteil nahmen, und selbstverständlich gab es Kontakte zwischen der badischen und der Frankfurter Opposition.

Auch hier nahm man einige Tage nach der Mannheimer Volksversammlung die Forderungen in einer eigenen, von rund 2 000 Personen besuchten Versammlung und Petition auf, welche sich nahe an die Mannheimer Forderungen anlehnte. Wichtige Oppositionelle Frankfurts fanden sich ein: die Ärzte Johann Michael Mappes und Georg Varrentrapp, der Anwalt Siegmund Friedrich Jucho oder auch der Schriftsteller und Lehrer Nikolaus Hadermann, um nur einige zu nennen. Da die vorbereitete Adresse kaum auf Kritik in der Versammlung stieß, wurde sie in der vorliegenden Form angenommen, und am späten Abend des 3. März verliefen sich die Versammelten dieser diszipliniert und ohne Zwischenfälle abgelaufenen Zusammenkunft. Daß es bei der Übergabe dieser Petition am folgenden Tag am Frankfurter Römer zu Krawallen kam, lag keineswegs an den Petenten: Für die Tumulte wurden Bewohner umliegender Dorfschaften, Handwerksgesellen (die damals unter oft erbärmlichen Umständen lebten und arbeite-

Abb. 22: Friedrich Jucho, Frankfurter Demokrat und Abgeordneter der Nationalversammlung. Zeitgenössische Karikatur, Darstellung mit Tintenfaß und Streusandbüchse
Reiss-Museum Mannheim, Kat. „Mit Zorn und Eifer“, Nr. 86

ten) oder die Angehörigen unterer Schichten verantwortlich gemacht – also Leute, die wenig Anlaß hatten, sich mit der Stadt zu identifizieren. Zwar hatten das Frankfurter Berufsmilitär und die Stadtwehr (die bürgerliche Ordnungsmacht) die Situation am Abend und in der Nacht unter Kontrolle, doch wurde deutlich, daß es auch in Frankfurt zu Ausschreitungen kommen konnte. Deutlich war aber auch, daß die Bevölkerungsmehrheit mit dem Senat bestrebt war, Krawalle zu unterbinden.

Adressat der Frankfurter Petition war der Senat, und die Forderungen nach der Aufhebung aller seit 1819 (vom Bundestag ausgegangenen) Ausnahmegesetze, die staatsbürgerliche Gleichheit aller ohne Glaubensunterschiede, die Vereinigungsfreiheit sowie die politische Amnestie ergänzten die knapper gehaltenen Mannheimer Forderungen. Dieser Frankfurter Text des 3. März 1848 milderte und ergänzte die Mannheimer Petition gleichzeitig. Der dem Senat gegenüber angeschlagene Ton war zurückhaltender und weitaus weniger dramatisch. Das wird deutlich, wenn man allein die abschließenden Formulierungen beider Petitionen vergleicht: „Vertreter des Volks! Wir verlangen von Euch, daß Ihr diese Forderungen

Abb. 23:
Nikolaus Hadermann, Schriftsteller und Lehrer. Institut für Stadtgeschichte Frankfurt a. M.
Original: Historisches Museum Frankfurt a. M., C 3 561.

zu ungesäumter Erfüllung bringet. Wir stehen für dieselben mit Gut und Blut ein und mit uns, davon sind wir durchdrungen, das ganze deutsche Volk", so lautete die Mannheimer Fassung. In Frankfurt einigte man sich dagegen auf: „Wer Freiheit will, muß auch Freiheit achten und gewähren. Hierin liegen unsere, sowie des gesamten Vaterlandes Forderungen. Wir bitten Hohen Senat nach dem Vorgange mehrerer Bundes-Regierungen dieselben sofort zu gewähren und wo dies nicht sofort ausführbar ist, für deren baldigste Gewährung mit aller Kraft zu wirken."[6]

Woher kam dieser doch recht auffällige Unterschied, die Zurückhaltung des Frankfurter Textes? Verglichen mit vielen Flächenstaaten, übte der Frankfurter Senat als Regierung im Vormärz ein recht mildes Regiment aus, und als bürgerliches Herrschaftsinstrument hatten häufig weniger die im Frankfurter Bürgerrecht Stehenden als die benachteiligten Staatsangehörigen (von den ständig ansässigen Fremden, den Permissionisten, nicht zu reden) zu klagen. So stellten z.B. die freireligiösen Dissidenten Mitte der 1840er Jahre, die „Lichtfreunde" genannten protestantischen Dissidenten und die Deutschkatholische Kirche des exkommunizierten schlesischen Priesters Johannes Ronge in Frankfurt niemals einen Gegenstand staatlicher Willkür und Verfolgung dar, im Unterschied etwa zu Kurhessen, Österreich oder Preußen. Selbst ein Diskussionsverein für den religiösen Fortschritt, das „Montagskränzchen", konnte sich am Jahresende 1845 ungehindert bilden. Dieser Verein betonte seine Gesetzestreue und erreichte rasch eine Mitgliederzahl von 500. Ungewöhnlich in einer noch ständisch ziemlich abgeschlossenen Gesellschaft war die Aufnahme nicht nur von Protestanten und Katholiken, sondern auch vieler Juden.[7] Zwar war der Verein vordergründig unpolitisch, aber allein seine Offenheit für viele und die Möglichkeit der Diskussion in der Öffentlichkeit waren ein Politikum. Natürlich sahen dies auch viele der politisch aktiven Oppositionellen, und so stellte dieser freireligiöse Reformverein 1848 die Keimzelle einer bürgerlichen Reform-„Partei" dar. Und der Senat hinderte die Existenz des Clubs im Vormärz nicht.

---

6 Abdruck der Petition u. a. in: Matthias Weber: Verfassung und Reform in Vormärz und Revolutionszeit. Die konstituierende Versammlung des Freistaats Frankfurt 1848–1850, Phil. Diss. Frankfurt a. M. 1996, S. 80 f.

7 Michael Wettengel: Die Revolution von 1848/49 im Rhein-Main-Raum. Politische Vereine und Revolutionsalltag im Großherzogtum Hessen, Herzogtum Nassau und in der Freien Stadt Frankfurt, Wiesbaden 1989 (Veröffentlichungen der Historischen Kommission für Nassau XLIX), S. 43.

Doch auch eine Zuspitzung innerer Spannungen in Frankfurt kam für die hiesigen Oppositionellen damals nicht in Frage: als Bürger ihrer Stadt waren sie letztendlich für deren Wohlergehen mitverantwortlich, und als Deutsche waren sie daran interessiert, für ihre Stadt eine nun möglich werdende deutsche Nationalversammlung zu sichern. Dagegen konnte im März 1848 auch der Senat kaum Einwände erheben, zumal es in seinen Reihen Männer gab, die an einer Fortentwicklung von Vaterstadt und Vaterland großes Interesse hatten und den Stillstand der Metternichzeit überwinden wollten. Jedoch wäre es verfehlt zu glauben, die ganze bürgerliche Bevölkerung habe 1848 nach Neuerungen gestrebt: ein nicht unbeträchtlicher Teil besonders der Handwerker fürchtete politische und gesellschaftliche Neuerungen: wirtschaftlich im industriellen Zeitalter bereits unter Druck geraten, mußte eine Erneuerung der Stadt für sie den Verlust an politischen Privilegien bedeuten, z.B. des garantierten Anteils von Handwerkern im Senat.

Gleichermaßen wie mit der Reform am Ort waren die Frankfurter Oppositionellen auch für die gesamtdeutsche Bewegung engagiert. Und das machte im Frühjahr und Sommer 1848 einen Hauptteil ihrer Aktivitäten aus und drängte eine politische Reform der Stadt zunächst in den Hintergrund. Als Sitz des Bundestages hatte Frankfurt Erfahrung mit der Gastgeberrolle für zahlreiche politisch Aktive. Frankfurt war überdies in Deutschland zentral gelegen und mit der Eisenbahn gut zu erreichen, und die Ablehnung, ja bisweilen der Haß, der dem Bundestag bei Deutschlands Liberalen und Demokraten entgegenschlug, hatte nicht zur Diskreditierung der Stadt geführt. Für Frankfurt wiederum erwuchsen große Vorteile aus der Existenz eines nationalen Gremiums innerhalb der Mauern: Einerseits waren Diplomaten und Politiker ein nicht zu unterschätzender wirtschaftlicher Faktor, andererseits fehlte der Stadtrepublik mit dem baldigen Ende der Bundesversammlung ein äußerer Legitimationsgeber; was lag näher im März 1848, als neuerlich als Gastgeber einer deutschen Versammlung, nun eines Parlaments, zu dienen? Unterdessen schritt die Selbstorganisierung der deutschen Liberalen und Demokraten fort: Die Versammlung der 51 zu Heidelberg am 5. März 1848, ein weitgehend süddeutsches Unternehmen ohne jegliche Legitimation seitens der Obrigkeiten, stellte die Vorbereitung einer deutschen Nationalvertretung in Aussicht, und ein daraus gewählter 7er-Ausschuß machte es sich zur Aufgabe, Männer aus ganz Deutschland für eine vorbereitende Versammlung einzuladen, die in Frankfurt stattzufinden hatte. Die beiden Frankfurter Mitglieder der 51, die Anwälte Jucho und Georg Christoph Binding, hatten zudem die Aufgabe, am Ort für die Vorbereitung des Treffens zu sorgen. Dabei wurden nicht nur ihre Kräfte, sondern die ihrer Freunde und Gesinnungsgenossen sowie vieler Bürger beansprucht. Unter den Umständen dieser komplizierten Vorbereitungen war eine einschneidende Reform der eigenen Stadt noch kein Thema allerhöchsten Ranges. Eine Entmachtung des Senats etwa kam niemandem in den Sinn, vielmehr benötigte man diesen wie auch die anderen hergebrachten Institutionen, um den bald in Frankfurt tagenden deutschen Versammlungen einen reibungslosen Ablauf zu gewährleisten. Im übrigen hatte der Senat im Anschluß an die Petition des 3./4. März selbst seine Reformbereitschaft bekundet und damit den Zeitgeist erfaßt. Anderswo lag die staatliche Autorität zu diesem Zeitpunkt in Trümmern.

Beschränkt in seinem Anspruch auf die Schaffung von Grundlagen für ein gesamtdeutsches gewähltes Parlament, hatte das Vorparlament, „dem sich der Bundestag völlig fügte, dem keine Regierung Widerstand zu leisten wagte", vom 31. März bis 4. April ein gewaltiges Ansehen für sich: „Beinahe alle gewohnte Autorität in Deutschland, selbst in den größeren Staaten, war verschwunden oder wenigstens stark erschüttert. Die einzige tatsächlich noch existierende Autorität lag damals beim Vorparlament."[8] Rückblickend mag man bedauern, daß diese Versammlung die von der radikaldemokratischen Minderheit mit Friedrich Hecker und Gustav von Struve verfochtene Permanenzerklärung ablehnte, denn nie wieder war die Zeit so günstig für einen derart revolutionären Schritt. Ausgewogen in seiner Zusammensetzung konnte das Vorparlament, worin nur zwei Österreicher, aber 12 Frankfurter sich befanden, nicht genannt werden, aber je weiter die Revolution institutionalisiert und verrechtlicht wurde, desto mehr bestand die Chance für die alten Gewalten zur Regeneration.

Unzweifelhaft machte auch der Frankfurter Senat einen Teil des vormärzlichen politischen Systems aus, wenngleich eher am Rand. Und nun saßen drei seiner Senatoren im Vorparlament. Der Senat arrangierte sich mit der neuen Zeit, übernahm die noch vom Bundestag ausgehenden Reformen wie etwa Presse- und Vereinigungsfreiheit und begann sogar seinerseits, in der Stadtpolitik mit Verbesserungsvorschlägen hervorzutreten: nicht nur, daß im Verlauf des Jahres 1848 wichtige Neuerungen die Justiz modernisierten und das Los der Bauern in den Frankfurter Dörfern verbessert wurde; bereits am 29. März 1848 machte der Senat im Parlament den Antrag, die bisherige Verfassung einer Überprüfung zu unterziehen.

---

8 Ulrich Freyer: Das Vorparlament zu Frankfurt a. M. im Jahre 1848, Phil. Diss. Greifswald 1913, S. 169.

Virulente Forderungen wie die nach staatsbürgerlicher Gleichstellung der Juden, Dorfbewohner und Beisassen griffen ja in die Verfassung ein und konnten in Frankfurt nicht einfach von oben dekretiert werden. Dabei sollten die Reformvorschläge innerhalb der hergebrachten bürgerlichen Vertretungen ausgearbeitet werden.

3. *Der Weg zu einer verfassunggebenden Versammlung*

Die Wahl des Frankfurter Abgeordneten zur deutschen Nationalversammlung stellte die erste unmittelbar wirksame politische Verbesserung für die Staatsangehörigen minderen Rechts in Frankfurt dar, wenngleich sie Frankfurter Innenpolitik nicht betraf: sie durften bei dieser Wahl gleichberechtigt mitwählen, und viele der nun wahlberechtigten erwachsenen und selbständigen Männer machten Gebrauch von ihrem Recht: gewählt

Abb. 24: Advokat Maximilian Reinganum. Institut für Stadtgeschichte Frankfurt a. M.
Original: Historisches Museum Frankfurt a. M., C 7 432

am 28. April 1848 wurde übrigens der schon mehrfach genannte Jucho mit 6 650 gegenüber 1 404 Stimmen des nächstfolgenden Kandidaten, des einflußreichen Advokaten Maximilian Reinganum. Beide entstammten übrigens dem „Montagskränzchen", und ihre politischen Aussagen unterschieden sich damals nicht sehr. Die übrigen Kandidaten fielen dagegen kaum noch ins Gewicht, und insgesamt wurden 8615 Stimmen abgegeben. Jucho, der in der Paulskirche ab 18. Mai 1848 die Funktion eines Schriftführers übernahm, fiel dennoch nicht für die städtische Politik aus.

Nicht wählen in dieser für Deutschland so wichtigen Wahl konnten übrigens die in Frankfurt ansässigen Fremden und all jene, die zum Zeitpunkt sich in Frankfurt befanden. Hiergegen gab es zwar Proteste von den Betroffenen, aber kein Verständnis von Senatsseite und auch keine Unterstützung der Juden, Beisassen und Landbewohner. Noch fand indes die Frankfurter Reformdiskussion überwiegend innerhalb und zwischen Senat und gesetzgebender Versammlung statt, die dadurch eine Aufwertung erfuhr: Gegenstände, die dort vor 1848 langsam oder gar nicht entschieden wurden, schienen nun keineswegs mehr unüberwindlich. Eile war dennoch nicht geboten, und vielleicht wollte man die Anfänge der Nationalversammlung als Wegweiser abwarten. Mit Sicherheit war auch die entschiedenste Frankfurter Opposition an stabilen stadtstaatlichen Verhältnissen interessiert, was für den Senat, dieses keineswegs demokratisch zustande gekommene Gremium, Regierungskontinuität bedeutete. Jeder Angriff, jede Schwächung des Senats stellte zum Zeitpunkt durchaus die Gastgeberrolle Frankfurts für die Reichsversammlung in Frage, und diese erhöhte das Prestige der Stadt und sicherte ihre auch künftige Selbstregierung und Unmittelbarkeit zum Reich ab. Eine im gewissermaßen neutralen Frankfurt gelegene Nationalversammlung leuchtete vielen Deutschen eher ein als ein in einem mächtigeren Staat gelegenes deutsches Parlament; dieses hätte durchaus zu Manipulationen im Sinne des Gastgebers eingeladen.

Außerhalb der politischen Gremien regte sich im Mai 1848 ein gesteigertes Interesse an einer Revision der Lokalverhältnisse: eine am 3. Mai stattfindende, vom „Montagskränzchen“ einberufene Versammlung stellte bereits einen von allen Staatsangehörigen zu wählenden Verfassungsrat von 50 bis 100 Männern in den Raum, welcher eine neue Konstitution erarbeiten sollte. Die bislang vom Senat gemachten Vorschläge – eine beratende Kommission, deren Mitglieder sich aus den politischen Instanzen der Stadt rekrutierten – blieben dagegen verhaltener. Als Petition lagen diese Ideen wenig später auch dem Senat vor, der dies zur Diskussion innerhalb der gesetzgebenden Versammlung stellte.

Im Verlauf des Sommers – die Paulskirche hatte längst ihre Arbeit aufgenommen – schlug der Senat einen bemerkenswerten Kompromiß vor, welcher schließlich fast ohne Gegenstimmen von der gesetzgebenden Versammlung angenommen wurde: Ziel war nun die Schaffung eines Verfassungsausschusses von dreißig Männern (25 aus der Stadt und fünf aus den

Landgemeinden), aber nur die Dorfbewohner und Stadtbürger sollten wählen dürfen. Das war demokratisch, und es war absolut verfassungsgemäß, denn den Beisassen und Juden standen solche Wahlrechte für Frankfurt bislang nicht zu: Es war jedoch auch taktisch ungeschickt, denn nun provozierten Senat und die noch vom Herbst 1847 stammende gesetzgebende Versammlung den Widerstand der Frankfurter Israeliten und Beisassen, besonders ersterer, die gerade erst für die deutsche Nationalversammlung wählen durften – und nun nicht mehr? Die Ausschließung war an sich kein Widerspruch gegen den stets seit März 1848 bekundeten Senatswillen, alle Staatsangehörigen zu emanzipieren. Indes sollte dies erst durch den neuartigen Verfassungsausschuß geschehen und nicht schon bei der Wahl zu diesem: das hätte faktisch die Anerkennung der Beisassen und Juden als gleichberechtigte Stimmbürger bedeutet und der Emanzipation vorgegriffen; die Bürgerschaft hätte aber damals diesem Verfassungseingriff ihre Zustimmung erteilen müssen.

Durch Protestationen und Appelle ließen sich Senat und gesetzgebende Versammlung vom einmal gefundenen Kompromiß nicht mehr trennen, doch hatten diese Proteste der Betroffenen im Juli 1848 einen anderen Erfolg: das „Montagskränzchen", der immer noch aktivste politische Club, wurde gezwungen, sich gegen dieses Wahlrecht zu bekennen. Nicht immer standen alle Mitglieder, gerade Reinganum, so eindeutig auf seiten speziell der Juden, doch nun agitierte der Verein – und mit ihm andere – gegen diesen Beschluß. Und der Ruf nach einer verfassunggebenden Versammlung nach dem Paulskirchenvorbild wurde lauter. Das war gewiß nicht im Sinne des Senats, aber er trug durch sein taktisches Ungeschick viel dazu bei.

An den für den 24. August 1848 angesetzten Wahlen, an dem bereits am 15. August verabschiedeten Wahlgesetz vermochte niemand mehr etwas zu ändern. Allerdings konnten die Gegner dieses Wahlverfahrens dafür sorgen, daß die Wahlen in ihrem Sinne ausfielen. Mehr noch: maßgebliche politische Vereine wie das „Montagskränzchen", der „Bürgerverein", der „Deutsche Verein" oder auch Gesangsvereine erarbeiteten eine Liste von zu wählenden Personen. Diese sollten im wahrscheinlichen Fall ihrer Wahl in den Verfassungsausschuß die Unmöglichkeit erklären, auf dieser Grundlage an einer neuen Verfassung mitzuwirken und sich für eine von allen Staatsangehörigen gewählte Konstituante aussprechen.

Und so kam es: fast ausnahmslos wurden die Persönlichkeiten gewählt, die auf der Vorschlagsliste standen und die eine Konstituante befürworteten: Reinganum, Jucho, Hadermann, der junge Anwalt Julius Friedleben seien hier genannt. Damit war Schöff Souchay (der einzige Frankfurter, der sich nicht auf der Wahlliste der Vereine befand) der einzige Gegner einer Konstituante, doch es war aussichtslos, an dieser Stelle prinzipienfest zu bleiben. Noch hielt ein breites Bündnis der liberalen und demokratischen Opposition, was unter anderem daran lag, daß ein Parlament und Forum für Frankfurt bislang noch nicht bestand, in welchem unterschiedliche Ansichten ungehindert aufeinanderprallen konnten. Die gesetzgebende Versammlung von 1847/48, deren Mandat ohnehin im Herbst auslief, war dieses Gremium nicht.

Nur drei Sitzungen am 31. August, 2. und 11. September hatte der Verfassungsausschuß nötig, um die Wahl einer Konstituante vorzubereiten und in Einklang mit der Verfassung des Stadtstaates zu bringen: die Gültigkeit dieser keineswegs geliebten Constitutions-Ergänzungs-Acte war ebenso unangefochten, wie es die Schaffung einer konstituierenden Versammlung nun war. Das Ergebnis dieser Verhandlungen war ein Wahlgesetz, welches die Wahl einer Konstituante von 120 Männern vorsah: 100 aus der Stadt und 20 aus den Frankfurter Dörfern. Wähler und wählbar konnten nun alle erwachsenen männlichen Staatsangehörigen sein, und die Kompetenzen der Konstituante waren gegenüber dem noch tagenden Verfassungsausschuß erheblich erweitert: nicht nur sollte sie die gesetzgebende Versammlung mit ihren wichtigen Rechten unter anderem der Haushaltsprüfung oder der Anordnung des Militärs ersetzen, sondern sie hatte im Unterschied zum Verfassungsausschuß nicht nur Vorschläge für eine Veränderung der Verfassung zu erarbeiten, sondern die Konstitution selbst.

Parlament und Verfassungsgeber sollte diese Konstituante sein, und das machte sie für die folgenden Monate neben dem weiter bestehenden Senat zu einem Schwergewicht der Politik. Hatte der Entwurf zur Wahl dieser verfassunggebenden Versammlung in dem Verfassungsausschuß bereits die Zustimmung des einflußreichen Schöffen Souchay, so war eine Ablehnung des Senats und auch der gesetzgebenden Versammlung nicht mehr zu erwarten. Abschließend am 9. Oktober 1848 erteilte auch die gesetzgebende Versammlung ihre Zustimmung zu den neuartigen Plänen. Nun mußte nur noch die alte stimmberechtigte Bürgerschaft den Änderungen in der Verfassung ihre Zustimmung erteilen, denn weder sah die Constitutions-Ergänzungs-Acte die politische Mitsprache der Juden und Beisassen noch die Entstehung einer Konstituante vor. Eine Mehrheit der Abstimmenden zeigte sich hierzu bereit: indessen standen unter den Abstimmenden 2312 Befürworter und 547 Gegner der Verfassungsänderung gegenüber,[9]

9 Amts-Blatt der freien Stadt Frankfurt, Nr. 127, 21. 10.1848.

was zeigte, daß Teile der bisherigen Bürgerschaft keineswegs mit den Entwicklungen der vergangenen Monate einverstanden waren. Die Zeitumstände zwangen sie freilich einstweilen zum Schweigen.

Letztere waren gar nicht mehr so günstig für umfangreiche Umgestaltungen. Die Revolution in Deutschland und anderswo hatte länger schon erheblich an Schwung verloren, als am 25. Oktober 1848 die Stimmberechtigten in Frankfurt zur Wahlurne gingen. Bereits im Juni wurden die Nationalwerkstätten in Frankreich geschlossen und die daraufhin aufständischen Arbeiter in Paris von den Truppen des Kriegsministers Cavaignac zu Tausenden erschossen. Blutig niedergeschlagen wurde auch der Frankfurter Septemberaufstand, der nichts mit der Frankfurter städtischen Politik zu tun hatte: preußische Truppen kämpften im Auftrag der Nationalversammlung für Schleswig-Holstein und gegen Dänemark, Preußen mußte aber aufgrund internationalen Drucks in den Friedensschluß von Malmö einwilligen. Dabei wurde das Parlament und die Reichsregierung in Frankfurt nicht miteinbezogen, und erst nach heftigen Debatten billigte die Paulskirche am 16. September 1848 nachträglich den Friedensschluß. Das kam für viele einem Verrat an Schleswig-Holstein gleich, für dessen Interessen doch die Abgeordneten seit Monaten zu kämpfen kundtaten. Bereits am 17. September versammelten sich Tausende Angereister in aufgeheizter Stimmung gegen die Nationalversammlung, und Vertreter des „Montagskränzchens“ konnten hier nichts zur Beruhigung der Anwesenden ausrichten. Frankfurts Senat vermochte kaum etwas gegen die Eskalation und für den Schutz des Parlaments zu tun: Das Frankfurter Berufsmilitär war noch nicht aus Schleswig-Holstein zurückgekehrt, und die bürgerlichen Miliztruppen der Stadtwehr versagten am Folgetag kläglich; kaum jemand folgte den Appellen. So oblag die Niederschlagung der dramatischen Barrikadenkämpfe am 18. September den zur Hilfe gerufenen Österreichern, Preußen und Hessen-Darmstädtern. Als Folge des Aufstands verhängte die Reichsregierung den Belagerungszustand: Vereine wurden suspendiert und öffentliche Versammlungen verboten. So waren nach gerade einem halben Jahr in Frankfurt die neugewonnenen Freiheiten wiederum empfindlich eingeschränkt, und die Frankfurter mußten mit einer starken Garnison fremder Truppen leben, und wenn ein wichtiger Oppositioneller wie Hadermann einmal die Einquartierung von Preußen in sein Haus verweigerte, so zeigte sich darin sowohl das Unbehagen an den fremden Soldaten als auch die damalige Schwäche des Frankfurter Staatswesens: gerade Frankfurts Opposition, auch Hadermann, unterstützten rückhaltlos die Eigenständigkeit der freien Stadt und gleichzeitig die Sonderrolle als Gastgeber nationaler Gremien. Zu deren Schutz sah sich die Bürgerschaft allerdings offenkundig nicht in der Lage. Insofern war die partielle Entmachtung der Stadt nicht ohne Folgerichtigkeit.

4. *Die Konstituante*

Auf den Fortgang der stadtstaatlichen Reform hatten die Septemberereignisse keinen erkennbaren, vielleicht auch beschleunigenden Einfluß. Auffällig war immerhin, daß auch in der städtischen Politik das Zeitalter der breiten Bündnisse dem Ende zuging: bei den Wahlen am 25. Oktober 1848 war es zu keiner gemeinsamen Liste vieler Vereine mehr gekommen. Im wesentlichen schafften die maßgeblich vom „Montagskränzchen" vorgeschlagenen Kandidaten den Sprung in die Konstituante, während eine vom gemäßigteren „Bürgerverein" lancierte Liste keinen vergleichbaren Erfolg hatte. Dieser „Bürgerverein" war zwar eine Schöpfung des Jahres 1848, jedoch nicht nur politisch gedacht. Das Gesellige fand hier eine stärkere Betonung als beim „Montagskränzchen", welches den Übergang vom religiösen Reformverein in einen politischen Wahlverein, eine „Partei", ohne Umwege fand. Insofern war der „Bürgerverein", der kein rein politischer sein mochte, dem „Montagskränzchen" unterlegen, und lange Zeit fand sich keine griffigere Alternative zu letzterem. Auch in der verfassunggebenden Versammlung dominierte seine politische Richtung zu drei Vierteln. Es ist aber unübersehbar, daß die Frankfurter bekannte Senatoren mit teilweise sehr hohen Stimmenanteilen in die Konstituante wählten, so die Schöffen Souchay, Samuel Gottlieb Müller oder Sebastian de Neufville. Ohne daß dies vom Gesetz diesmal vorgesehen war, hatten wiederum Mitglieder der Regierung Anteil auch am Parlament. Im übrigen unterschied sich die Zusammensetzung der Frankfurter Konstituante signifikant von der der Nationalversammlung: das demokratische Element dominierte allein in der Konstituante, und dort bildete sich die Frankfurter Gesellschaft besser ab als in der Nationalversammlung die deutsche: Zahlreiche Frankfurter Handwerkermeister fanden Sitz und Stimme, und diese Konstituante war nicht derartig stark Akademiker-dominiert wie die Paulskirche.[10]

10 Eine Übersicht aller Gewählten, ihrer Berufe, Funktionen und Stimmenzahlen bei: Weber (Anm. 6), S. 226–239.

Anspruch und Wirklichkeit der Mehrheit waren in der verfassunggebenden Versammlung nicht immer in Einklang zu bringen: So verwandten die seit dem 6. November 1848 zusammengetretenen Parlamentarier viel Zeit für Gegenstände, die nicht im Zentrum ihrer Tätigkeit und ihres Auftrags lagen. Die Verabschiedung einer Geschäftsordnung nahm längere Zeit in Anspruch, ja manchmal hielt sich die Versammlung über Gebühr mit Petitessen auf. Mit diesem gelegentlich schleppenden Geschäftsgang stand die konstituierende in der Tradition der gesetzgebenden Versammlung. Von Desillusionierung war hier anfangs nichts zu spüren, und bis zum Ende der Versammlung um die Jahreswende 1849/50 herrschte bei der Mehrheit ein wenn auch zunehmend in die Defensive geratener Fortschrittsglaube vor.

Abb. 25: Dr. jur. Friedrich Jucho „im preußischen Wind". Beliebte Karikatur von Ernst Schalck auf die Frage des Anschlusses der Freien Stadt an die Preußische Union. Institut für Stadtgeschichte Frankfurt a. M., um 1849. *Original: Historisches Museum Frankfurt a. M., C 2 608*

Gelegentlich ergriff die Konstituante außenpolitische Initiativen, etwa im Fall der Erschießung des demokratischen Nationalverordneten Robert Blum oder anläßlich der von Preußens Regierung erzwungenen Verlegung der preußischen Nationalversammlung (beides im November 1848). Gerade die Erschießung Blums bei Wien unter Verletzung seiner parlamentarischen Immunität entsetzte viele seiner Frankfurter Freunde, die ihn lange vor 1848 kennenlernten. In diesen Proklamationen der Konstituante war etwas von der Gefährdung der Märzfreiheiten zu spüren und dem Willen, sich damit nicht abzufinden. Allein – die Außenpolitik war das Metier des Senats, und dieser ließ sich von seinem vorsichtigen Taktieren nicht abbringen.

Manche Initiative wurde auch von außen erzwungen: So mußten die partikularen Gesetzgeber mit der Verabschiedung der Grundrechte des deutschen Volkes am 27. Dezember 1848 in der Paulskirche ihre jeweiligen gesetzlichen Bestimmungen anpassen. Markant und im Sinne auch der Frankfurter Konstituante war die staatsbürgerliche Gleichstellung. Schließlich erhielt die Emanzipation am 20. Februar 1849 Gesetzeskraft, nachdem die Konstituante sich einstimmig für deren Einführung erklärt hatte.[11]

Es war natürlich, daß sich die Abgeordneten der Konstituante mit denen der Paulskirche trafen und persönliche Kontakte pflegten, die teilweise lange vor der Märzrevolution entstanden waren. Friedrich Siegmund Jucho war ja gleichzeitig in beiden Parlamenten Abgeordneter. Orientierte er sich innerhalb des deutschen Parlaments an der „Linken im Frack", der Fraktion „Westendhall", so gehörte er im Frankfurter Parlament schließlich zur liberalen Minderheit. Eigentlich war er Republikaner (und hatte in der Folge des Frankfurter Wachensturms mehrere Jahre seine Überzeugung mit Gefängnishaft büßen müssen), aber gegenwärtig sah er noch keine reelle Chance, die Republik in Deutschland installieren zu können. Das trug ihm viel Kritik von Seiten der bisherigen Gesinnungsgenossen und früherer Weggefährten ein, die ihn lange Zeit als einen der ihren betrachteten und ihm nicht verziehen, daß er 1849 für ein Kleindeutschland unter preußischer Führung in der Nationalversammlung stimmte. Sein ehemaliger Weggefährte Friedrich Funck, der kein Mandat ausübte, forderte in einer Petition an die Konstituante im Juni 1849 zur Neuwahl eines Frankfurter Abgeordneten zu der nach Stuttgart ausgewichenen Reichsversammlung

11 Protokolle und Aktenstücke der verfassunggebenden Versammlung des Freistaats Frankfurt, Bd. 1, 25. 1.1849, S. 68.

auf (dem demokratischen Rumpfparlament, welches am 18. Juni 1849 gewaltsam von württembergischem Militär aufgelöst wurde): Jucho, der nicht mehr nach Stuttgart mitgehen wollte, wurde von Funck einer Pflichtverletzung beschuldigt, und wohl nur das baldige Ende der Stuttgarter Reichsversammlung verhinderte ein weiteres Vorgehen der Konstituante in dieser Angelegenheit. Es ist sehr wahrscheinlich, daß viele der Abgeordneten ähnlich wie Funck dachten.[12] Auch Hadermann, der als Präsident der Frankfurter verfassunggebenden Versammlung fungierte, gehörte zu Juchos früheren Freunden und nachmaligen Kritikern. Es war klar, daß sich Parlamentarier wie Hadermann, Reinganum, der Advokat Ludwig Braunfels und viele mehr mit einem erst einmal verstümmelten Deutschland unter Preußens Führung nicht abfinden wollten, denn nichts anderes stellte eine kleindeutsche Lösung dar. Das, aber nicht nur das, machte sie zu Bundesgenossen der Paulskirchenlinken, der Fraktionen „Deutscher Hof" und „Donnersberg". Gleichsetzen sollte man die lokale mit der nationalen parlamentarischen Linken sicher nicht, und schon die Voraussetzungen waren unterschiedlich: In der Paulskirche bildete die Linke die Minderheit, während sie in der Konstituante im Haus Limpurg am Römer die Mehrheit darstellte und entsprechend handeln konnte. Ihre Gegner befanden sich häufig im Umkreis des Frankfurter „Bürgervereins", solange es keine schlagkräftigere Alternative gab. Dieser Verein wiederum zählte Abgeordnete des „Casinos"-Heinrich von Gagern, Friedrich Daniel Bassermann zum Beispiel – , der rechten Mitte der Paulskirche, zu seinen Gästen. Und die Minderheit innerhalb der Frankfurter Konstituante schreckte eine preußische Vorherrschaft nicht. Gewiß waren hier auch Interessen des Frankfurter Handels im Spiel, und als Mitglied des preußischen Zollvereins konnte sich die Stadt eine durchaus begründbare Frontstellung gegen diese Großmacht nicht leisten.

Starken Einfluß in der Konstituante übten der Jurist Reinganum und der studierte Theologe Hadermann aus. Reinganum war seit langem schon innerhalb der Frankfurter Politik und Verwaltung engagiert. Von höchster politischer Verwaltung war er aber bislang ferngehalten, und so befand er sich weder im Senat noch hatte er Erfolg bei der Wahl zum Frankfurter Paulskirchenabgeordneten. Nicht zuletzt mochte es daran liegen, daß Reinganum als Jude geboren wurde und erst als Erwachsener zum Luthertum konvertierte. Unstreitig sei er, so ein zeitgenössischer Beobachter, „die talentvollste negative Capacität der hiesigen Constituante" gewesen.[13]

12 Protokolle und Aktenstücke (Anm. 11), Bd. 2, 13. 6.1849, S. 279.

Offenkundig hatte Reinganums Beschränkung auf die Konstituante zu einiger Verhärtung und Radikalität bei ihm geführt. Hadermanns Interesse an der verfassunggebenden Versammlung war gewiß weniger notgedrungen als die Reinganums. In diesem Rahmen konnte er tun, was er schon als Lehrer und Publizist getan hatte: „seine Anschauungen vom besten Staat und der besten Gesellschaft Schülern, Hörern und Lesern wohlmeinend, aber unerbittlich einzutrichtern".[14] Dabei war er an vielen Stellen aktiv, und neben seinem Mandat im Parlament betrieb er als Journalist und Zeitungsgründer eine durchaus moderne parteiliche Presse.

Die wichtigste Aufgabe dieser Konstituante war es, eine neue Verfassung zu erarbeiten und diese schließlich der Bürgerschaft zur Abstimmung vorzulegen. Die Sicherung der Eigenstaatlichkeit war Hintergrund und Teilmotiv: Sie hatte in der Sicht der Parlamentsmehrheit viel für sich, war doch ein demokratisch-republikanisch verfaßtes Gemeinwesen das Ideal, welches viele Linke in Deutschland anstrebten, auf nationaler Ebene aber kaum erreichbar schien. Und wenn schon Anschluß, dann an wen? Die hessischen Nachbarstaaten waren wohl kaum Partner, mit denen der Frankfurter Wohlstand zu teilen lohnte, und die Regierungen in München und Berlin besaßen in Frankfurter Demokratenkreisen, und nicht nur dort, nicht den allerersten Ruf. Im übrigen fand sich nach wie vor genügend Anlaß, auf eine künftige Reichsversammlung in Frankfurt am Main zu hoffen, und der quasi-neutrale Frankfurter Boden erleichterte für die oft unterschiedlichen und antagonistischen deutschen „Stämme" die Identifikation mit einem Deutschen Reich.

So wurde die Suche nach einer neuen Verfassung sehr ernst genommen und von der demokratischen Mehrheit der Konstituante in ihrem Sinne betrieben. Die völlige Abkehr vom bisherigen institutionalisierten Rahmen war in ihrem Sinne, und als Vorbild für die neue Verfassung fiel ihre Wahl auf die „Constitution de La République et Canton de Genève" vom 24. Mai 1847. Diese Verfassung war somit außerordentlich aktuell, und ihr Fortbestand nicht zuletzt durch die neuerdings bundesstaatliche Eidgenossenschaft ab 1847/48 abgesichert. Frankfurt war aber nicht Genf, auch wenn es an Größe und mancherlei Traditionen einiges zu vergleichen gab. Genf hatte schon in der Restaurationszeit bis 1830 und im Zeitalter der Schweizer Regeneration bis 1847 (ein für die Eidgenossenschaft treffenderer

13 Morgenblatt für gebildete Leser, Nr. 168, 14. 7.1849.

14 Veit Valentin: Geschichte der deutschen Revolution von 1848–1849, Bd. 2, Weinheim/Berlin 1998, S. 385

Epochennname als Vormärz) eine offenere und lebendigere kantonale Opposition besessen, als sie im Stadtstaat am Main unter dem Druck des Bundestages je möglich gewesen wäre. Auch war Frankreich nur einen Steinwurf entfernt, und sprachlich und kulturell für Genf sozusagen Inland. „Vor allem aber war in Genf eine kräftige demokratische Überlieferung lebendig. Bekanntlich ist ja diese Stadt einer der klassischen Orte für die Entwicklung des modernen Staatsideals. Der ‚conseil général', diese Verkörperung der Volkssouveränität im eigentlichsten Sinne, das Analogon der Landgemeinden in den alten Schweizer Kantonen, war eine uralte Genfer Institution."[15] Überdies besaß Genf einen bereits beachtlichen Arbeiterstand und mit James Fazy einen sehr energischen Volkstribunen, der 1846 gezielt gegen die bisherige Genfer Regierung putschte und in der Folge seine demokratischen Vorstellungen in die neue Verfassung einarbeitete.

Nichts von alledem war in Frankfurt zu finden. Aber solche Überlegungen spielten für Frankfurts Demokraten eine höchst untergeordnete Rolle bzw. waren kein Hindernis zur Adaption der Genfer Verfassung. Als im April 1849 der erste, von einem Ausschuß erarbeitete Entwurf der Öffentlichkeit vorgestellt wurde, war die Ratlosigkeit nicht klein. Kritik erfuhr insbesondere die ungewöhnlich schwache Stellung der Regierung, die jetzt nach Genfer Vorbild Regierungsrat hieß, gegenüber dem Parlament (Volksrat). Auch war die Trennung von Kirche und Staat recht dogmatisch vorgesehen, was gewiß die Ansichten eines langjährigen Vorkämpfers der freireligiösen Bewegung wie Hadermann widerspiegelte, aber nicht die Realitäten in Frankfurt am Main des Jahres 1849. In der Genfer Verfassung fand sich keine derartige Striktheit und überdies eine handlungsfähige Regierung. Man hatte das Genfer Vorbild zunächst einmal in Teilen verdorben, in aller Gründlichkeit, das verstand sich. Es bedurfte großer Anstrengungen der Minderheit im Parlament wie auch einsichtiger Mehrheitsdemokraten sowie der Proteste der Kirchengemeinden und der nicht immer uneigennützigen städtischen Interessengruppen, um es zu Verbesserungen kommen zu lassen. Oft lehnte die Mehrheit bzw. ihre Wortführer (Reinganum ist hier besonders zu nennen) Kritik zunächst rundweg ab, um schließlich doch sich kompromißbereit zu finden. Damit ließ sich die Öffentlichkeit nicht gewinnen, zumal seit Juli 1849 der Mehrheit der verfassunggebenden Versammlung ein sehr gefährlicher Gegner erwuchs:

15 Veit Valentin: Frankfurt am Main und die Revolution von 1848/49, Stuttgart/Berlin 1908, S. 385.

Abb. 26:
Eduard Franz Souchay.
Institut für Stadtgeschichte Frankfurt a. M.
Original: Historisches Museum Frankfurt a. M., Ph 688

der neue „Patriotische Verein“, ein Sammelbecken aller, die mit der Parlamentsmehrheit unzufrieden waren. Souchay war hier die treibende Kraft, der mittlerweile aus dem Senat ausgetreten war, um desto ungehinderter die Konstituante zu bekämpfen, der er ja selbst immer noch angehörte. Mit dem „Frankfurter Volksboten“ stand nun auch eine Zeitung zur Verfügung, die dem von Hadermann schon früher gegründeten „Frankfurter Volksblatt“ an Aggressivität in nichts nachstand. Auffällig ist, daß sich die Auseinandersetzungen einige Zeit nach dem Ende der Paulskirchenversammlung steigerten, und vielleicht fühlten sich die politisch aktiven Frankfurter nun nicht mehr an Zurückhaltung gebunden. Dieser neue politische Verein versammelte bereits Ende Juli 1849 über 2500 Mitglieder: Eine derart hohe Zahl war nur möglich, wenn verschiedenste Kreise und Gruppierungen in der Stadt zusammengeführt wurden. Auch solche, die gegen jede Reform waren, fanden mit dem „Patriotischen Verein“ eine vorübergehende Kampfgemeinschaft, die nicht länger dauern mußte bis zur Beseitigung der Konstituante, denn das war oberstes Ziel.

5. Ende und Neubeginn Frankfurter Reformpolitik

Monate vergingen, während der die Revolution in Deutschland fast vollständig niedergekämpft wurde – ob in ihrer parlamentarischen Ausformung oder als bewaffnete Aufstände zur Rettung der Reichsverfassung. Preußen und Österreich begannen wieder das Heft in die Hand zu nehmen, und ein auf revolutionärem Boden gewachsenes Parlament wie in Frankfurt war im Herbst 1849 die Ausnahme. Immerhin war es bereits der 3. Dezember 1849, als die Mehrheit der Konstituante die Verfassung annahm und samt Einführungsgesetz und Übergangsbestimmungen an den Senat übersandte. Jener, so die ursprüngliche Idee, sollte nun die Vorbereitung und Durchführung einer Bürgerabstimmung bewerkstelligen.

Diese hatte man in monatelanger Arbeit und Auseinandersetzung wesentlich verbessert und von den Überspanntheiten der ersten Fassungen gereinigt. Bislang war eine eindeutige Haltung des Senats zu dem neuen Werk nicht erkenntlich: Immerhin handelte es sich um die geplante endgültige Abschaffung dieser Institution, auch wenn bemerkenswerterweise die Demokraten sich Mühe gaben, gerade den Senatoren goldene Brücken zu bauen und sie den Verlust an Macht und Einfluß nicht allzu sehr spüren zu lassen.

Die offene Gegnerschaft zur Verfassung verkörperte der „Patriotische Verein" und als publizistisches Sprachrohr der „Frankfurter Volksbote". Unverkennbar war, daß die Gegner der Konstituante vom Politikstil der Demokraten gelernt hatten. Schon im September 1849 forderte ein Artikel im „Frankfurter Volksboten" die baldige Neuwahl der gesetzgebenden Versammlung, eine unverblümte Aufforderung, Schluß zu machen mit den Tagungen der verfassunggebenden Versammlung.[16] Nicht um die Zeit zurückzudrehen, sondern um eine sukzessive Reformbewegung in der Stadt einzuleiten, die weniger die Bürgerschaft polarisierte und den deutschen Mächten keinen Anlaß zu Kritik und Eingreifen geben konnte. Einen Hadermann etwa in verantwortlicher Position in Frankfurt zu sehen, das war nicht nur für Souchay keine sehr angenehme Vorstellung. Frankfurt war zuwenig unabhängig, um sich offen Widerstand gegen die in Deutschland herrschende politische Richtung erlauben zu können, und diese war gegen Ende 1849 eindeutig revolutionsfeindlich. Frankfurt war wiederum so stolz und unabhängig von außen, daß jeder fremde Eingriff wie die Garnisonen nach dem Frankfurter Wachensturm 1833 oder dem Septem-

16 Frankfurter Volksbote, Nr. 94, 23. 9. 1849

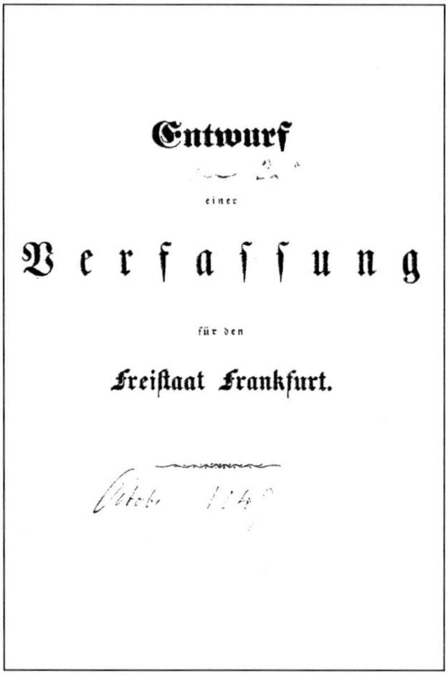

Entwurf

einer

Verfassung

für den

Freistaat Frankfurt.

Octob. 1849

Abb. 27: Entwurf einer Verfassung für den Freistaat Frankfurt, datiert von Oktober 1849.
Original-Druck: Institut für Stadtgeschichte Frankfurt a. M. (Auszüge)

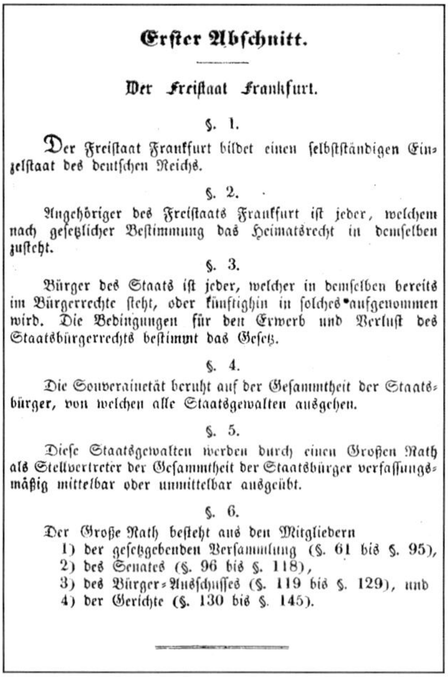

Erster Abschnitt.

Der Freistaat Frankfurt.

§. 1.

Der Freistaat Frankfurt bildet einen selbstständigen Einzelstaat des deutschen Reichs.

§. 2.

Angehöriger des Freistaats Frankfurt ist jeder, welchem nach gesetzlicher Bestimmung das Heimatsrecht in demselben zusteht.

§. 3.

Bürger des Staats ist jeder, welcher in demselben bereits im Bürgerrechte steht, oder künftighin in solches aufgenommen wird. Die Bedingungen für den Erwerb und Verlust des Staatsbürgerrechts bestimmt das Gesetz.

§. 4.

Die Souverainetät beruht auf der Gesammtheit der Staatsbürger, von welchen alle Staatsgewalten ausgehen.

§. 5.

Diese Staatsgewalten werden durch einen Großen Rath als Stellvertreter der Gesammtheit der Staatsbürger verfassungsmäßig mittelbar oder unmittelbar ausgeübt.

§. 6.

Der Große Rath besteht aus den Mitgliedern
1) der gesetzgebenden Versammlung (§. 61 bis §. 95),
2) des Senates (§. 96 bis §. 118),
3) des Bürger-Ausschusses (§. 119 bis §. 129), und
4) der Gerichte (§. 130 bis §. 145).

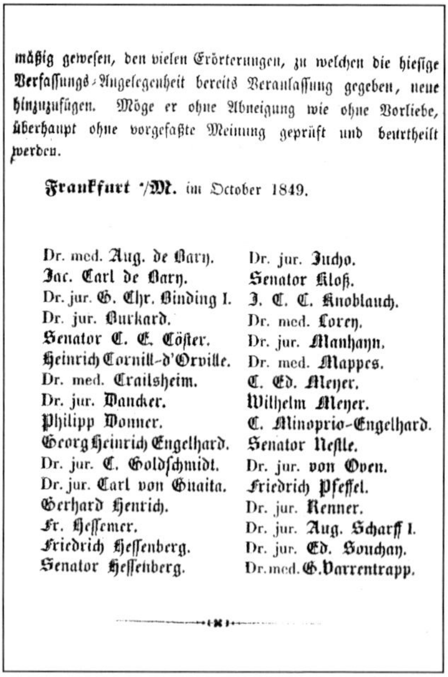

mäßig gewesen, den vielen Erörterungen, zu welchen die hiesige Verfassungs-Angelegenheit bereits Veranlassung gegeben, neue hinzuzufügen. Möge er ohne Abneigung wie ohne Vorliebe, überhaupt ohne vorgefaßte Meinung geprüft und beurtheilt werden.

Frankfurt a/M. im October 1849.

Dr. med. Aug. de Bary.	Dr. jur. Jucho.
Jac. Carl de Bary.	Senator Kloß.
Dr. jur. G. Chr. Binding I.	J. C. C. Knoblauch.
Dr. jur. Burkard.	Dr. med. Lorey.
Senator C. E. Cöster.	Dr. jur. Manhayn.
Heinrich Cornill-d'Orville.	Dr. med. Mappes.
Dr. med. Crailsheim.	C. Ed. Meyer.
Dr. jur. Dancker.	Wilhelm Meyer.
Philipp Donner.	C. Minoprio-Engelhard.
Georg Heinrich Engelhard.	Senator Nestle.
Dr. jur. C. Goldschmidt.	Dr. jur. von Oven.
Dr. jur. Carl von Guaita.	Friedrich Pfeffel.
Gerhard Henrich.	Dr. jur. Renner.
Fr. Hessemer.	Dr. jur. Aug. Scharff I.
Friedrich Hessenberg.	Dr. jur. Ed. Souchay.
Senator Hessenberg.	Dr. med. G. Varrentrapp.

beraufstand 1848 als Gefahr für die Eigenständigkeit empfunden wurde. Dieser Problematik stellten sich viele Demokraten nicht, während ein offizieller Befürworter der neuen Ordnung und Mehrheitsparlamentarier wie Ludwig Braunfels 1849 privat bekannte: „Unsere Frankfurter Konstituante hat sich und der Verfassung in der Sitzung vom 2. November den Todesstoss gegeben, indem sie beschloss, die Regierung jedesmal direkt durchs ganze Frankfurter Volk, unsere Grande Nation, wählen zu lassen. Unter der Herrschaft von drei oder vier armseligen Bengels zu leben, schöne Errungenschaft des Märzen 1848!"[17]

Es fanden sich genügend Personen, die den von Braunfels erwarteten Todesstoß ausführen wollten. Eine Massenpetitionsbewegung kam im Dezember zustande: unterschiedliche Gruppen und Organisationen (Kirchengemeinden, sozial-karikative und gewerbliche Vereine) verwahrten sich bei dem Senat dringend gegen die erwartete Verletzung ihrer Rechte durch die neue Verfassung. Dahinter stand der „Patriotische Verein". Auch Frankfurts Senat hatte Abschied genommen von der Revolutionszeit: „Während die seit der Märzrevolution in unserm Senat eingetretenen Lücken nicht wieder durch Neuwahlen ausgefüllt wurden", hieß es in der 1847 gegründeten liberalen „Deutschen Zeitung", die übrigens Souchay unter ihre Mitarbeiter und Korrespondenten zählte, „findet nächsten Montag [10. Dezember] in gewohnter Weise die Wahl der regierenden Bürgermeister für 1850 statt. Unterdessen empfängt der Senat aus den Händen der Constituante die neue Verfassung, um sie der ‚Staatsbürgerschaft' zur ‚geheimen' Abstimmung zu unterbreiten."[18] „Der Kreis rundete sich demnach immer mehr, der alles wieder zum Ausgang zurückführen sollte: war da wohl noch ein Grund, in der Verfassungsfrage zu zögern?"[19] Dennoch schien die Mehrheit mit der geplanten Abstimmung zu rechnen. So war die Empörung groß, als der Senat die Versammlungsräume verschließen ließ: am 3. Januar 1850 standen Hadermann und die verbliebenen Parlamentarier (die Minderheit hatte inzwischen ihren Austritt erklärt) vor verschlossenen Türen und wurden von Gendarmen fortgeschickt. Die Verfassung wurde niemals den Frankfurtern zur Abstimmung vorgelegt.

---

17 Brief Ludwig Braunfels', Frankfurt a.M., 4. 11. 1849, in: Briefe 1835–1864 an seine Freunde Stiefel. Institut für Stadtgeschichte Frankfurt a. M., S. 5 (Chroniken), Nr. 429.

18 Deutsche Zeitung, Nr. 338, 7. 12. 1849.

19 Richard Schwemer: Geschichte der freien Stadt Frankfurt a. M. (1814–1866), Bd. 3/I, Frankfurt a. M. 1915, S. 369.

Der Senat gab daraufhin öffentlich eine Erklärung ab und setzte schließlich Neuwahlen für den 10. und 11. Januar 1850 für die gesetzgebende Versammlung fest. Übrigens drehte er nicht das Rad zurück, und die Emanzipation der ehemals minderberechtigten Staatsangehörigen wie die Reformgesetze der nun vergangenen Zeit blieben bestehen. Die Demokraten um Hadermann und Reinganum freilich mieden diese Wahlen bis 1856, und wo sie staatliche Ämter ausübten, traten sie aus Protest von diesen zurück. Übrigens wurde keiner der Demokraten je verfolgt, sondern sie blieben Bürger innerhalb einer Bürgergemeinde. Eine Reaktions-, Gewalt- und Verfolgungspolitik gab es im Stadtstaat Frankfurt nicht, und das hebt dieses Gemeinwesen über so viele namhafte andere nach der Revolutionszeit weit hinaus. Frankfurt blieb – trotz des milden Staatsstreichs des Senats – ein schon recht beachtlich ausgebildeter Rechtsstaat, und mehr noch: die Reformpolitik wurde ab 1850 von der vormaligen Minderheit der Konstituante weitergetragen, wenn auch die politische Lage ungünstiger wurde: der Bundestag kehrte 1851 in die Stadt zurück. Ein Reaktionsausschuß entstand alsbald, dessen Aufgabe es war, Überreste der Revolutionszeit in den deutschen Staaten zu eliminieren. Speziell für Frankfurt mußte im Folgejahr die staatsbürgerliche Gleichstellung geopfert werden, und auch das Verbot einiger demokratischer Vereine (darunter das „Montagskränzchen") sowie Hadermanns „Frankfurter Volksblattes" gehörten zur unerfreulichen Bilanz des Jahres 1852, für die der Bundestag verantwortlich war.

Die häufig mühselige Reformpolitik konnte dies auch nicht zum Erliegen bringen, denn schon 1853 verabschiedeten Senat und gesetzgebende Versammlung neuerlich eine abgeschwächte Fassung der Emanzipation. Nicht einmal eine Eingabe einer Handvoll Frankfurter Reaktionäre am Bundestag gegen die Gleichberechtigung führte zu ihrer erneuten Abschaffung: Frankfurt profitierte hierbei von den zunehmenden Spannungen zwischen Preußen und Österreich, und im übrigen handelte es sich bei dieser neuen Reform nun nicht mehr um ein gesetzliches Relikt der Jahre 1848/49.

Die Senatsreform von 1856 und ein neues, demokratisches Wahlgesetz 1866, das freilich durch den Einmarsch der preußischen Truppen und die Einverleibung nach dem deutschen Krieg 1866 an seiner Wirksamwerdung gehindert wurde, zeigen an, daß in Frankfurt kein unüberwindlicher Bruch zwischen 1848/49 und der Folgezeit bestand: „Die spezifischen Merkmale der Frankfurter Kommunalpolitik nach der Annexion durch Preußen, nämlich die im Vergleich zu anderen Städten starke demokratische Bewegung, die Bereitschaft zu sozialen Reformen sowie die gelungene Integration konfessioneller Minderheiten, insbesondere der Juden, erscheinen als unmittelbare Folge der politischen Entwicklung in freistädtischer Zeit. "[20]

Literaturhinweise

Bartelsheim, Ursula: Bürgersinn und Parteiinteresse. Kommunalpolitik in Frankfurt am Main 1848–1914, Frankfurt a. M./New York 1997

Schwemer, Richard: Geschichte der freien Stadt Frankfurt a. M. (1814–1866), Bd. 1–3/II, Frankfurt a. M. 1910–1918

Valentin, Veit: Frankfurt am Main und die Revolution von 1848/49, Stuttgart/Berlin 1908

Ders.: Geschichte der deutschen Revolution von 1848–1849, Bd. 1–2 [1930/31], Weinheim/Berlin 1998

Weber, Matthias: Verfassung und Reform in Vormärz und Revolutionszeit. Die konstituierende Versammlung des Freistaats Frankfurt 1848–1850, Phil. Diss. Frankfurt a. M. 1996

Wettengel, Michael: Die Revolution von 1848/49 im Rhein-Main-Raum. Politische Vereine und Revolutionsalltag im Großherzogtum Hessen, Herzogtum Nassau und in der Freien Stadt Frankfurt, Wiesbaden 1989 (Veröffentlichungen der Historischen Kommission für Nassau XLIX)

20 Ursula Bartelsheim: Bürgersinn und Parteiinteresse. Kommunalpolitik in Frankfurt am Main 1848–1914, Frankfurt a. M./New York 1997, S. 86.

Die Landgrafschaft Hessen-Homburg 1848

Barbara Dölemeyer

Die Landgrafschaft Hessen-Homburg, von einer darmstädtischen Nebenlinie regiert und erst auf dem Wiener Kongreß zur vollen Souveränität gelangt[1], umfaßte seit 1816 zwei Landesteile: das Amt Homburg mit circa 10 000 und das neu erworbene Oberamt Meisenheim am Glan (im ehemaligen Saardepartement) mit ca. 14 000 Einwohnern, letzteres von Landgraf Friedrich V. Ludwig wegen der weiten Entfernung vom „Kernland“ als „Distrikt in China“ bezeichnet. Während die Bewohner des Amtes Homburg im großen und ganzen mit der zwar patriarchalischen, aber doch milden Herrschaft der Landgrafen nicht unzufrieden waren, kamen „revolutionäre“ Anstöße eher von deren neuen Untertanen, aus dem linksrheinischen – von Homburg circa 110 km entfernten – Landesteil. Dieses Gebiet hatte in der Zeit der Zugehörigkeit zu Frankreich ein modernes Rechts- und Verwaltungssystem kennengelernt, hier galten die französischen Gesetzbücher fort, die Einwohner fühlten sich eher der benachbarten bayerischen Pfalz (Rheinbayern) verwandt. Der Regierung der kleinen, traditionalistischen Landgrafschaft gegenüber, die man zudem in erster Linie durch ihre Forderungen nach Abgaben und Militärdiensten kennenlernte, waren die Meisenheimer eher skeptisch eingestellt.[2] Die politische Entwicklung der Landgrafschaft im 19. Jahrhundert war zum einen von diesem Gegensatz unzusammenhängender Gebietsteile und zum andern von einem – aus dem geringen Gebietsumfang und der desolaten Finanzlage resultierenden – geringen staatlichen Organisationsgrad geprägt. Selbst nach Erlangung der Souveränität war Hessen-Homburg in vielen Belangen (Münzprägung; Strafvollzug etc.) von den Verwaltungseinrichtungen Hes-

1 Dölemeyer, Fragmentarische Staatlichkeit. Die Landgrafschaft Hessen-Homburg im Alten Reich und im Deutschen Bund, in: Mitteilungen des Vereins für Geschichte und Landeskunde zu Bad Homburg v. d. Höhe, Heft 44, Bad Homburg v. d. Höhe 1995, S. 1–64.

2 Gabriela Schlick, Die Landgrafschaft Hessen-Homburg 1816–1866 – Liberale Bestrebungen oder Rückkehr zum Status quo ante?. Mitt. des Vereins für Geschichte und Landeskunde zu Bad Homburg v. d. Höhe 45 (1996), S. 23 ff.

sen-Darmstadts abhängig. Auch die wirtschaftliche Lage der Einwohner beider Landesteile war bereits seit Beginn des Jahrhunderts bescheiden, und dies verschlechterte sich in den vierziger Jahren. In Homburg sorgten allerdings die mit dem Kur- und vor allem dem Spielbankbetrieb verbundenen Einnahmequellen und Arbeitsmöglichkeiten seit 1840 für eine gewisse Besserung, während sich die Situation in Meisenheim eher verschlimmerte.

Es versteht sich beinahe von selbst, daß eine „Ferment"-Wirkung linksrheinischer Landesteile, wie sie in den Reformdiskussionen des Vormärz etwa von der französischrechtlich bestimmten Provinz Rheinhessen in bezug auf das Großherzogtum Hessen-Darmstadt oder von der Rheinpfalz auf Bayern zu beobachten ist, in einem Fall wie Meisenheim – Homburg kaum zu bemerken ist; dies nicht zuletzt auch wegen des Fehlens einer publizistischen Plattform, wie sie ein Landtag dargestellt hätte. Dennoch ist festzuhalten, daß die Meisenheimer immer ein auch von der Regierung mit Mißtrauen betrachtetes „aufrührerisches" Element waren und gerade in den Märztagen des Jahres 1848 ihre Position mit größerer Lautstärke vertraten als die Homburger.

Vormärz und Revolution

Der Gegensatz der beiden Landesteile kam vor allem in der Zeit der vormärzlichen Forderungen nach Liberalisierung und Mitspracherechten sowie einer annähernd „rechtsstaatlichen" Entwicklung zum Ausdruck. Ganz unberührt von solchen Bewegungen blieb auch das Amt Homburg nicht, aber die stärkeren Impulse gingen von Meisenheim aus. Flugschriften kursierten, Homburger Bürger unterhielten Beziehungen zu liberalen Kreisen in benachbarten Bundesstaaten wie der Freien Stadt Frankfurt am Main und dem Großherzogtum Hessen-Darmstadt.[3] Warnungen vor „Vereinen zur Anregung und Verbreitung revolutionärer Umtriebe" und deren Mitgliedern gingen auch an die Homburger Regierungsstellen, so etwa vor einem Pariser Verein, in dem der Rechtsanwalt Odilon Barrot neben Heine

3 Zu den Einzelheiten der Vorgänge in Homburg in den Jahren 1848 ff. vgl. Karl Grünewald, Die Märzbewegung 1848 in der Landgrafschaft Hessen-Homburg. Eine geschichtliche Plauderei, Sonderdruck aus dem Taunusboten 1931 Nr. 199/217, Bad Homburg vor der Höhe; Reinhold Brückl, Homburg und das Jahr 1848, in: Alt Homburg 1993, Heft 2–7; Schlick (Anm. 2).

und Börne genannt wird.[4] Derselbe Barrot verfaßte übrigens 1848 ein Gutachten für die Aktionäre der Homburger Spielbank (s. u.). Im Umfeld des Frankfurter Wachensturms 1833 wurden etliche Homburger, die revolutionärer Umtriebe und landesverräterischer Komplotte beschuldigt wurden, verhaftet. Prominenteste Gefangene waren die Söhne des Hofpredigers Breidenstein, der Militärarzt Dr. Friedrich August und sein Bruder Ludwig Friedrich.[5] Auch im Hessen-Homburger Militär kam es zu Unruhen und kleineren Revolten, die zu Festnahmen führten. Einigen unter den Beschuldigten gelang die Flucht, sie wandten sich unter anderem nach Frankreich und später in die USA.[6] Aus Meisenheim drangen in den dreißiger Jahren die Nachrichten von Manifestationen im Rahmen der „Polen-Vereine", die in der Nachbarschaft der bayerischen Pfalz in der Hilfe für die Aufständischen besonders aktiv waren, nach Homburg.[7] Meisenheimer waren auch beim Hambacher Fest zahlreich vertreten.[8]

Unter dem Eindruck der Februarrevolution in Paris bildeten sich sowohl in Homburg als auch in Meisenheim Bürger-Ausschüsse, die dem Landgrafen unabhängig von einander in Adressen vom 5. 3. beziehungsweise vom 9. 3. 1848 ihre „Märzforderungen" überbrachten. Die Homburger Bürger hatten sich zuvor bei dem erfolgreichen Frankfurter Advokaten, Publizisten und liberalen Politiker Dr. Maximilian Reinganum über Inhalt und Formulierung ihrer Adresse beraten lassen, an den sie sich bereits wegen der Verfassungsadresse von 1841 gewandt hatten.

400–500 Bürger waren es, die am 5. März 1848 in wohlgeordnetem Zuge diese Adresse dem seit 1846 regierenden Landgrafen Gustav (reg. 1846–1848) überbrachten. „Durchlauchtigster souveräner Landgraf! Gnädigster Fürst und Herr!", so lautete die Anrede, und dieser wurde von den „treugehorsamsten Unterzeichneten" gebeten, folgende Wünsche zu erfüllen: unbedingte Preßfreiheit, Öffentlichkeit und Mündlichkeit des Ge-

4 Stadtarchiv Bad Homburg A II, 2/3.

5 Heinz F. Friederichs, Das „Schwarze Buch" der Bundes-Zentralbehörde über revolutionäre Umtriebe 1838–1842, in: Hess. Familienkunde 1 (1948), Sp. 32; ausführlich: Reinhold Brückl, Revolutionäre Bewegungen vor 1848. Homburg blieb nicht davon verschont, in: Alt Homburg 1992, Heft 11, S. 3 ff.

6 Friederichs (Anm. 5) führt etliche hessen-homburgische Soldaten aus beiden Landesteilen an, die wegen „Teilnahme an einer Verbindung zum Umsturz der deutschen Staatsverfassung u. Werbung beim Homburgischen Militär" verhaftet wurden.

7 Jan Kosim, Zur Geschichte der Vereine zur Unterstützung der Polen in Deutschland unter Berücksichtigung der Bayerischen Pfalz und der Landgrafschaft Hessen-Homburg, in: Jb. für westdeutsche Landesgeschichte 4 (1978), S. 313 ff., bes. S. 345 ff.

8 Schlick (Anm. 2), S. 27 ff.

richtsverfahrens sowie Schwurgerichte, ein allgemeines deutsches Parlament, bürgerliche und politische Gleichheit aller Untertanen, Recht der freien Volksversammlung mit Petitionsrecht, politische Amnestie, Verwaltungs- und Justizreformen und endlich die Einführung der wiederholt versprochenen Verfassung. Der Landgraf bewilligte diese Forderungen und versicherte, er würde das auch schriftlich bestätigen. Gustav bekräftigte durch Schreiben vom 6. März seine Zusagen, die einer Verfassung inbegriffen. Unter dem Eindruck einer drohenden Haltung des Volkes, die der Deputation in den Schloßhof nachgedrängt war, hatte er drei der Punkte (Akzise, Verfassung, Zehntablösung), die zunächst eher hinhaltend formuliert waren, eindeutiger gefaßt.[9] Man stand der Seriosität dieses Versprechens eher skeptisch gegenüber. Die entstehenden Unruhen richteten sich jedoch in erster Linie nicht gegen den Fürsten, sondern gegen einzelne Regierungsbeamte, so den Polizeichef Ludwig Des-Noyer,[10] der gedrängt wurde, die Stadt zu verlassen (er kehrte bereits 1849 in seine Funktionen zurück). Anstelle des beim Volke ebenfalls sehr unbeliebten Geheimrats Henrich[11] trat am 25. 3. 1848 an die Spitze der nunmehr eingesetzten „Märzregierung" der hessen-darmstädtische Jurist Dr. Christian Bansa, liberaler Abgeordneter im Darmstädter Landtag und Freund Heinrich von Gagerns. Bansa, der Advokat in Frankfurt am Main, dann hessen-darmstädtischer Abgeordneter war, wurde 1832 als Teilnehmer des Hambacher Fests vorübergehend inhaftiert und war wegen politischer Agitation in den vormärzlichen Unruhen im Großherzogtum verurteilt worden, was aber

9 Stadtarchiv Bad Homburg A II, 2/7, Originalzusage mit Abänderungen; Vermerk des Homburger Archivars E. G. Steinmetz dazu vom 30. 4. 1927; vgl. Grünewald (Anm. 3), S. 16.

10 Ludwig Karl Georg Friedrich (Louis) Des-Noyer (geb. 1.7.1799 Homburg v. d. Höhe – gest. 6. 2. 1864 ebenda); stammte aus einer Hugenottenfamilie; studierte in Gießen 1818–1819 Kameralwissenschaften; 1831 Regierungssekretär in Hessen-Homburg, 1833–1848, 1849–1864 fungierte er als Amts-Assessor im Landgräflich hessischen Verwaltungsamt; 1835 erhielt er den Diensttitel „Landrat"; 1856 auch „Polizeidirektor"; vgl. C. Groß, Andenken an Louis Des-Noyer weiland landgräfl. Hess. Landrath und Polizeidirector, Homburg 9. 2. 1864 [Stadtarchiv Bad Homburg, Nachlaß Jacobi E II 5 a].

11 Ludwig Karl Wilhelm Henrich; Geheimer Regierungsrat; 1840 und 1847/48 Geschäftsführer im Geheimen Rat; provisorischer Regierungsdirektor von Hessen-Homburg; vgl. Thomas Klein, Landgraftum Hessen-Homburg (1815–1866), in: Grundriß zur deutschen Verwaltungsgeschichte Reihe A, Band 11 (Hessen-Nassau), S. 230 f.

den Homburger Landgrafen Gustav nicht hinderte ihn anzustellen.[12] Vermittelt hatte diese Anstellung sein Schwager Dr. Heinrich Karl Jaup[13], der kurz zuvor mit dem homburgischen Verfassungsentwurf betraut worden war (s. u.) und der auch den Auftrag erhalten hatte, einen Nachfolger für den zurückgetretenen Henrich zu suchen.[14] Bansa blieb von 1848 bis zu seinem Tod 1862 als Dirigierender Wirklicher Geheimer Rat Regierungschef in Hessen-Homburg.

Die Märzforderungen, die in Hessen-Homburg formuliert wurden, entsprachen demnach im wesentlichen den in den übrigen deutschen Bundesstaaten vorgebrachten Wünschen nach bürgerlichen Freiheiten, Volksbewaffnung, Amnestie politischer Häftlinge, bürgerlicher und politischer Gleichheit (Judenemanzipation), Zehntablösung etc. Auch die auf „rechtsstaatliche" Verhältnisse abzielenden Forderungen nach einer geschriebenen Verfassung, Justiz- und Verwaltungsreformen (öffentliches und mündliches Gerichtsverfahren, Schwurgerichte, Aufhebung der privilegierten Gerichtsstände; Gemeindeselbstverwaltung) wurden analog geäußert. Dazu kamen spezifische Wünsche aus den beiden Landesteilen. Seitens der Meisenheimer verlangte man unter anderem die Vertretung des Volkes beim deutschen Bundestag; außerdem die Abschaffung von mit der Homburger Herrschaft zusammenhängenden „Mißständen": Aufhebung der Straßenbarrieren (d. h. Barrieregelder); „besseres Salz", Abschaffung von Most-, Brenn- und Brausteuer; eine neue Communal-Verwaltungsordnung mit größeren Mitspracherechten der Bürger sowie eine bessere Gerichtsorganisation für das Oberamt. Seitens der Homburger lauteten wichtige zusätzliche Forderungen auf Zurückgabe der in die Staatskasse fließenden Akzise an die Gemeindekassen sowie Einführung eines Steuergesetzes unter Mitberatung und -beschließung der Landstände.[15] Nachdem Land-

12 Vgl. K. H. Du Bos du Thil, Denkwürdigkeiten aus dem Dienstleben des ... du Thil 1803–1848, hrsg. von H. Ulman, Stuttgart-Berlin 1921, S. 344, 398, 547; O. Bansa, Chronik der Familie Bansa, o. J., S. 44 f.; Friederichs (Anm. 5), Sp. 30; Paul Wentzke/ Wolfgang Klötzer, Deutscher Liberalismus im Vormärz, Göttingen und andere 1959, S. 247 f.; S. 442 f.; Renkhoff, Nassauische Biographie, 2. Aufl., Nr. 165.

13 Aufzeichnungen des Großherzogl. hess. Ministerpräsidenten Dr. Heinrich Karl Jaup über sein Wirken im öffentlichen Leben, hrsg. von Bernhard Jaup, in: AHGA NF 15 (1928), S. 644–661; ADB 13, S. 733–736; Heinrich Best/ Wilhelm Weege, Biographisches Handbuch der Abgeordneten der Frankfurter Nationalversammlung 1848/49, Düsseldorf 1996, S. 191 f.

14 Stadtarchiv Bad Homburg A II, 2/6, fol. 51.

15 Schlick (Anm. 2), S. 54 ff.

Bekanntmachung.

Durch die uns heute Nachmittag von dem Herrn Regierungs-Commissarius, Regierungsrath Will dahier in Auftrag Sr. Hochfürstlichen Durchlaucht des regierenden Herrn Landgrafen abgegebene Erklärung, sind alle in die von Höchstdenselben gestern ertheilte Resolution gesetzten Zweifel auf eine ganz befriedigende Weise gelöst und beseitigt.

Zugleich eröffnen wir unsern Mitbürgern, daß den Accisern des Amts Homburg die Weisung zugegangen sey, sofort die eingehenden Accisen in die betreffenden Gemeindekassen abzuliefern und zur Berathung über die Grundlage unserer Verfassung die einleitenden Maßnahmen in unserer heutigen Sitzung beschlossen worden sind.

Wir ersuchen daher unsere Mitbürger, auf alle mögliche Weise dahin zu wirken, daß die öffentliche Ruhe und Ordnung in keiner Weise getrübt werde.

Homburg, den 7. März 1848.

Im Namen des Stadtraths und Bürger-Ausschusses.

Stumpff.

Abb. 28: Bekanntmachung vom 7. März 1848
Original: Stadtarchiv Bad Homburg

graf Gustav durch Entschließungen vom 6. 3.[16] beziehungsweise vom 10. 3. 1848[17] die jeweiligen Forderungen im Prinzip bewilligt hatte, ließ er sogleich die entsprechenden Gesetze und Verordnungen publizieren.[18]

Die Bürger gingen daran, die errungenen Freiheiten zu realisieren: Im Rahmen der neu erworbenen Pressefreiheit[19] gründete der Buchhändler Louis Schick eine eigene Zeitung, deren erste Nummer am 14. 6.1848 erschien: „Homburger Beobachter – ein Volksblatt für Stadt und Land." Nachrichten, Kommentare vor allem zu den politischen Ereignissen konnten unzensiert verbreitet werden. Die neu gewährte Versammlungsfreiheit gab Raum zur Bildung von Bürgervereinen in beiden Landesteilen: Am 19. 4. 1848 wurde der „Bürger-Verein zu Homburg" gegründet, der unter seine Ziele folgende zählte: „... erheiternde und belehrende Unterhaltung ..., Verständigung über Zeitereignisse, Entwickelung des Volkslebens und Fortschritte in Kunst und Wissenschaft".[20] In der Residenzstadt wurde zusätzlich am 3. 7. 1848 ein Gesellenverein gegründet, der sich einerseits um Aufklärung und Fortbildung bemühte, andererseits aber auch für soziale Forderungen stritt (Arbeitsverkürzung, Lohnerhöhung etc.).[21] Der bereits 1846 gegründete Turnverein entfaltete kräftige Aktivitäten.[22]

In Homburg, Friedrichsdorf und Seulberg sowie in Meisenheim wurden Bürgergarden beziehungsweise Bürgerwehren gebildet.[23] Anläßlich der Fahnenweihe der Friedrichsdorfer Bürgergarde am 8. 10. 1848 hielt der inzwischen gewählte Abgeordnete Jacob Venedey eine Rede, in welcher „Ruhe und Ordnung" als erste Bürgerpflicht angesprochen wurden.[24] (Die Bürgergarden beziehungsweise Bürgerwehren wurden 1850 beziehungsweise 1852 aufgehoben.[25])

---

16 Stadtarchiv Bad Homburg A II 2/6.

17 Landeshauptarchiv Koblenz Abt. 655, 24 191; vgl. Schlick (Anm. 2), S. 47.

18 Preßfreiheit, Amnestie für politische Vergehen, Aufhebung der privilegirten Gerichtsstände, Petitionsrecht, Regulirung der privatrechtlichen Verhältnisse der Israeliten im Amte Homburg, alle 6. 3. 1848, Regierungsblatt Nr. 5, vom 7. 3. 1848.

19 Gesetz über Preßfreiheit, 6. 3.1848, Regierungsblatt Nr. 5.

20 Amts- und Intelligenz-Blatt 1849, S. 126

21 Schlick (Anm. 2), S. 50 f.

22 Brückl (Anm. 3), Heft 2, S. 16.

23 Stadtarchiv Bad Homburg A II, 2/8; Programm der Fahnenweihe der Bürgerwehr in Homburg ebenda A II, 2/6.

24 Johann Georg Hamel, Chronik (Manuskript), Stadtarchiv Bad Homburg, S. 62.

25 Regierungsblatt Nr. 9, 11. 7. 1852.

Bekanntmachung.

Nach den gestern Abend stattgehabten Vorfällen sah sich der unterzeichnete Stadtrath heute zu dem Beschlusse veranlaßt:

das Commando der Bürgerwehr zu ersuchen und zu ermächtigen, bei allen vorkommenden Ruhestörungen, die Bürgerwehr nach vorheriger 3maliger Aufforderung zum Auseinandergehen sogleich bewaffnet einschreiten, die Betheiligten arretiren und nöthigenfalls von ihren Waffen Gebrauch machen zu lassen.

Dies wird hiermit zur allgemeinen Kenntniß gebracht.

Homburg, den 8. Juni 1848.

Stumpff. C. Theis. C. Braunschweig. J. G. Hamel. J. Berthold. S. Elbelt. L. Schick 2r. M. Groß. Bieber. A. Haller. F. Schick. H. Weckerling. H. Hammelmann. Birkenstock. Rothschild.

Abb. 29: Bekanntmachung zur Bildung der Bürgerwehr in Homburg vom 8. Juni 1848.
Original: Stadtarchiv Bad Homburg (A II, 2/8)

Programm

der

Sonntag den 9. Juli l. J. stattfindenden

Fahnenweihe

der

Bürgerwehr in Homburg.

---

1) Nach Beendigung des Vormittags-Gottesdienstes rückt das Bataillon der Bürgerwehr compagnienweise und die Schwadron der Bürger-Cavallerie, nach vorheriger Appel, auf dem Platz (am großen Brunnen) zusammen, von da marschirt sämmtliche Bürgerwehr nach dem bestimmten Ort, ohnweit dem Brunnensaal, wo die Fahnenweihe stattfindet, und stellt sich im Viereck um die dorten errichtete Tribüne auf.
2) Der Stadtschultheiß, der Stadtrath, der Geistliche, sowie die Frauen und Jungfrauen von Homburg versammeln sich im Hessischen Hof ebenfalls präcis um 11 Uhr, von wo aus dieselben desgleichen auf den Festplatz sich begeben.
3) Daselbst angelangt, besteigt der Stadtschultheiß, die Fahne tragend, in Begleitung des Geistlichen, des Stadtraths und der Frauen und Jungfrauen die Tribüne und entfaltet die Fahne, während die Bürgerwehr auf's Commando dieselben salutirt und dann die Position „beim Fuß das Gewehr“ einnimmt.
4) Nach eingetretener Stille hält der Geistliche eine auf die Fahnenweihe bezügliche Rede.
5) Nach Beendigung derselben schultert das Bataillon das Gewehr, die Frauen und Jungfrauen übergeben mit einer Anrede dem Bataillons-Commandanten die Fahne, welcher für die Ueberreichung derselben im Namen der gesammten Bürgerwehr eine entsprechende Danksagung an die edlen Geberinnen richtet.
6) Sodann wird von dem Geistlichen der Fahneneid abgenommen, wonach
7) Ein Gesang „das deutsche Banner“, geleitet vom Singverein erschallt.
8) Am Schlusse desselben tritt der Fahnenträger nebst Fahnrotten vor die Tribüne, nimmt die Fahne in Empfang, die Trommler schlagen Marsch, das Bataillon salutirt und der Fahnenträger nebst Begleitung tritt wieder in die Reihe der Bürgerwehr ein.
9) Hierauf schultert die Bürgerwehr das Gewehr und bringt den Frauen und Jungfrauen Homburgs ein dreimaliges „Lebehoch.“
10) Zum Schlusse marschirt die Bürgerwehr vor die Wohnung des Commandanten, die Fahne wird daselbst eingestellt und die Bürgerwehr tritt auseinander, während
11) die Jungfrauen von dem Stadtschultheiß, dem Stadtrath und dem Geistlichen zurückbegleitet werden.
12) Nachmittags 3 Uhr beginnen die zu diesem Tage angeordneten Belustigungen am kleinen Brunnensaale.

Homburg vor der Höhe, den 5. Juli 1848.

Das Commando der Bürgerwehr.

P.S. Im Falle Regenwetter eintreten sollte, wird die Fahnenweihe auf den nächstfolgenden ersteren heiteren Tag verschoben und die Zusammenkunft durch Ordres verkündet.

Abb. 30: Programm der Fahnenweihe der Bürgerwehr in Homburg für den 9. Juli 1848
Original: Stadtarchiv Bad Hombutg (A II, 2/6)

Die Zehntpflichtigen hielten ebenfalls eine Versammlung ab, die sofortige Zehntablösung forderte und beschloß, für das laufende Jahr die Zehntzahlung zu verweigern. Die Durchsetzung der vom Landgrafen am 6. 3. prinzipiell zugesagten Ablösung, die mit dem Zehntumwandlungsgesetz 1845 bereits in die Wege geleitet worden war, sollte sich allerdings noch über etliche Jahre hinziehen.[26]

Der „Aufbruch zur Freiheit" hatte auch in Homburg unruhigere, radikalere Elemente dazu bewogen, in Versammlungen und Forderungen die von den meisten Bürgern doch bewahrte „Ruhe und Ordnung" zu stören. Vor allem die viel stärkere Bewegung im benachbarten Frankfurt erregte Aufmerksamkeit und steckte an. An den Aufständen und Barrikadenkämpfen in Frankfurt am 17. und 18. 9. 1848, die sich an Protesten gegen die Annahme des preußischen Waffenstillstandsvertrags von Malmö durch die Mehrheit der Paulskirche entzündet hatten, und in deren Verlauf die Abgeordneten Lichnowsky und Auerswald ermordet wurden, waren auch Homburger beteiligt. Stadtrat Johann Georg Hamel[27] berichtet in seinen Aufzeichnungen darüber; aktenmäßig belegt sind etliche Verhaftungen und auch Verurteilungen in diesem Zusammenhang.[28] Festzuhalten ist, daß sich auf dem Denkmal, das die Frankfurter Bürger „Zur Erinnerung an die am 18ten September 1848 Gefallenen aus dem Volke" errichteten, der Name eines E. Zahn aus Homburg v. d. Höhe verzeichnet ist. Zahn war in Homburg als aufrührerisch und als „republikanischer Scharfrichter" bekannt.[29] Der Sandsteinobelisk auf dem Frankfurter Hauptfriedhof trägt

26 Gesetz, die Zehntverwandlung in ständige Grundrenten im Amte Homburg betreffend, vom 22. 10. 1845, Archiv der Landgräflich Hessischen Gesetze und Verordnungen (1816–1866), Homburg v.d. Höhe 1867, S. 419 ff.; Gesetz, die Ablösung des Zehnten und der Grundrenten im Amte Homburg betreffend, vom 25. 5.1849, Archiv, S. 466 ff.; Gesetz, die Ablösung des Zehnten und der Grundrenten im Amte Homburg, insbesondere die Zahlung der Ablösungs-Kapitalien durch Vermittelung der Ablösungskasse betreffend, vom 13. 7. 1852, Archiv, S. 673 ff.; vgl. Wilhelm Eigenbrodt, Der Zehnte und die Zehntablösung in Hessen-Homburg, Diss. phil. Kiel 1912.

27 Johann Georg Hamel (geb. 11. 7. 1811 Homburg v. d. H. – gest. 24. 6. 1872 ebenda); Strumpffabrikant und Stadtverordneten-Vorsteher in Homburg v. d. Höhe; begründete 1841 die Stadtbibliothek; Leiter der Bibliothek und des Stadtarchivs; Begründer des Lesevereins; vgl. Renkhoff, Nassauische Biographie, 2. Aufl., Wiesbaden 1994, Nr. 1514 (m. w. N.); Cornelia Rösner, Nassauische Parlamentarier. Ein biographisches Handbuch, Teil 1, Wiesbaden 1997, Anhang A, S. 201 ff.: Die Mitglieder des Hessen-Homburgischen Landtags (1849), S. 203.

28 Brückl (Anm. 3), Heft 5, S. 11 ff.

29 Brückl, ebenda.

außerdem die Inschrift: „Und setzet ihr nicht das Leben ein, Nie wird euch das Leben gewonnen sein." Er befindet sich übrigens in einer Sichtachse mit dem aufwendigeren Marmordenkmal, das an die zusammen mit Lichnowsky und Auerswald getöteten Militärs erinnert.

Abb. 31: Sandsteinobelisk auf dem Frankfurter Hauptfriedhof, der unter anderen den Namen eines E. Zahn aus Homburg v. d. H. verzeichnet
Foto: Dölemeyer

Verfassung und konstituierender Landtag

Die ersten Forderungen nach einer landständischen Verfassung datieren aus den frühen vierziger Jahren.[30] Auf Initiative Johann Georg Hamels[31] richtete der Stadtrat am 28. 1. 1841 an Landgraf Philipp (reg. 1839–1846)[32] die Bitte um ein provisorisches Wahlgesetz für beide Ämter zur Wahl eines Landtags, welcher in Erfüllung des Artikels 13 der Deutschen Bundesakte vom 8. 6. 1815, „In allen Bundesstaaten wird eine landständische Verfassung stattfinden", eine solche ausarbeiten sollte. Für die Abfassung dieser Bittschrift hatte man sich bei dem Frankfurter Advokaten Dr. Maximilian Reinganum beraten lassen, der später auch zur Formulierung der Märzadresse an den Landgrafen um Rat gefragt wurde.[33] Der Antrag lautete, der Landgraf solle „Abgeordnete der Städte und Oberämter Homburg und Meisenheim durch die sämmtlichen zu Ausübung der polit. Rechte qualifizirten selbständigen Unterthanen, nach Maßgabe eines zu erlassenden provisorischen Wahlgesetzes wählen lassen."[34] Ähnliche Bittschriften kamen aus der Stadt Friedrichsdorf und den Amtsdörfern.[35] Die Antwort des Landgrafen versprach, „... eine landständische Verfassung zu verleihen.", sah aber keine wirkliche Notwendigkeit dafür. Auch ohne geschriebene Verfassung – so seine traditionelle Auffassung vom Herrscheramt – könne er den Homburgern gerecht werden, wobei „ ... das Wohl unserer Unterthanen von dem Unserigen von Uns jederzeit unzertrennlich gehalten werden wird."[36] Ende 1844 kamen die Homburger auf die Angelegenheit zurück und wiederholten die Eingabe. In der Antwort wies der Landgraf auf die Schwierigkeit der Ausarbeitung einer Verfassung für einen so kleinen Staat mit so unterschiedlichen Gebietsteilen hin.

---

30 Stadtarchiv Bad Homburg, A II, 2/5 Anträge des Stadtvorstehers Hamel wegen Einführung einer landständischen Verfassung

31 Stadtarchiv Bad Homburg A II, 2/5: Antrag des Vorstehers vom II. Stadtquartier Johann Georg Hamel, die Einführung einer landständischen Verfassung in der Landgrafschaft Hessen-Homburg betr., 19. 11. 1840

32 Vgl. Wilhelm Gebler, Denkwürdigkeiten aus dem Leben des Feldmarschalls Landgrafen Philipp zu Hessen-Homburg mit Benützung österreichischer Original-Quellen, Wien 1848

33 Stadtarchiv Bad Homburg A II,2/5, fol. 31 ff.

34 Ebenda, fol. 55 ff.

35 Beilage zum Frankfurter Journal Nr. 63, 4. 3. 1841.

36 Publicandum 8. 5. 1841, Amts- und Intelligenz-Blatt 1841, Nr. 20, 16. 5. 1841.

Eine Repräsentativverfassung sei jedenfalls völlig unangemessen.[37] Die Sache blieb auf sich beruhen, bis die Märzereignisse 1848 den neuen Anstoß gaben. Die Ausarbeitung einer Verfassung, als eine der wesentlichen Märzforderungen, auch in Hessen-Homburg, wurde zwar von Landgraf Gustav wiederum versprochen, von seinem konservativeren Nachfolger Ferdinand (reg. 1848–1866) aber dilatorisch behandelt. Gustav erteilte bereits im März 1848 den Auftrag eines Verfassungsentwurfs an Dr. Heinrich Karl Jaup[38], der diesen Auftrag auch annahm. Im Amts- und Intelligenz-Blatt vom 26. 3. 1848 ist dazu zu lesen: „Da die Grundlage der Hessen-homburgischen Verfassung, die die freyeste seyn wird, welche bis jetzt in Deutschland besteht, indem kein hoher Wahl-Census den Mindervermögenden von der Deputirtenwahl ausschließt, ... , so darf wohl auch mit Zuversicht erwartet werden, daß diese Freiheit nur zum wahren Besten des Landes benutzt werden möge ...".[39] Der Gießener Jurist und liberale Abgeordnete Jaup war in legislativen Angelegenheiten erfahren; er hatte an verschiedenen Gesetzgebungskommissionen im Großherzogtum mitgewirkt, unter anderem hatte er Anteil am Verfassungsentwurf von 1820.[40] Im Vorparlament gehörte er dem sog. Siebzehnerausschuß für den Entwurf der Reichsverfassung an. 1848–1850 war er großherzoglich hessischer Ministerpräsident und Innenminister. Jaup arbeitete den Entwurf einer hessen-homburgischen Verfassung aus; am 17. 6. 1848 teilte die Landesregierung dem Homburger Stadrat auf dessen nochmaliges Drängen mit, der Entwurf sei bereits vollendet, es fehlten noch Wahlgesetz und Geschäftsordnung.[41] Der Entwurf wurde am 20. 2. 1849 im Regierungsblatt veröffentlicht, gleichzeitig mit der Einberufung eines Landtags.[42]

Noch unter Landgraf Gustav hatte die Landesregierung am 28. 7. 1848 ein provisorisches Wahlgesetz erlassen, das den Modus bestimmte, nach dem die Abgeordneten für den konstituierenden Landtag zu wählen wa-

37 Zweite Beilage zum Frankfurter Journal Nr. 358, 28. 12. 1844; Zweite Beilage zum Frankfurter Journal Nr. 42, 11. 2. 1845.

38 Mitteilung der Landesregierung an das Verwaltungsamt, 17. 3. 1848, Stadtarchiv Bad Homburg A II, 2/6.

39 Beilage zum Amts- und Intelligenz-Blatt Nr. 13, 26. 3. 1848.

40 Peter Fleck, Die Verfassung des Großherzogtums Hessen-Darmstadt 1820–1918, in: Hessen. Verfassung und Politik, hrsg. von Bernd Heidenreich/Klaus Böhme, Stuttgart und andere 1997, S. 96 ff.; Rotteck/Welcker, Staatslexikon 8 (1839), S. 538–545, hier S. 541.

41 Stadtarchiv Bad Homburg A II, 2/6, fol. 58.

42 Edikt, die Einberufung des Landtags betreffend, 20. 2. 1849, Regierungsblatt Nr. 2, vom 25. 2. 1849.

ren.[43] Der Landtag sollte aus nur einer Kammer bestehen. Ein Volksvertreter war auf je 1 500 Einwohner zu bestimmen, immerhin in direkter Wahl und durch alle „stimmfähigen Staatsbürger" (das heißt nach gleichem Wahlrecht) und nach relativer Stimmenmehrheit. Am 22. 8. 1848 wählte man 13 Abgeordnete, 6 im Amt Homburg, 7 im Oberamt Meisenheim; die Wahlbeteiligung war sehr gering. Meisenheim, das in seinen Märzforderungen einen separaten Landtag für das Oberamt verlangt hatte, wählte für die Stadt keinen Abgeordneten.[44] Die Abgeordneten kamen im allgemeinen aus angesehenen Berufen und hatten z.T. bereits zuvor öffentliche Positionen inne. Für die Stadt Homburg wurden der Stadtrat Karl Friedrich Birkenstock, der Kaufmann und Stadtrat Johann Georg Hamel sowie der Regierungsrat Heinrich Will[45] gewählt. Friedrichsdorf und die Amtsdörfer waren ebenfalls durch Honoratioren (zwei Fabrikanten, Karl Rousselet und Heinrich Hüttenmüller sowie den Schultheiß von Kirdorf, Johannes Raab) vertreten.[46] Im Oberamt waren es vor allem Agrarier, Lehrer und Beamte. Der konstituierende Landtag, dessen Hauptaufgabe die Verfassungsberatung sein sollte, trat am 11. 4. 1849 zusammen; die Landesregierung war durch den Präsidenten Bansa und den Regierungskommissar Georg Fenner[47] vertreten. Als Lokal hatte man von der Amts-Armen-Kommission einen Teil des Gebäudes gemietet, das für die Errichtung eines Hospitals bestimmt war und interimistisch die Waisenanstalt beherbergte.[48]

43 Gesetz, die Wahlen zur Kammer der Abgeordneten des Landgrafthums betreffend, vom 28. Juli 1848, Regierungsblatt 1848, Nr. 18, S. 60–63; jetzt in: Verfassungen in Hessen 1807–1946. Verfassungstexte der Staaten des 19. Jahrhunderts, des Volksstaats und des heutigen Bundeslandes Hessen (Hrsg. E. G. Franz/ K. Murk), Darmstadt 1998, S. 319 ff.

44 Homburger Beobachter Nr. 26, 27. 7. 1848.

45 Heinrich Will, geb. 12. 1. 1808 Odernheim – gest. 26. 4. 1876 Homburg v.d.H.; Besuch des Gymnasiums in Kreuznach 1824–1827; stud. jur. Heidelberg (bis 1830); Rechtskandidat in hessen-homburgischen Diensten; Regierungsassessor 1835; Regierungsrat 1841; 1861–1866 Direktor der 1. Deputation der Landesregierung; zeitweise auch Vorsitzender des Bezirksrats und des Landesausschusses; 1867 Ruhestand, aber weiterhin zur Lösung verwaltungsrechtlicher Fragen hinzugezogen; vgl. HHStAW Abt. 317, Nr. 1556b, 1557; Klein, Grundriß (Anm. 11), S. 231; Rösner, Nassauische Parlamentarier (Anm. 27), S. 205; Taunusbote 6. 5. 1877.

46 Kurzbiographien: Rösner, Nassauische Parlamentarier (Anm. 27), S. 201 ff.

47 Georg Fenner, 1862–1866 Dirigierender Wirkl. Geheimer Rat in Hessen-Homburg; vorher Regierungsrat; 1866 Ruhestand; vgl. Klein, Grundriß (Anm. 11), S. 230; C. Fenner, Nachrichten über die Familie Fenner 1465–1930, Ochsenfurt 1930, S. 37.

48 Stadtarchiv Bad Homburg A II, 3/9 (Zwischen Elisabethenstraße und Promenade; heute DRK).

Der Landtag (auch Landesversammlung genannt) tagte vom 12. 4. bis 11. 5. 1849 und vom 26. 11. bis 15. 12. 1849.[49] Nun schien endlich das Verlangen nach konstitutioneller Ordnung seiner Erfüllung nahe. Neben der Verfassung wurden der Landesversammlung am 12. 4. 1849 ein neues Wahlgesetz und eine Geschäftsordnung für den ordentlichen Landtag sowie eine neue Gemeindeordnung, die für beide Landesteile gelten sollte, zur Beratung vorgelegt. Da Jaup an der Ausarbeitung der großherzoglich hessischen Gemeindeordnung von 1833 mitgewirkt hatte, die in veränderter Form auch der homburgischen zugrundegelegt werden sollte,[50] ist anzunehmen, daß er auch an diesem Entwurf beteiligt war.[51]

Trotz mehrfacher Vertagung des konstituierenden Landtags wurden bis Dezember 1849 die Verfassung, das Wahlgesetz und die Geschäftsordnung sowie zahlreiche weitere Gesetze beschlossen, welche der Landtagsabschied vom 28. 12. 1849 im einzelnen aufführt.[52] Gesetze über die Bezirksräte, die Einrichtung des Gemeindewesens (Gemeindeordnung), die öffentlichen Dienstverhältnisse der Staatsdiener, Forst- und Polizeigerechtigkeitspflege, Zehntablösung sind hier als bereits publiziert verzeichnet, so auch die Einführung der allgemeinen deutschen Wechselordnung. Andere wichtige Maßnahmen wie etwa die Einführung von Geschwornengerichten wurden in Aussicht gestellt. Inhaltlich folgte man bei vielen dieser legislativen Maßnahmen dem großherzoglich hessischen Beispiel, wie dies auch in den Vorlagen explizit gesagt wird.[53] Am 3. 1. 1850 wurden Verfassung, Wahlgesetz und Geschäftsordnung im Regierungsblatt publiziert.[54] Die ausführenden Gesetze, soweit sie nicht – wie oben erwähnt – bereits verkündet waren, folgten.[55]

Die Protokolle über die Beratungen des konstituierenden Landtags sind im Stadtarchiv Bad Homburg überliefert; Berichte darüber sind im „Homburger Beobachter" zu finden. Insgesamt läßt die Zahl der verabschiedeten Gesetze auf eine nicht unerhebliche Tätigkeit des Landtags schließen.

---

49 Stadtarchiv Bad Homburg A II, 3/8 Landtags-Archiv.

50 Stadtarchiv Bad Homburg, A II, 3/4; A II, 3/8 Landtags-Archiv, fol. 3 ff. (Vorlage des Entwurfs der Gemeindeordnung, 18. 4. 1849.

51 Vgl. Rotteck/Welcker, Staatslexikon (Anm. 40), S. 540, S. 542.

52 Landtagsabschied 28. 12. 1849, Regierungsblatt Nr. 16, vom 30. 12. 1849, S. 101 ff.

53 Bansa, 18. 4. 1849, Stadtarchiv Bad Homburg A II, 3/8, fol. 3 ff.

54 Verfassungs-Urkunde des Landgrafthums Hessen vom 3. Januar 1850, Regierungsblatt Nr. 1, 6. 1. 1850, S. 4–11; Text jetzt in: Verfassungen in Hessen (Anm. 43), S. 322 ff.

55 Nachweis der einzelnen Gesetze und Verordnungen in den Anmerkungen zum Verfassungstext, in: Verfassungen in Hessen (Anm. 43), S. 322 ff.

Der Verfassungsentwurf, nach den von der Landesversammlung beschlossenen Modifikationen und den dazu abgegebenen Erwägungen der Landesregierung überarbeitet, wurde am 4. 12. 1849 vom Geheimen Rat nochmals der Kammer vorgelegt.[56] Hier geht dieser im einzelnen auf die von den Abgeordneten vorgeschlagenen Änderungen (vor allem Bezug zu Reichsverfassung und Reichswahlgesetz, Weglassung der Formel „Von Gottes Gnaden" etc.) und die Reaktion des Landgrafen ein.

Die endgültige Verfassung gliederte sich in sechs Abschnitte: 1. Von dem Landgrafthum und seiner Regierung im allgemeinen, 2. Von der Landesversammlung, 3. Vom Staatshaushalt, 4. Vom Inländer- und Staatsbürgerrecht, 5. Grundlagen der Gesetzgebung des Landgrafthums, 6. Von der Gewähr der Verfassung. Ein Vergleich des Jaupschen Entwurfs vom 20. 2. 1849, der Vorlage des Geheimen Rats vom 4. 12. 1849 und der Verfassungsurkunde vom 3. 1. 1850 zeigt, daß etliche – nicht ganz unerhebliche – Modifikationen erfolgten. Zum einen war die Reihenfolge der Abschnitte geändert, der Abschnitt „Grundlagen der Gesetzgebung" neu eingefügt. Die Verfassungsurkunde war mit 52 Artikeln ausführlicher als der Entwurf (38 Artikel) und die Vorlage des Geheimen Rats (45 Artikel). Einige wichtige Unterschiede seien im folgenden vermerkt: Der Hinweis auf die für beide Landesteile gemeinsame Verfassung entfiel (als selbstverständlich).[57] Die Abgeordneten hatten verlangt, den Zusatz „Von Gottes Gnaden" zu streichen, wogegen sich der Landgraf mit der Begründung stellte, die Formel drücke nur die „christlich ergebene Anerkennung der göttlichen Ordnung, auf welcher ... Höchstihre Herrscherrechte sowohl wie alle guten und weisen Einrichtungen der Gesellschaft überhaupt, beruhen", aus.[58] Der Zusatz blieb bestehen. Wichtig war dem Fürsten auch, jeden Bezug zur Paulskirchenverfassung und zum „Reich" zu vermeiden; er wies darauf hin, daß „ein bestimmtes Project über die definitive Neugestaltung des Deutschen Bundes nicht in Aussicht genommen ist".[59] Daher entfiel auch der knappe Hinweis auf die Verbindlichkeit der Grundrechte des Volkes (Entwurf Jaup, Art. 2). Doch erfolgte die ausführliche Normierung im 5. Abschnitt „Grundlagen der Gesetzgebung des Landgrafthums" (Gleichheit vor dem Gesetz, persönliche Freiheit, Unverletzlichkeit der Wohnung, Gewähr des gesetzlichen Richters, Unverletzlichkeit des Eigentums, Auswanderungsfreiheit, Glaubens- und Gewissensfreiheit, Zivilehe

56 Vorlage des Geheimen Rats, 4. 12. 1849, Stadtarchiv Bad Homburg A II, 3/8, fol. 99 ff.
57 Entwurf Art. 1; vgl. Vorlage (Anm. 56), fol. 99.
58 Vorlage (Anm. 56), fol. 99 v.
59 Ebenda.

und Zivilstandsbücher, staatliche Schulaufsicht, Presse-, Versammlungs- und Vereinigungsfreiheit, Petitionsrecht, Unabhängigkeit der Richter, Öffentlichkeit und Mündlichkeit des Verfahrens, Zehntablösung, gemeindliche Selbstverwaltung).[60] Diese Artikel entsprechen (in etwas verkürzter Form) weitgehend dem Grundrechtskatalog der Reichsverfassung vom 28. 3. 1849. Die Ausübung der gesetzgebenden Gewalt ist detaillierter geregelt (Art. 4 VU); insbesondere wird auf die Mitwirkung der Bezirksräte bei der partikularen Gesetzgebung (für einen Landesteil) hingewiesen.[61] Eine weitere Änderung betraf die Steuererhebung (die der Entwurf von der Erstellung des Staatsbudgets abhängig machen wollte). Die in Abschnitt 5 normierten Grundrechte[62] betr. Gerichtsstand, Presse, Verhaftung, Haussuchung, Versammlungs- und Vereinsfreiheit sollten im Fall von Krieg und Aufruhr ausgesetzt werden können.[63] Einige Modifikationen waren wegen der zwischen Entwurf und Verabschiedung der Verfassungsurkunde erfolgten Publikation einzelner Gesetze (Beamtenverhältnisse, Staatsbürgerrecht etc.) erforderlich geworden. Generell kann festgestellt werden, daß die Verfassungsurkunde ausführlicher ist als der Entwurf Jaups und die Vorlage des Geheimen Rats vom 4. 12. 1849.

In der Grundtendenz entspricht die hessen-homburgische Verfassung den konstitutionell-monarchischen Prinzipien, mit der Gewähr liberal-rechtsstaatlicher Garantien. Sie richtet sich in weiten Teilen (modifiziert durch die Kleinheit des Staatsgebildes) an der hessen-darmstädtischen Konstitution von 1820 aus.

Allerdings blieb die Verfassung weitgehend ohne reale Wirkung, da der ordentliche Landtag nie zusammentrat. Erst im September 1850 erfolgten Wahlen zu diesem, 17 Abgeordnete waren zu bestimmen. Doch die Regierung verzögerte immer wieder die Einberufung; in der Folge legten etliche der Abgeordneten ihre Mandate nieder. Am 15. 4. 1850 mußte neuerlich gewählt werden; auch der neue Einberufungstermin zum 1. 5. 1851 wurde wieder verschoben. Am 20. 4. 1852 hob Landgraf Ferdinand die Verfassung formell auf (s. u.)

---

60 Entwurf Art. 2, Verfassungsurkunde (VU) 5. Abschnitt.
61 Vorlage (Anm. 56), fol. 100 v.
62 Vorlage (Anm. 56) Abschnitt 3.
63 Vorlage (Anm. 56), fol. 110; VU, Art. 52.

Hessen-Homburg und die Nationalversammlung

Die Wahl eines Abgeordneten

Mitglieder des Vorparlaments sollten – gemäß dem Aufruf der Heidelberger Versammlung vom 5. 3. 1848 – „alle früheren oder gegenwärtigen Ständemitglieder und Theilnehmer an gesetzgebenden Versammlungen" sein, darüber hinaus eine „Anzahl anderer durch das Vertrauen des deutschen Volkes ausgezeichnete Männer" (an welche zunächst spezielle Einladungen ergingen). Zusätzlich wurden Vertreter preußischer Städte eingeladen (da der preußische Vereinigte Landtag zum 2. 4. 1848 in Berlin einberufen werden sollte und daher die angemessene Vertretung Preußens in Frankfurt in Frage gestellt war). Es kamen aber auf diese Einladung hin auch Abgesandte anderer deutscher Städte; auf diese Weise gelangten Homburger ins Vorparlament. Homburg hatte bekanntlich keine Ständeversammlung, doch aus dem Kreise der Honoratioren des Amtes Homburg (von Meisenheim ist nicht die Rede) wurden am 28. 3. 1848 als Vertreter zum Vorparlament gewählt:[64] der neu ernannte Regierungschef, Geheimrat Dr. Christian Bansa, weiter der Justizrat Dr. Friedrich Albrecht von Haupt[65] und Stadtrat Johann Georg Hamel (dem die Regionalgeschichte umfangreiche Aufzeichnungen über die Revolutionsjahre verdankt[66]). Im Verzeichnis der Mitglieder des Vorparlaments[67] sind Haupt und Hamel unter Hessen-Homburg, Bansa aber unter Hessen-Darmstadt vermerkt (er war gerade erst am 25. 3. 1848 in homburgische Dienste getreten); im jüngst erschienenen Biographischen Handbuch von Best und Weege scheinen sie aber nicht auf.[68]

---

64 Stadtarchiv Bad Homburg A II, 2/12; vgl. Brückl (Anm. 3), Heft 3, S. 15.

65 Friedrich Albrecht von Haupt; Dr. jur. Heidelberg 1826; 16. 12. 1826 Regierungsadvokat; 16. 3. 1830 glz. Mitglied der Schuldentilgungs-Kommission; Regierungsassessor; 1. 7. 1831 (–1856) Leiter des Landgräflich Hessischen Justizamts; 23. 10. 1831 Auditeur; Justizamtmann; 31. 10. 1837 Landgräflicher Ergänzungsrichter; 3. 2. 1842 geadelt; 1856 wieder Regierungsadvokat; ging 1857 heimlich in die USA; gestorben in Buffalo 1869; vgl. HHStAW Abt. 314, Nr. 659; Klein, Grundriß (Anm. 11), S. 232; Johann Georg Hamel, Verzeichnis aller Staatsdiener des Amtes Homburg, welche von 1818 bis zum Jahre 1833 in Diensten standen (9.2.1832) [Stadtarchiv Bad Homburg v. d. H., E I, 2/2], S. 2.

66 Hamel, Chronik, Stadtarchiv Bad Homburg.

67 Mitglieder der berathenden Versammlung deutscher Abgeordneter und Volksmänner über ein deutsches Parlament, in: Verhandlungen des deutschen Parlaments. Officielle Ausgabe, Frankfurt am Main 1848, Neudruck Vaduz 1987, S. XI ff., hier S. XV.

68 Best/Weege, Biographisches Handbuch, Mitglieder des Vorparlaments, S. 378.

An die Wahlmänner des Oberamts Meisenheim.

Seyd uns gegrüßt Ihr wackern Männer des Volksvertrauens, die Ihr nun bei der Wahl des Abgeordneten des Landgrafthums zum ersten deutschen Parlament das Recht des Volkes sollt wahren helfen, die Ihr die schwere aber heilige Verpflichtung habt, an dem Bau mitzubauen, der das Wohl unseres geliebten deutschen Vaterlandes herstellen — neu begründen soll.

Die Homburger freuen sich herzlich, Euch in ihrer Mitte zu sehen und sie wollen sich bestreben, Euch vergessen zu machen, daß Ihr in Erfüllung Eures erhabenen Berufes schwere Opfer bringen müßt, und sie kommen Euch mit der Gesinnung entgegen, daß so wie Ihr jetzt den Weg nach Homburg wandert, die Billigkeit, ja die Rechtlichkeit es verlangt, daß bei der nächsten Wahl der Parlaments-Mitglieder die Homburger Wahlmänner zu Euch kommen; sie wollen keinen Vorzug, vor dem Gesetze soll alles gleich seyn.

Also, lieben Mitbürger und Freunde, nehmet unsere Bitte freundlich auf und findet Euch am 2. Mai d. J., spätestens Nachmittags um 3 Uhr, hier ein und meldet Euch bei der im Hessischen Hof versammelten Commission, welche Euch sogleich in die für Euch vorbereiteten Wohnungen bei hiesigen Privaten geleiten lassen wird, damit Ihr, wenn gegen Abend die große Versammlung beginnt, in welcher die Wahlcandidaten ihr politisches Glaubensbekenntniß ablegen werden, erquickt seyd und von der Anstrengung der Reise Euch erholt habt.

Homburg, den 27. April 1848.

Der Vorstand des Wahlcomités zu Homburg.

Dr. v. Haupt. H. Hammelmann. Dr. Hoffmann.
C. Theis. Birkenstock.

Abb. 32: Aufruf an die Wahlmänner des Oberamts Meisenheim vom 27. 4. 1848
Original: Stadtarchiv Bad Homburg (A II, 2/6)

Von Haupt ist ein Brief an Alexander von Soiron, den Präsidenten des Fünfzigerausschusses, überliefert, in dem er um Übersendung der Beschlüsse des Vorparlaments bittet.[69] Außerdem übermittelte der Homburger Stadtrat Karl Friedrich Birkenstock dem Fünfzigerausschuß am 17. 4. 1848 eine Adresse der in Philadelphia versammelten Auslandsdeutschen vom 22. 3. 1848, betreffend die Errichtung einer deutschen Republik.[70] Unter den Unterzeichnern fällt ein auch in Homburg vorkommender Name, Seidenstricker auf. Ansonsten sind aus Homburg keine Petitionen im Vorfeld der Nationalversammlung bekannt geworden. Auch an das Paulskirchenparlament wandte man sich aus Homburg nicht etwa in der großen nationalen Frage (unter den mehr als 1 700 Petitionen zur Reichsverfassung ist die Landgrafschaft nicht vertreten[71]), sondern nur, als es um die Spielbankschließung ging. Zu Hamels Wortmeldung im Vorparlament in der Sache der Vertretung der Kleinststaaten siehe unten: Mediatisierung.

Am 19. 4. 1848 erging der Wahlaufruf[72] zur Versammlung aller wahlberechtigten Bürger (Urwähler) zwecks Bestimmung der Wahlmänner für die Wahl zur Nationalversammlung – für die Stadt Homburg zum Beispiel werden 1 066 in der Wahlliste aufgeführt, die zehn Wahlmänner zu bestimmen hatten,[73] im Oberamt waren es insgesamt 3 541 Urwähler, die 27 Wahlmänner bestimmten.[74] Alle großjährigen selbständigen Staatsbürger männlichen Geschlechts waren wahlberechtigt. Die Wahl der Wahlmänner fand am 26. 4. 1848 statt. Für den 2. Mai abends war zum Empfang der Meisenheimer Wahlmänner und zur Vorbereitung der Wahl ein Festprogramm organisiert.[75] Am 3. Mai hatten sich alle in der Residenzstadt Homburg zu versammeln, um den Abgeordneten zu wählen. Für die Bewerber um dieses Amt wurden folgende Kriterien aufgestellt: „1) aufrichtige

69 Homburg, 7. 4. 1848; nachgewiesen bei Manfred Köhler, Die nationale Petitionsbewegung zu Beginn der Revolution 1848 in Hessen. Eingaben an das Vorparlament und an den Fünfzigerausschuß aus Hessen (März bis Mai 1848), Darmstadt und Marburg 1985, S. 234; vgl. auch S. 87, S. 293.

70 Adresse in: Stadtarchiv Bad Homburg A II, 2/6; vgl. Köhler (Anm. 73), S. 87, S. 243.

71 Johann Heinrich Kumpf, Petitionsrecht und öffentliche Meinung im Entstehungsprozeß der Paulskirchenverfassung 1848/49, Diss. Frankfurt 1982, Frankfurt u. a. 1983.

72 Edikt, die Wahl eines Abgeordneten zu der constituierenden Versammlung in Frankfurt am Main betr., Regierungsblatt Nr. 12, 19. 4. 1848.

73 Stadtarchiv Bad Homburg A II, 2/12; Landgräflich Hess. Regierungsblatt Nr. 12 vom 19.4.1848; Louis Schick, Homburgische Wahlangelegenheiten, in: Amts- und Intelligenz-Blatt 1848, S. 127 ff., nennt 1 014 Wahlberechtigte.

74 Karl Obermann, Die Wahlen zur Frankfurter Nationalversammlung im Frühjahr 1848, Berlin 1987, S. 174 f. (unter Bezug auf Akten des LHA Koblenz).

75 Stadtarchiv Bad Homburg A II, 2/6.

Abb. 33: Jacob Venedey, Abgeordneter von Homburg in der Nationalversammlung von frankfurt a. M. Frankfurt, 1848.
Daguerreotypie, Inv. PD 1912.88.
Museum für Kunst und Gewerbe Hamburg

und warme Vaterlandsliebe, 2) gesunder Verstand, 3) die Gabe der Beredsamkeit und 4) ein bestimmtes und klares Urtheil in politischen Dingen".[76] Da Homburger mangels konstitutioneller Erfahrungen kaum entsprechende Foren hatten, sich ihren Mitbürgern gegenüber zu profilieren, und da der Homburger Bürgerausschuß die Meinung vertrat, man müsse eine „politische Koryphäe" gewinnen, sah man sich vor allem außerhalb der Landgrafschaft um. Eine Delegation wurde an den badischen Liberalen Karl Mathy gesandt, um ihn für die Kandidatur zu gewinnen. Da er anderweitig engagiert war, soll seine Ehefrau den Homburgern den aus Köln stammenden bekannten Juristen und Publizisten Jacob Venedey empfohlen haben.[77] Weitere Kandidaten, die sich in Flugblättern und Aufrufen vorstellten, waren unter anderem der Rechtsanwalt und Publizist Dr. Ludwig Braunfels aus Frankfurt,[78] der Anwalt Dr. Schady aus Frankfurt

76 Wahlangelegenheiten (Anm. 73), S. 128.

77 Wilhelm Koppen, Jacob Venedey – Ein Beitrag zur Geschichte des demokratischen Gedankens in Deutschland, Diss. Frankfurt am Main 1921, S. 114; vgl. Schlick (Anm. 2), S. 57. Zur Person siehe auch Hermann Venedey, Jacob Venedey, Darstellung seines Lebens und seiner politischen Entwicklung bis zur Auflösung der ersten deutschen Nationalversammlung 1849, Diss. Zürich 1930; Best/Weege, Biographisches Handbuch, S. 342 f.

78 Frankfurter Biographie I, S. 98 f.

und der Journalist Wilhelm Schulz aus Darmstadt, Dr. phil., Redakteur und Herausgeber zahlreicher Zeitschriften; von Braunfels, Schulz und Schady sind Wahlprogramme überliefert.[79] Schulz wurde dann als Abgeordneter für Darmstadt gewählt. Eine nicht unwichtige Prämisse für die Mandatsausübung wurde von den Homburgern im Vorfeld formuliert, es war die Stellung des künftigen Abgeordneten zur Spielbankfrage, die für das Spielbad eine essentielle war. Da Venedeys Wahlprogramm nicht überliefert ist, kann nicht festgestellt werden, ob er sich darin dazu geäußert hat. Seine tatsächliche Haltung in der Nationalversammlung (nämlich als Gegner des Glücksspiels) trug nicht zur Zufriedenheit seiner Wähler mit ihm bei (s. u.).

Der Kölner Publizist Venedey, dem der Ruf eines links-liberalen Vertreters der Idee der demokratisch-parlamentarischen Republik vorauseilte, wurde offenbar aufgrund seines rhetorischen Talents und seiner Fama durch die Homburger gewählt. Er gehörte in der Paulskirche der Fraktion „Deutscher Hof", später „Westendhall" an.[80] Erst nach seiner Wahl in Homburg (und offenbar auch nur durch die Homburger) reiste Venedey auch nach Meisenheim, wo er aber großen Eindruck machte. Er präsentierte sich in der Folge auch bei Bürgerwehrfeiern etc. in Seulberg und Friedrichsdorf, scheint aber – jedenfalls weist seine Biographie darauf hin – gegenüber seinen Wählern und insgesamt der kleinen Landgrafschaft kein besonderes Interesse entwickelt zu haben.[81] So ließ er in der Glücksspieldiskussion etwa verlauten (2. 3. 1849): „In bin der einzige Abgeordnete für Hessen-Homburg (Heiterkeit), demnach Monarch in meinem Lande, und deßwegen heute veranlaßt, eine Interpellation vorzubringen, die ich unter anderen Verhältnissen Andern überlassen haben würde." Dann fragt er – eher lustlos – nach dem Stand der Bearbeitung der Homburger Petition im Zusammenhang mit der Spielbankschließung.[82] Immerhin vertrat er schließlich in der Sitzung vom 9. 3. 1849 eine Position zugunsten der Entschädigungsforderungen betroffener Bürger.[83]

79 Stadtarchiv Bad Homburg A II, 2/6; Programm Schulz abgedruckt bei Schlick (Anm. 2), Anhang; zu Schulz vgl. Best/Weege, Biographisches Handbuch, S. 311; Friederichs (Anm. 5), Sp. 49.

80 Best/Weege, Biographisches Handbuch, S. 401 f.

81 Schlick (Anm. 2), S. 57 f.

82 Sten. Bericht über die Verhandlungen der deutschen konstitutierenden Nationalversammlung zu Frankfurt am Main, hg. von Franz Wigard, 1–9, Frankfurt am Main 1848–1849 (zit.: Wigard, Sten. Bericht) 7, S. 5 564.

83 Wigard, Sten. Bericht 8, S. 6 153.

Die Verhandlungen in der Paulskirche

Die Ereignisse in Frankfurt, vor allem die Beratungen der Nationalversammlung, hatten – und dies nicht nur wegen der räumlichen Nähe – auch Einfluß auf die Homburger Befindlichkeiten, und die Berichte im „Frankfurter Journal" und im „Homburger Beobachter" wurden aufmerksam registriert. In zwei Punkten gingen die Paulskirchen-Verhandlungen sozusagen an den Lebensnerv des kleinen Fürstentums: in der Frage der territorialen Neugliederung Deutschlands und in der Spielbankfrage.

Territoriale Neugliederung – Mediatisierung

In zwei Zusammenhängen kam die Frage der Vertretung der Kleinststaaten zur Sprache, bezüglich des geplanten „Volkshauses" und des „Staatenhauses". In beiden Fällen war Hessen-Homburg betroffen. Bereits in der ersten Sitzung des Vorparlaments am 31. 3. 1848 meldete sich Johann Georg Hamel zu Wort, als es um Punkt III des dem Vorparlament vorliegenden Programms ging: „Ein Haus des Volkes, hervorgehend aus Urwahlen nach dem Maßstabe von 1 zu 70 000" sollte – zusammen mit dem Senat der Einzelstaaten (Staatenhaus) – das deutsche Parlament bilden.[84] Der Homburger Stadtrat setzte sich dafür ein, daß aus Staaten, die weniger als 70 000 Einwohner zählten (Homburg hatte circa 25 000) doch mindestens ein Vertreter in die konstituierende Nationalversammlung zu entsenden sei.[85] Immerhin wurde, angestoßen durch diesen Antrag, nach längerer Diskussion beschlossen, daß je ein Abgeordneter auf 50 000 Einwohner zu wählen sei, aber kleinere Staaten mit weniger als 50 000 doch mit einem Abgeordneten vertreten sein sollten.[86] Der Homburger Chronist Hamel aber scheint sich mit dieser Wortmeldung bei seinen Wählern nicht beliebt gemacht zu haben; man warf ihm vor, „radikal" beziehungsweise „vorlaut" gewesen zu sein. Er gab einen Rechtfertigungsbericht ab, legte aber in der Folge sein Mandat als Homburger Stadtrat nieder.[87]

Die Frage der kleineren Bundesstaaten kam – in Form der Mediatisierungsproblematik und für die Vertretung im Staatenhaus – in der Paulskirche nochmals ausführlich zur Sprache. In den Beratungen des Verfassungsausschusses über die Zusammensetzung einer geplanten ersten Kammer

84 Verhandlungen des deutschen Parlaments (Anm. 71), S. 1.
85 Ebenda, S. 37.
86 Ebenda, S. 43.
87 Amts- und Intelligenz-Blatt 26. 3. 1848; Rechtfertigungs-Bericht Hamel, in: Landgräflich Hess. Regierungsblatt 9. 4. 1848.

(Staatenhaus) klang dies am 18. 10. 1848 bereits ganz deutlich an. Als es um die Vertretung der Kleinststaaten ging, wurde auch Hessen-Homburg erwähnt: „Waitz bemerkt, daß man gestern daran war, es zu Darmstadt zu legen; aber es wird, wenn es einst an Darmstadt fällt, dessen staatliche Bedeutung gar nicht ändern. Deshalb schlägt er vor, es schon jetzt zu töten.“[88] Der Verfassungsausschuß sprach sich dafür aus, Hessen-Homburg zu Hessen-Darmstadt zu schlagen.[89]

Im Zusammenhang mit einer eventuellen territorialen Neugliederung Deutschlands ging es auch darum, ob die Klein- und Kleinststaaten des Deutschen Bundes erhalten bleiben sollten oder ob im Sinne einer rationalen Gestaltung der deutschen Gebietsorganisation größere Einheiten gebildet werden könnten. So diskutierte die Nationalversammlung eine gemäßigte Mediatisierung, welche die um die Jahrhundertwende begonnene Flurbereinigung hätte weiterführen sollen.[90] Nach einem von Moritz von Mohl entwickelten Plan sollten Kleinststaaten wie Hessen-Homburg (ebenso wie Waldeck, die beiden Lippe, die beiden Hohenzollern und anderem) in den benachbarten Staaten aufgehen. Nur 17 Länder und die vier Freien Städte wären dabei bestehen geblieben. Die Herrscherhäuser bekämpften mit Ausdauer alle derartigen Angriffe auf ihre Selbständigkeit, und Preußen unterstützte die Kleinstaaterei, weil es die Bildung von Mittelstaaten als für seine Machtpolitik nachteilig ansah. Für Hessen-Homburg war die Frage allerdings zu diesem Zeitpunkt insofern nicht mehr akut, da – wie man ganz pragmatisch feststellte – „... Hessen-Homburgs Selbständigkeit nur noch auf zwei Augen steht“[91] (der kinderlose Landgraf Ferdinand[92] hatte mit 65 Jahren am 8. 9. 1848 die Regierung übernommen). Mohl hatte übrigens vorgeschlagen: „Jedes deutsche Land, dessen Regentenfamilie in ihrem Mannesstamm ausstirbt, wird reichsunmittelbar.“[93] In der Abstimmung am 5. 12. 1848, in welcher die Nationalversammlung beschloß, „über die auf die Mediatisierung gerichteten Anträge zur motivirten Tagesordnung überzugehen“, stimmte der Abgeordnete für die

88 Actenstücke und Aufzeichnungen zur Geschichte der Frankfurter Nationalversammlung aus dem Nachlaß von Johann Gustav Droysen, 1924, Neudruck Osnabrück 1967, S. 141 ff., hier S. 156.

89 Ebenda, S. 250.

90 Wigard, Sten. Bericht 5, S. 3 589, S. 3 794, S. 3 817 ff., S. 3836 ff.; vgl. Ernst Rudolf Huber, Deutsche Verfassungsgeschichte II, S. 794 ff.

91 Wigard, Sten. Bericht 5, S. 3 818.

92 Willy Redhardt, Der letzte deutsche Landgraf, in: Hessische Chronik 1 (Darmstadt 1912), S. 248–251.

93 Wigard, Sten. Bericht 5, S. 3 834.

Landgrafschaft, Venedey, gegen diesen Antrag (und damit implizit für die Mediatisierung).[94] Die Frankfurter Reichsverfassung enthielt keinen Passus über eine eventuelle territoriale Neugliederung.

Die Spielbankfrage

Drängender – insbesondere für die wirtschaftliche Entwicklung Homburgs – war die Aufhebung des Glücksspiels und damit der Spielbanken durch die Nationalversammlung. Bereits in der Bundesversammlung des Deutschen Bundes hatte es in den vierziger Jahren Anträge auf Einschränkung beziehungsweise Aufhebung des Hazardspiels gegeben. Im Protokoll der Nationalversammlung vom 13. 10. 1848 wird der Eingang einer Petition „vieler Bürger zu Cöln, Abschaffung der Spiel-Concessionen betreffend" und einer weiteren Petition ähnlichen Inhalts vermerkt. Die Frage wurde an den volkswirtschaftlichen Ausschuß verwiesen, bei dem zahlreiche weitere Anträge auf sofortige Abschaffung aller Lotterien, Hazardspiele und Spielbanken eingingen,[95] die als „untrügliche Mittel zur Beförderung des Volkselendes" bezeichnet wurden.[96] Auf den Bericht des Ausschusses hin befaßte sich die Nationalversammlung ausführlich mit dem Thema,[97] wobei die weitgehend einhellige Meinung von der Verderblichkeit des Glücksspiels feststand, doch bezweifelten einige Abgeordnete die Kompetenz der Nationalversammlung, ein Gesetz zur Abschaffung zu verabschieden. Außerdem wurde diskutiert, ob die bestehenden Spielpachtverträge als nichtig aufzuheben seien; auch die Frage eventueller Entschädigungen wurde aufgeworfen. Die Spielbankgesellschaft führte Gutachten angesehener Juristen des In- und Auslands ins Feld.[98] Der berühmte Jurist Karl Joseph Anton Mittermaier, Professor in Heidelberg, der auch an dem Gutachten der Heidelberger Juristenfakultät in dieser Sache beteiligt war, vertrat in der Paulskirche die mittlere Meinung, das heißt für „Aufhebung der Spielbanken, aber unter Gewährung einer Frist und gerechter Entschä-

94 Wigard, Sten. Bericht 5, S. 3 839.
95 Wigard, Sten. Bericht 4, S. 2 583; 2 588.
96 Wigard, Sten. Bericht 6, S. 4 480.
97 8. 1. 1849, Wigard Sten. Bericht 6, S. 4 480 ff.
98 Gutachten des Spruch-Collegiums der Juristen-Facultät zu Heidelberg für die deutschen Actionäre der anonymen Gesellschaft der vereinigten Pachtungen des Kurhauses und der Mineralquellen zu Homburg vor der Höhe, Heidelberg 1848; Gutachten für die französischen und englischen Aktionäre der anonymen Gesellschaft, o. O. 1848 (Odilon Barrot, Adolphe Crémieux); vgl. Wigard, Sten. Bericht 6, S. 4 486.

digung".[99] Der Protagonist der Spielbankächtung, der Tübinger Abgeordnete und Professor der Ästhetik Friedrich Theodor Vischer, sprach von einer „Gruppe von Produkten romanischer Verdorbenheit", der Notwendigkeit, ein „brandiges Glied rasch abzuschneiden".[100] Der Abgeordnete Venedey wurde von seinen Wählern aufgefordert, sein Mandat niederzulegen, nachdem er in einem Homburger Gasthof eine Rede gegen die Spielbanken gehalten hatte.

Auf Beschluß der Reichsversammlung vom 8. 1. 1849 verkündete der Reichsverweser am 20. 1. 1849 das „Gesetz, betreffend die Schließung der öffentlichen Spielbanken und Aufhebung der Spielpachtverträge", dessen einziger Artikel die Aufhebung in ganz Deutschland vom 1. 5. 1849 an statuierte.[101] Unter den betroffenen Spielbanken beziehungsweise den Bewohnern der betroffenen Badeorte war die Aufregung in Homburg am größten. Petitionen nicht nur der Bewohner Homburgs, sondern naheliegender Gemeinden (unter anderem sogar des darmstädtischen Ober-Eschbach) gingen ein,[102] wurden aber von der Nationalversammlung abgeschmettert. Die Frage der Entschädigung, insbesondere der „rechtlich begründeten, in einer Theilnahme am Spiele nicht bestehenden Interessen" (wie Venedey es formulierte)[103] wurde aber nochmals ausführlich diskutiert, doch ging man darüber zur Tagesordnung über. Die Spielpächter in Homburg andererseits dachten – als einzige unter den betroffenen Kasinobetreibern – nicht daran, das Gesetz vom 8. 1. 1849 zu befolgen, was den Abgeordneten Vischer zu einer Interpellation veranlaßte, „... wie es kommt, daß der frechen Mißachtung des Gesetzes vom 8. Januar, welche die Spielbank in Homburg seit dem 1. Mai durch Fortsetzung ihres Spiels an den Tag legt, nicht alsbald durch angemessene Executionsmaßregeln ein Ende gemacht worden ist?" Justizminister von Mohl berichtete daraufhin, daß die Exekutionstruppen auf dem Wege seien.[104] Gerüchtweise verlautete, daß auch die Offiziere der Exekutionstruppen am – keineswegs beendeten – Spiel teilnahmen. Schließlich gab der Landgraf klein bei und ließ die Spielbank am 9. 5. 1849 schließen. Bereits am 26. 5. 1849 wurde

99 Wigard, Sten. Bericht 6, S. 4486 ff.

100 Ebenda, S. 4488.

101 Reichs-Gesetz-Blatt 1849, Frankfurt am Main 1848/49, 10. Stück, vom 25. 1. 1849.

102 Wigard, Sten. Bericht 8, S. 5596; Amts- und Intelligenz-Blatt Nr. 20, 25. 10. 1848, Nr. 21, 1. 11. 1848; vgl. Heinrich Jacobi, Die Spielbank zu Homburg und der Übergang des Kur- und Badebetriebs an die Stadt, in: Taunusbote 23. 3. 1929 ff., hier 2. 4. 1929.

103 Wigard, Sten. Bericht 8, S. 6151.

104 Wigard, Sten. Bericht 9, S. 6395; S. 6445.

aber das Casino – als „geschlossene Gesellschaft“ – wieder eröffnet und wenige Monate später konnte wieder offiziell gespielt werden. Auch diesbezüglich blieb die Nationalversammlung für die Befindlichkeit der Landgrafschaft nur eine Episode. Die Bürger hatten sich – um ihrer wirtschaftlichen Interessen willen – mit dem Landgrafen, der ihre Haltung unterstützte, gegen das deutsche Parlament verbündet. Am 31. 5. 1849 – dem Tag der letzten Sitzung der Nationalversammlung in der Paulskirche – beendete die Landgrafschaft auch das Verhältnis zu ihrem gewählten Vertreter Venedey, „... da die Mission der deutschen Nationalversammlung als erledigt erscheine ...“ und strich die bis dahin erfolgte Zahlung von 5 Gulden pro Tag.[105] Venedey blieb allerdings Mitglied des Stuttgarter Rumpfparlaments.

Homburgs Stellung zur Reichsverfassung

In der Kollektivnote, durch die 28 deutsche Staaten am 14. 4. 1849 die Annahme der Paulskirchenverfassung erklärten, fehlt Hessen-Homburg (neben Lippe und Schaumburg-Lippe). Ernst Rudolf Huber stellt in seiner Deutschen Verfassungsgeschichte fest, daß diese drei dennoch nicht zu den Gegnern der Reichsverfassung gezählt werden könnten.[106] Dies gilt m. E. allenfalls für Landgraf Gustav, ist jedenfalls für den Landgrafen Ferdinand von Hessen-Homburg, der die Regierung im September 1848 von seinem liberaleren Bruder übernommen hatte, zu bezweifeln. Die Reichsverfassung wurde zwar am 9. 5. 1849 von der Homburger konstituierenden Landesversammlung als „unbedingt rechtsgültig“ anerkannt,[107] nicht aber vom Landgrafen akzeptiert und demnach auch nicht im Homburger Regierungsblatt publiziert. In einem „Erlaß, die deutsche Verfassungssache betreffend“, der auf eine diesbezügliche Eingabe aus Meisenheim antwortet, spricht Landgraf Ferdinand dies deutlich aus. Er geht einerseits davon aus, daß „das Verfassungsproject der Nationalversammlung nebst dem Wahlgesetze nicht zur Anerkennung und Geltung in ganz Deutschland gelangen wird ...“ und stellt andererseits ein solches Begehren (es kam ja aus dem aufmüpfigen Meisenheim) in den Zusammenhang eines geplanten Anschlusses an die „aufständische Bewegung der angrenzenden bayerischen

---

105 Protest Venedeys dagegen, 7. 6. 1849: Stadtarchiv Bad Homburg A II, 2/12; vgl. Frankfurter Journal Nr. 131, 2. Beilage vom 1. 6. 1849; Schlick (Anm. 2), S. 63.

106 Huber, Verfassungsgeschichte II, S. 852 ff.

107 Wigard, Sten. Bericht 9, S. 6 544.

Pfalz."[108] Immerhin sah der Landgraf „in den Grundrechten des deutschen Volkes von Uns nicht beanstandete legislatorische Grundsätze" und versprach, diese in der künftigen Gesetzgebung zu beachten, was – wie erwähnt – im 5. Abschnitt der Homburger Verfassung auch realisiert wurde.[109]

Reaktion

Der Erfurter Union, einem Fürstenbund unter Preußens Führung, der die Einigung Deutschlands zu einem monarchischen Fürstenstaat anstrebte, trat Hessen-Homburg (im Gegensatz etwa zu Hessen-Darmstadt) nicht bei.[110] Nach dem Auseinandergehen der Nationalversammlung und der Aufgabe der Unionspläne gehörte Hessen-Homburg kennzeichnenderweise zu den Teilnehmern der am 10. 5. 1850 zusammengetretenen Frankfurter Konferenz unter dem Vorsitz Österreichs, die auf die Erneuerung des Deutschen Bundes hinsteuerte und den Anfang zur Restauration der alten Bundesverfassung machte.

Unter Hinweis auf die Wiederherstellung des Deutschen Bundes und auf den Bundesbeschluß vom 23. 8. 1851 hob Landgraf Ferdinand bereits durch Erlaß vom 20. 4. 1852 die Homburger Verfassung förmlich auf.[111] Erhalten blieben die durch ein Gesetz von 1849 eingerichteten Bezirksräte,[112] deren Aufgaben erweitert wurden. Der Landgraf bezeichnet sie als „eine dem Bundesrechte wie den Bedürfnissen unseres Landes wahrhaft entsprechende Landesvertretung zum Zweck der Mitwirkung bei der Gesetzgebung und Besteuerung."[113] Sie hatten neben der Mitberatung der Gesetzentwürfe (mit Ausnahme derer über Militärangelegenheiten und zur Ausführung von Bundesbeschlüssen) auch das Recht, die „Vorlage von Gesetzentwürfen im Wege der Petition zu beantragen".[114] Aus den Bezirksräten wurden je 4 Mitglieder in einen „Landesausschuß" gewählt, der an

108 Erlaß 29. 5. 1849, Regierungsblatt 1849, Nr. 6 vom 30. 5. 1849, S. 39–40.

109 Ebenda, S. 40; siehe oben Homburger Verfassung 5. Abschnitt; Vorlage (Anm. 56), fol. 101 v.

110 Huber, Verfassungsgeschichte II, S. 890.

111 Regierungs-Blatt 1852, Nr. 5, 20. 4. 1852.

112 Gesetz, die Bezirksräthe betreffend, 9. 10. 1849, Regierungsblatt 1849, Nr. 9; Gesetz, die Verfassung des Landgrafthums und beziehungsweise die Bezirksräthe betreffend, 20. 4. 1852, Regierungsblatt 1852, Nr. 5, 20. 4. 1852; abgedruckt: Verfassungen in Hessen (Anm. 43), S. 331 ff.

113 Archiv, S. 665.

114 Gesetz 20. 4.1852 (Anm. 112), Art. 2.

der Budgetberatung teilzunehmen hatte.[115] Bezirksräte und Landesausschuß hatten nur beratende Funktion; außerdem wurden die Bezirksräte zum Teil vom Landgrafen bestimmt (Beamte, Geistliche), und nur zum Teil von den Gemeindevorständen gewählt (insgesamt 16 Vertreter für Homburg, 13 für Meisenheim). Es gab somit keine direkte Volksvertretung. Ausdrücklich aufrecht erhalten wurden die „Verhältnisse, Grundsätze und Normen", die durch die Verfassungsurkunde nur als bestehend anerkannt worden waren, sowie diejenigen, die durch das Gesetz, die individuellen Personenrechte betreffend, ebenfalls vom 20. 4. 1852, geregelt wurden. Dieses erhielt die Bestimmungen über Staatsbürgerrechte aufrecht, ebenso die Auswanderungsfreiheit; auch die Bestimmungen über persönliche Freiheit (Verhaftung, Haussuchung, Beschlagnahme von Briefen) blieben im wesentlichen erhalten, die entehrenden Strafen wie Pranger und Brandmarkung blieben aufgehoben.[116]

Was die Justizorganisation betrifft, blieben die privilegierten Gerichtsstände abgeschafft; ab dem 6. 3. 1848 waren für alle Zivil- und Strafsachen als ordentliche Gerichte erster Instanz die Ämter zuständig.[117] Ein gewisser Schritt in Richtung auf Trennung von Justiz und Verwaltung auf unterer Ebene wurde am 9. 10. 1849 durch die Übertragung der Polizeigerichtsbarkeit auf das Landgräfliche Justizamt unternommen. Was das Verfahren betrifft, nahm man sich – wie üblich – die großherzoglich hessische Regelung zum Vorbild, wo bereits 1832 diese Übertragung erfolgt war.[118] Der Versuch, die Strafgerichtsbarkeit grundsätzlich neu zu organisieren (1850), scheiterte: Es sollten eine Anklagekammer bei der Landesregierung sowie „Assisen" (Schwurgerichte nach französischem Vorbild) in Homburg und Meisenheim entstehen.[119] Jedoch traten die Reformen nicht in Kraft oder wurden wieder rückgängig gemacht. Insgesamt blieb die Gerichtsorganisation bis zum Heimfall an Hessen-Darmstadt beziehungsweise bis zum Übergang an Preußen im September 1866 weitgehend unverändert.[120]

115 Gesetz 20. 4. 1852 (Anm. 112), Art. 3; vgl. HHStA Wiesbaden, Abt. 314, Nr. 382: Wahl des Landesausschusses 1852–1866.

116 Archiv, S. 667 f.

117 Archiv, S. 459.

118 HHStA Wiesbaden, Abt. 314, Nr. 1 732, Nr. 1 734 (Die Trennung der Justiz von der Verwaltung, insbesondere die Polizei- und Forstgerechtigkeitspflege betr., 1849).

119 Gesetz, die Einführung von Geschworenengerichten betr., vom 15. 10. 1850, Archiv, S. 618 ff.

120 B. Dölemeyer, Zur Rechtsgeschichte der Landgrafschaft Hessen-Homburg im 19. Jahrhundert, in: Archiv für hessische Geschichte und Altertumskunde Neue Folge 52 (Darmstadt 1994), S. 241–263.

Wenn demnach 1852 auch für Hessen-Homburg das Jahr der Reaktion darstellte, soll dennoch konstatiert werden, daß man hinter bestimmte Errungenschaften der Revolution nicht zurückgehen wollte oder konnte.

Schluß

Betrachtet man den Verlauf der Märzbewegung in der Landgrafschaft, so läßt sich konstatieren, daß nach einem ersten Aufflammen liberaler Ideen und der Begeisterung für bürgerliche Freiheits-, Gleichheits- und Mitwirkungsrechte die parlamentarische Praxis, geprägt durch die Blokkadepolitik des Landgrafen, rasch Ernüchterung brachte. Die Bewohner der kleinen Landgrafschaft – insbesondere des Amts Homburg – waren zudem letztendlich mit ihrem konservativen, doch wohlwollenden Fürsten, der immerhin ihre wirtschaftlichen Interessen förderte, zufrieden. Die Homburger Bürger (dies gilt ähnlich, wenn auch in geringerem Maße, für Meisenheim) wollten in ihrer Mehrzahl die revolutionären Errungenschaften nicht gegen, sondern eigentlich mit dem Landgrafen durchsetzen. Sie wollten weiterhin ihre Interessen durch den Fürsten vertreten sehen. Die nationalen Bestrebungen und die Beratungen der Paulskirche blieben ihnen – nach anfänglicher Begeisterung – im Grunde fern und fremd.

Als endlich das Verlangen nach konstitutioneller Ordnung in ihrem Land seiner Erfüllung nahe war, waren die Ereignisse in der „großen Welt" bereits darüber hinweggegangen und Homburg konnte weiterhin „im Windschatten" der Geschichte bleiben. Die Landgrafschaft verharrte bis zu ihrem Ende 1866 weitgehend in traditionellen Strukturen; erst die Eingliederung in Preußen brachte den Übergang zu moderner Staatlichkeit.[121]

---

121 B. Dölemeyer, Fragmentarische Staatlichkeit (Anm. 1); dies., Rechtsgeschichte (Anm. 120.).

Quellen

I. Ungedruckte Quellen

1. Stadtarchiv Bad Homburg v. d. Höhe

A II, 2/3 (1833, 1835) Nachrichten über revolutionäre Vereine etc.:
A II, 2/5 Anträge wegen Einführung einer landständischen Verfassung (1841, 1844/45)
A II, 2/6 Druckschriften betreffend die Ereignisse 1848 (Adresse vom 5. 3. 1848; Antwort des Landgrafen 6. 3. 1848; Aufruf zu Ruhe und Ordnung 13. 3. 1848 etc.)
A II, 2/7 Originalurkunde des Manifests Landgraf Gustavs vom 6. 3. 1848, mit Änderungen wegen drohender Haltung des Volks
A II, 2/8 Bürgerwehr
A II, 2/9 Gesetz über Bezirksräte, 9. 10. 1849; Gesetz über Gemeindewesen
A II, 2/10 Entwurf einer Strafgerichtsordnung
A II, 2/11 Gedruckte Verfassungen Großherzogtum Hessen 1820, Kurhessen 1831, Bericht über preußische Verfassung
A II, 2/12 Nationalversammlung in Frankfurt am Main: Drucksachen, Offizieller Bericht der Gründung; Wahl eines Abgeordneten; Wahllisten; Tagegebühren etc.
A II, 3/2 Landtagswahlen 1848–1851; Wahllisten, Stimmzettel etc.
A II, 3/4 Protocolle der Verhandlungen der Kammer der Abgeordneten des Landgrafthums Hessen im Jahre 1849
A II, 3/5 Landtags-Archiv: Ausschußberichte, einzelne Voten
A II, 3/6 Wahllegitimationen und Vereidigungsformel
A II, 3/7 Petitionen an den Landtag
A II, 3/8 Landtags-Archiv: Beratungen des Landtags, incl. aller Entwürfe, die dem Landtag vorgelegt wurden; Mitteilungen des Geheimen Rats an Landesversammlung; Entwurf der Verfassung, des Wahlgesetzes, der Geschäftsordnung vom Geheimen Rat an die Landesversammlung, 18. 4. 1849
A II, 3/9 Local für den Landtag betr.
E I 2,2 Georg Hamel, Verzeichnis aller Staatsdiener des Amtes Homburg, welche von 1818 bis zum Jahre 1833 in Diensten standen (9. 2.1832), zit.: Hamel, Staatsdiener
E II, 4, 5, 6 f, g, 7 Hamel, Chronik

2. Hessisches Hauptstaatsarchiv Wiesbaden

Abt. 314, Nr. 382 Wahl des Landesausschusses 1852–1866
Abt. 314, Nr. 1732 Übertragung der Polizeigerichtsbarkeit auf das Landgr. Justiz-Amt, 1849-1851
Abt. 314, Nr. 1734 Die Trennung der Justiz von der Verwaltung insbesondere die Polizei- und Forstgerechtigkeitspflege betr., 1849

II. Gedruckte Quellen

Actenstücke und Aufzeichnungen zur Geschichte der Frankfurter Nationalversammlung aus dem Nachlaß von Johann Gustav Droysen, 1924, Neudruck Osnabrück 1967, S. 141 ff., S. 156 (Hessen-Homburg)
Amts- und Intelligenz-Blatt des Landgräflichen Oberamts Meisenheim, Meisenheim 1842–1866
Amts- und Intelligenz-Blatt für das landgräflich Hessische Amt Homburg, Homburg v. d. Höhe 1842–1866 (zit. Amts-und Intelligenz-Blatt Homburg)
Gutachten des Spruch-Collegiums der Juristen-Facultät zu Heidelberg für die deutschen Actionäre der anonymen Gesellschaft der vereinigten Pachtungen des Kurhauses und der Mineralquellen zu Homburg vor der Höhe, Heidelberg 1848
Gutachten für die französischen und englischen Aktionäre der anonymen Gesellschaft, o. O. 1848 (Odilon Barrot, Ad. Crémieux)
Officieller Bericht über die Verhandlungen zur Gründung eines deutschen Parlaments, 31. 3.–3. 4.1848, Frankfurt am Main 1848
Verfassungen in Hessen 1807–1946. Verfassungstexte der Staaten des 19. Jahrhunderts, des Volksstaats und des heutigen Bundeslandes Hessen (Hrsg. E. G. Franz/ K. Murk), Darmstadt 1998, S. 317 ff. (Verfassung der Landgrafschaft Hessen-Homburg)
Wigard, Franz (Hrsg.): Stenographischer Bericht über die Verhandlungen der deutschen constituirenden Nationalversammlung zu Frankfurt am Main, Frankfurt am Main 1849
Zur Beurtheilung der Frage über Aufhebung der Spielbanken, vorzugsweise in Beziehung auf Homburg, Homburg v. d. H. 1848

Literatur

Brückl, Reinhold: Revolutionäre Bewegungen vor 1848. Homburg blieb nicht davon verschont, in: Alt Homburg 1992, Heft 11, S. 3 ff.
Brückl, Reinhold: Bewegte Zeiten auch für die Landgrafschaft, in: Alt Homburg 1993, Heft 1, S. 4 ff.
Brückl, Reinhold: Homburg und das Jahr 1848, in: Alt Homburg 1993, Heft 2, S. 16 f.; Heft 3, S. 13 ff.;Heft 4, S. 7 ff.; Heft 5, S. 10 ff.; Heft 6, S. 15 ff.; Heft 7, S. 7 ff.
Dölemeyer, Barbara: Fragmentarische Staatlichkeit. Die Landgrafschaft Hessen-Homburg im Alten Reich und im Deutschen Bund, in: Mitteilungen des Vereins für Geschichte und Landeskunde zu Bad Homburg v. d. Höhe (Mitt. Gesch. V.), Heft 44, Bad Homburg v. d. Höhe 1995, S. 1–64
Dölemeyer, Barbara: Zur Rechtsgeschichte der Landgrafschaft Hessen-Homburg im 19. Jahrhundert, in: Archiv für hessische Geschichte und Altertumskunde Neue Folge 52 (Darmstadt 1994), S. 241–263
Grünewald, Karl: Die Märzbewegung 1848 in der Landgrafschaft Hessen-Homburg, in: Taunusbote 1931, Nr. 199–217

Jacobi, Heinrich: Die Spielbank zu Homburg und der Übergang des Kur- und Badebetriebs an die Stadt, in: Taunusbote 23. 3. 1929 ff.
Jacobi, Heinrich: Die zweite Revolution in Homburg, Taunusbote 15. 9.1933
Köhler, Manfred: Die nationale Petitionsbewegung zu Beginn der Revolution 1848 in Hessen. Eingaben an das Vorparlament und an den Fünfzigerausschuß aus Hessen (März bis Mai 1848), Darmstadt und Marburg 1985, S. 87
Koppen, Wilhelm: Jacob Venedey – Ein Beitrag zur Geschichte des demokratischen Gedankens in Deutschland, Diss. Frankfurt am Main 1921
Kosim, Jan: Zur Geschichte der Vereine zur Unterstützung der Polen in Deutschland unter Berücksichtigung der Bayerischen Pfalz und der Landgrafschaft Hessen-Homburg, in: Jb. für westdeutsche Landesgeschichte 4 (1978), S. 313 ff.
Obermann, Karl: Die Wahlen zur Frankfurter Nationalversammlung im Frühjahr 1848, Berlin 1987, S. 174 f.
Rösner, Cornelia: Nassauische Parlamentarier. Ein biographisches Handbuch, Teil 1: Der Landtag des Herzogtums Nassau 181–1866, Wiesbaden 1997, S. 201 ff.: Die Mitglieder des Hessen-Homburgischen Landtags (1849)
Rüdiger, Wilhelm: Jacob Venedey, in: Mitt. Gesch. V. 15 (1916), S. 5–19
Schlick, Gabriela: Die Landgrafschaft Hessen-Homburg 1816–1866. Liberale Bestrebungen oder Rückkehr zum Status quo ante?. Mitt. Gesch. V. 45 (1996)
Venedey, Hermann: Jacob Venedey, Darstellung seines Lebens und seiner politischen Entwicklung bis zur Auflösung der ersten deutschen Nationalversammlung 1849, Diss. Zürich 1930

Die Revolution von 1848/49 im Herzogtum Nassau

Michael Wettengel

1. *Soziale und politische Verhältnisse*

Das Herzogtum Nassau zählte mit einer Fläche von 4 708 qkm und seinen um die Mitte des 19. Jahrhunderts etwa 420 000 Einwohnern zu den Kleinstaaten im Deutschen Bund. Es gab hier kaum größere Städte; mit etwa 14 500 Einwohnern war Wiesbaden die mit Abstand größte nassauische Stadt, gefolgt von Limburg mit etwa 3 500 Einwohnern. Noch 1865 lebten 80 Prozent der nassauischen Bevölkerung in Dörfern und Kleinstädten mit unter 2 000 Einwohnern.

Den wichtigsten Gewerbezweig der Residenzstadt bildete das Kur- und Badewesen. Das internationale Publikum und die repräsentativen Gebäude, die hier seit der Jahrhundertwende entstanden waren, verliehen Wiesbaden das Ambiente eines Luxusbades und verdrängten den landstädtisch-ackerbürgerlichen Charakter der Stadt, der noch in den ersten Jahrzehnten des 19. Jahrhunderts bestimmend war. Trotz des aufkommenden Fabrikwesens prägten in Nassau agrarische und handwerklich-kleingewerbliche Wirtschaftsverhältnisse 1848 das Bild. Es gab hier nur wenige frühindustriell-gewerbliche Betriebe, vor allem in Höchst und Biebrich. Immerhin fuhr in Nassau bereits die Taunuseisenbahn, die die Hauptstadt Wiesbaden mit Frankfurt verband. Eine Bahnverbindung fehlte jedoch noch in der Lahn-Dill-Region, wo der Bergbau, ein wichtiger Gewerbezweig des Herzogtums, unter der mangelhaften Infrastruktur litt.

Die Mehrheit der nassauischen Bevölkerung erwirtschaftete um die Jahrhundertmitte ihren Lebensunterhalt in der Landwirtschaft, wobei aufgrund der hier üblichen Realerbteilung kleinbäuerliche Betriebe vorherrschten, die meist durch hohe Abgaben belastet waren. Die Kleinbauern waren daher oft gezwungen, einen gewerblichen Nebenerwerb in Hausindustrie, Dorfhandwerk oder im Bergbau auszuüben. Knappheit und Armut bestimmten den Alltag, hinzu kamen die Auswirkungen des gesellschaftlichen Wandels und wirtschaftliche Krisen. In den wenig fruchtbaren Mittelgebirgsregionen des Westerwaldes und des Hochtaunus gab es ausgesprochene Notstandsgebiete. Begleiterscheinungen der sozialen Not waren Kleinkriminalität, Bettelei und hohe Auswandererzahlen. Auch im städtischen Handwerk kriselte es. Vor allem die „Massenhandwerke", die Schuhmacher, Schneider, Schreiner und Zimmerleute, waren durch eine hohe Zahl von „Kleinmeistern" gekennzeichnet, die kaum ihre Existenz zu sichern vermochten. Die Aussichten für Handwerksgesellen auf eine auskömmliche, selbständige Existenz schwanden. Die Furcht vor einem sozialen Abstieg in die Schicht der „Armen", der Tagelöhner und Dienstboten oder gar der zahlreichen Bettler und Vagabunden, und dem damit verbundenen Verlust der „Ehrbarkeit" radikalisierte Kleinbauern, Kleinmeister und Gesellen. Bereits während des Hungerjahres 1847 lag eine Revolution förmlich in der Luft.

Auch in Nassau war im Bürgertum und in Teilen der Beamtenschaft eine politische Opposition entstanden, die Forderungen nach nationaler Einigung, einer Stärkung der Rechte und Befugnisse der Volksvertretung sowie einer liberalen und demokratischen Ausgestaltung der nassauischen Verfassung erhob. Spätestens seit den 1840er Jahren verfügte die liberal-demokratische Bewegung über ein dichtes, grenzüberschreitendes Netzwerk politischer Verbindungen und Verflechtungen, das die gesamten hessischen und südwestdeutschen Staaten umfaßte. In heimlichen Treffen, wie denen auf dem Weingut des badischen Liberalen von Itzstein im nassauischen Hallgarten, besprachen die führenden politischen Oppositionellen im deutschen Südwesten ihre Ziele und klärten ihre Positionen. Zugleich wuchs der Rückhalt der Opposition in der Bevölkerung: Die Repräsentanz liberaler Persönlichkeiten in der Honoratiorenschaft, in städtischen Gremien und im Vereinswesen Wiesbadens deutet auf eine Unterstützung durch breitere bürgerliche Schichten hin. Ein „Gemeindeliberalismus" hatte sich herausgebildet, bei dem die Liberalen auf der lokalen Ebene fest in bürgerlichen und handwerklich-kleingewerblichen Milieus verwurzelt waren.[1] In den neu entstehenden Gesang- und Turnvereinen fanden sich vielfach Anhänger freiheitlicher und nationalstaatlicher politischer Ziele

1 Vgl. T. Weichel: Die Bürger von Wiesbaden. Von der Landstadt zur „Weltkurstadt" 1780–1914, München 1997. Zum Begriff des „Gemeindeliberalismus" vgl. P. Nolte: Gemeindebürgertum und Liberalismus in Baden 1800–1850, Göttingen 1994.

zusammen.[2] Trotz der Vereins- und Versammlungsverbote zu politischen Zwecken und des sehr eingeschränkten Wahlrechts erzielten die Liberalen bei den nassauischen Landtagswahlen im Februar 1846 deutliche Gewinne.

Die radikaleren Kräfte der politischen Opposition, die sich in Turnvereinen und in geheimen Gesellschaften formierten, drängten bereits auf einen baldigen Umsturz der Verhältnisse. Ausgehend von Geheimbünden und Vereinen deutscher Handwerker im Ausland bildeten sich auch im Rhein-Main-Gebiet konspirative Zirkel. Unter dem Titel „*Männer aus dem Proletariat!*" tauchte im Herbst 1847 ein Flugblatt in Wiesbaden auf, in dem es hieß: „*Handwerksburschen, die ihr am Bettelstabe Deutschland durchzieht, geschunden von den jammervollsten Polizeischergen, geprügelt und geplagt von den erbärmlichsten Gendarmentröpfen, laßt Euch doch nicht länger mehr als Hunde behandeln, steht auf, fletscht die Zähne.*"[3] Auf einer geheimen Versammlung von Turnern aus Frankfurt, Wiesbaden, Idstein, Höchst, Offenbach, Hanau, Mainz und Mannheim im nassauischen Hattersheim wurde am 9. Januar 1848 bereits zur gewaltsamen Revolution aufgerufen.

2. *Die Märzerhebung*

Wie ein Lauffeuer verbreiteten sich am 28. und 29. Februar 1848 in der Hauptstadt Wiesbaden die Nachrichten über den Sieg der Revolution in Paris und die Ausrufung der Republik. In dieser Situation ergriffen die führenden nassauischen Liberalen um den Landtagsabgeordneten und Prokurator am Hof- und Appellationsgericht, August Hergenhahn,[4] die In-

---

2 Vgl. unter anderem M. Wettengel, Die Revolution von 1848/49 im Rhein-Main-Raum: Politische Vereine und Revolutionsalltag im Großherzogtum Hessen, Herzogtum Nassau und in der Freien Stadt Frankfurt, Wiesbaden 1989, S. 26 ff.; D. Düding: Organisierter gesellschaftlicher Nationalismus in Deutschland (1808–1847). Bedeutung und Funktion der Turner- und Sängervereine für die deutsche Nationalbewegung, München 1984; W.-H. Struck: Vormärz im Herzogtum Nassau und Hambacher Fest, in: A. Gerlich (Hg.): Hambach 1832. Anstöße und Folgen, Wiesbaden 1984, S. 131–163.

3 K. Obermann: Flugblätter der Revolution. Eine Flugblattsammlung zur Geschichte der Revolution von 1848/49 in Deutschland, Berlin (Ost) 1970, S. 46.

4 August Hergenhahn, 16. 2. 1804 Usingen – 29. 12. 1874 Wiesbaden, Sohn des nassauischen Justizrats Carl H. und seiner Frau Christiane, geb. Vigelius, nach dem Studium der Rechts- und Staatswissenschaften 1824 Prokurator am Hof- und Appellationsgericht in Usingen, dann in Wiesbaden; 1832 Austritt aus dem Staatsdienst, 1833 Eröffnung einer Anwaltspraxis in Wiesbaden; seit 1841 erneut im Staatsdienst als Prokurator am Hof- und Appellationsgericht in Wiesbaden. H. gehörte zum Hallgartenkreis um von Itzstein und war 1832 Verteidiger des Präsidenten der Deputierten-

itiative und traten am 1. März 1848 an die Öffentlichkeit, die sie zu *„Ruhe und Ordnung"* ermahnten.[5] Im kleinen Kreis formulierte die liberale Führungsgruppe im Wiesbadener Hotel „Vier Jahreszeiten" die neun *„Forderungen der Nassauer"*, die bereits am 2. März auf einer Volksversammlung verlesen und unter lebhaftem Beifall gebilligt wurden:

„Die neueste französische Revolution, hervorgerufen durch die Treulosigkeit und Corruption der Regierung, hat Europa erschüttert. Sie klopft an die Pforten von Deutschland.

Es ist Zeit, daß Alles, was von nationaler Kraft, was von Freiheitsgefühl in der deutschen Nation ruht, zur schleunigsten Entfaltung gerufen werde.

Es ist Vieles, was die Deutschen, was namentlich der Stamm der Nassauer zu fordern berechtigt ist.

Aber die Zeit drängt, sie gestattet nicht Alles, was seit 33 Jahren versäumt worden ist, auf **einmal** *zu ordnen.*

Folgende Forderungen aber sind es, welche sofort erfüllt werden müssen:

1. *Allgemeine Volksbewaffnung mit freier Wahl seiner Anführer, namentlich sofortige Abgabe von 2 000 Flinten und Munition an die Stadtbehörde von Wiesbaden.*
2. *Unbedingte Preßfreiheit.*

---

kammer Herber. 1847 Mitbegründer und Mitarbeiter, seit 1849 auch Mitherausgeber der „Deutschen Zeitung" in Heidelberg; 1847 Teilnehmer an der Heppenheimer Versammlung; 1846–1848 Abgeordneter der nassauischen Deputiertenkammer; 1848 Mitglied des Vorparlaments und des Fünfziger-Ausschusses; Apr. 1848–Juni 1849 Ministerpräsident des Herzogtums Nassau; 1848–1849 Abgeordneter der Frankfurter Nationalversammlung (Casino); 1849 Mitglied des Zentralausschusses der Gothaer Versammlung, 1850 Abgeordneter im Erfurter Reichstag; 1850 Erster Rat und Generalstaatsprokurator am Oberappellationsgericht in Wiesbaden; 1860 Direktor am Hof- und Appellationsgericht in Dillenburg, dann in Wiesbaden; seit 1863 Direktor der Nassauischen Landesbank; 1866–67 geschäftsführender nassauischer Staats- und Justizminister; 1867–1874 Erster Präsident des Appellationsgerichts in Wiesbaden; 1867 Abgeordneter des Norddeutschen Reichstags (Nationalliberale Partei). Vgl. P. Wentzcke: August Hergenhahn (1804–1874), in: K. Wolf (Hg.): Nassauische Lebensbilder, Bd. 4, Wiesbaden 1950, S. 193–220; W.-H. Struck: August Hergenhahn, in: Neue Deutsche Biographie 8 (1969), S. 608 f.

5 W. H. Riehl: Nassauische Chronik des Jahres 1848, Wiesbaden 1849, neu hg. von G. Müller-Schellenberg, Idstein 1979, S. 10. Vgl. zu den Ereignissen im März 1848 im Herzogtum Nassau insbes. W.-H. Struck: Wiesbaden im März 1848. Grundzüge der 48er Revolution im Herzogtum Nassau, in: Hessisches Jahrbuch für Landesgeschichte 17 (1967), S. 226–244; M. Wettengel: Die Wiesbadener Bürgerwehr 1848/49 und die Revolution im Herzogtum Nassau, Taunusstein 1998, S. 17 ff.; W. Schüler: Die Revolution von 1848/49, in: Herzogtum Nassau 1806–1866, Wiesbaden 1981, S. 19–35, hier S. 19 ff.; Wettengel, Die Revolution von 1848/49 im Rhein-Main-Raum, S. 50 ff.

3. *Sofortige Einberufung eines deutschen Parlaments.*
4. *Sofortige Vereidigung des Militärs auf die Verfassung.*
5. *Recht der freien Vereinigung.*
6. *Oeffentlichkeit, öffentliches mündliches Verfahren mit Schwurgerichten.*
7. *Erklärung der Domänen zu Staatseigenthum, unter Controle der Verwaltung durch die Stände.*
8. *Sofortige Einberufung der zweiten Kammer lediglich zur Entwerfung eines neuen Wahlgesetzes, welches auf dem Hauptgrundsatz beruht, daß die Wählbarkeit nicht an einen gewissen Vermögensbesitz gebunden ist.*
9. *Beseitigung aller Beengungen der uns verfassungsmäßig zustehenden Religionsfreiheit.*

Wiesbaden, den 2. März 1848.[6]

Diese nassauische „Magna Charta“ enthielt die typischen liberalen Märzforderungen, wie sie auch in anderen deutschen Staaten von der liberaldemokratischen Bewegung erhoben wurden. Nur die Umwandlung der Domänen in Staatseigentum stellte ein spezifisch nassauisches Anliegen dar.[7] Die „*Forderungen der Nassauer*“ umfaßten ausdrücklich nur die erforderlichen Sofortmaßnahmen und waren als ein Minimalprogramm der liberal-demokratischen Bewegung in Nassau zu verstehen. Aufschlußreich waren die einleitenden Sätze des Forderungskataloges, in denen die Revolution als Bedrohung von außen erschien, die „*an die Pforten von Deutschland*“ klopfe. Die Volksbewaffnung und die Entfaltung nationaler und freiheitlicher Kräfte galten dagegen der Abwehr dieser Gefahr. Die liberale Führungsgruppe Nassaus, dies wurde auch im weiteren Verlauf der Ereignisse deutlich, wollte keine Revolution. Sie wollte jedoch den revolutionären Impuls nutzen, um liberale Reformen durchzusetzen. Noch am selben Tag wurden die „*Forderungen der Nassauer*“ dem leitenden Staatsminister Emil August Freiherr von Dungern[8] überbracht. Herzog Adolph, der sich zu dieser Zeit in Berlin aufhielt, wurde durch Eilkuriere verständigt, während von Dungern in eigener Verantwortung Volksbewaffnung und Pressefreiheit sofort billigte.

---

6 Hessisches Hauptstaatsarchiv Wiesbaden (HHStAW) 130 II/3 054; Riehl, Nassauische Chronik, Beilage 2.

7 Zum nassauischen Domänenstreit vgl. W.-H. Struck: Vom Kampf um den Verfassungsstaat. Der politische Prozeß gegen den nassauischen Volkskammerpräsidenten Georg Herber 1831/33, in: Nassauische Annalen 79 (1968), S. 182–244.

8 Zur Biographie von Dungerns vgl. M. Kramer: Die Politik des Staatsministers Emil August von Dungern im Herzogtum Nassau, Stuttgart 1991.

Abb. 34: Herzog Adolph von Nassau
Museum Wiesbaden, Sammlung Nassauischer Altertümer

Noch am 2. März wurde mit der Aufstellung und Bewaffnung einer Bürgerwehr begonnen. In einem Aufruf vom selben Tag, in dem die Wiesbadener Bürger zum Beitritt aufgefordert wurden, wurde davor gewarnt, *„daß nicht durch Uneinigkeit Excesse und Unsicherheit des Eigenthums entstehen, und daß die große nationale Bewegung der deutschen Bevölkerungen nicht durch Verbindungen mit dem Feinde des Vaterlandes ihres sichern Erfolges und ihrer Ehre verlustig gehe. [...] Jeder treue Bürger lasse sich einschreiben zu den Schaaren unserer Bürgergarde, zur Vertheidigung der köstlichen Güter des Vaterlandes und unsres eignen Heerdes."*[9] Nicht etwa um die Durchsetzung der liberalen Forderungen mit Hilfe der Volksbewaffnung ging es in diesem Aufruf, der von Stadtrat und Stadtvorstand sowie acht liberalen Repräsentanten unterzeichnet war, sondern um die innere und äußere Sicherheit. Die Wiesbadener Bürgerwehr – wie übrigens andere Bürgerwehren auch – formierte

9 „Bürger von Wiesbaden! Deutsche Männer!", Wiesbaden 2. 3. 1848; Riehl, Nassauische Chronik, Beilage 1.

sich erklärtermaßen zur Abwehr der „*Anarchie*“ und des äußeren „*Feindes*“, als der hier ganz offensichtlich das revolutionäre Frankreich angesehen wurde.

Der erste Kommandant der Wiesbadener Bürgerwehr, der sechzigjährige Uhrmacher und Gastwirt Georg Böhning, dürfte mit dieser antirevolutionären Zielsetzung sicherlich nicht völlig einverstanden gewesen sein. Er hatte als Oberleutnant der Reserve im nassauischen Landsturm gedient und als Freischärler am griechischen Freiheitskrieg teilgenommen.[10] Als überzeugter Republikaner hatte er einem revolutionären Geheimbund angehört und war von der Wiesbadener Polizei im Vormärz verhaftet und inhaftiert worden. Im März 1848 arbeiteten die radikaleren Kräfte der politischen Opposition in Nassau, denen es um einen grundsätzlichen Systemwandel ging, noch eng mit den Liberalen zusammen, die lediglich ein Reformprogramm in gesetzlichen Bahnen verwirklichen wollten. Die „*Forderungen der Nassauer*“ ließen offen, ob sie als ein Verfassungszusatz oder aber als Grundlage einer neuen, noch zu schaffenden Verfassung zu verstehen waren. Unerwähnt blieben auch das künftige Verhältnis zwischen Landtag und Regierung sowie die wirtschaftlichen und sozialen Wünsche der Bevölkerung. Es wurden lediglich weitere Reformen in Aussicht gestellt. Genau jene offenen Fragen aber führten später zu Konflikten zwischen Liberalen und Demokraten im Lande.

Am 3. März wurde ein Sicherheitskomitee gewählt, das aus 16 Mitgliedern unter Vorsitz Hergenhahns bestand und als Leitungs- und Aufsichtsgremium für die nassauischen Bürgerwehren dienen sollte. Bereits auf der Versammlung am 2. März wurde zu einer nassauischen Volksversammlung in Wiesbaden aufgerufen, die der Durchsetzung aller Märzforderungen

---

10 Georg Böhning, 7. 1. 1788 Wiesbaden – 17. 8. 1849 Rastatt (hingerichtet), Deutschkatholik, Sohn des Uhrmachers Johann Heinrich B., seit 1810 verheiratet mit Johanna Elise Zollmann aus Wiesbaden, Uhrmacher und Gastwirt in Wiesbaden; 1832 Teilnahme am Hambacher Fest; Verbindungen zu den Frankfurter Wachenstürmern von 1833; Mitglied des „Bundes der Deutschen“; mehrfach verhaftet und von Jan. bis Juli 1841 im Kriminalgefängnis zu Wiesbaden inhaftiert; Teilnahme an der Hattersheimer Versammlung im Jan. 1848; März 1848 Kommandant der Wiesbadener Bürgerwehr und Mitglied des Sicherheitskomitees; Gründungsmitglied des Komitees der republikanischen Gesellschaft und des Arbeitervereins in Wiesbaden; nach den Juliunruhen 1848 Flucht aus Wiesbaden; als Kommandant der Schweizer Arbeiterlegion nach der Niederlage des badischen Aufstandes und dem Fall der Festung Rastatt von preußischen Truppen standrechtlich erschossen. Vgl. P. Wacker (mit Beiträgen von G. Müller-Schellenberg): Das herzoglich-nassauische Militär 1813–1866. Militärgeschichte im Spannungsfeld von Politik, Wirtschaft und sozialen Verhältnissen eines deutschen Kleinstaates, Taunusstein 1998, S. 563 f.

dienen sollte: „*Eine zweite Volksversammlung ist auf Samstag den 4. März d[es] J[ahres], Nachmittags 3 Uhr auf dem Platze vor den Vier Jahrszeiten dahier bestimmt worden, und wird hierzu die Mitwirkung des ganzen Landes in Anspruch genommen.*“ hieß es lapidar in dem Aufruf.[11] Es kamen jedoch weit mehr Menschen als erwartet. Aufgrund der ständig in die Hauptstadt strömenden Menschenmassen wurde die Regierung allmählich handlungsunfähig, und das Sicherheitskomitee entwickelte sich zunehmend zur eigentlichen Ordnungsmacht. Die in Wiesbaden zusammenströmende Menge setzte sich hauptsächlich aus Landbewohnern zusammen, die häufig mit Sensen und Äxten bewaffnet waren. Ganze Ortschaften sollen in geschlossenen Kolonnen, Trommler und Musikanten voran, vor allem aus dem Rheingau, dem Taunus und vom Main, angeblich sogar aus dem Westerwald, hierher gezogen sein. Ihr Zuzug läßt sich nicht allein durch den Aufruf des Sicherheitskomitees erklären, sondern in erster Linie durch die rasche, gerüchteweise Verbreitung von Nachrichten über die revolutionären Vorgänge.

Am 4. März sollen sich zeitgenössischen Schätzungen zufolge 30 000 Menschen auf dem Schloßplatz in Wiesbaden versammelt haben.[12] Die Lage spitzte sich immer mehr zu. Ständig mußten Regierung und Sicherheitskomitee neue Verlautbarungen als Flugblatt vervielfältigen lassen, um kursierenden Gerüchten entgegenzutreten und die Menge zu beruhigen. Allein am 3. März verbreitete die Regierung vier verschiedene Erklärungen als Flugblätter, und zusätzlich rief das Sicherheitskomitee in Proklamationen immer wieder zu „*Ruhe, Ordnung und Gesetzlichkeit*“ auf. Am 3. März erschien auch, verlegt von dem demokratischen Buchhändler Heinrich Fischer,[13] die erste Nummer der „Freien Zeitung“, der ersten unzensierten politischen Zeitung des Herzogtums seit 1819.

---

11 Hessische Landesbibliothek Wiesbaden (HLBW) 2° Ga 3 953 (1), Nassauische Flugblätter aus den Jahren 1848–1850, Bd. 1.

12 Vgl. Riehl, Nassauische Chronik, S. 11. L. v. Pastor: Leben des Freiherrn Max von Gagern 1810–1889. Ein Beitrag zur politischen und kirchlichen Geschichte des 19. Jahrhunderts, Kempten/München 1912, S. 180, spricht von 30–40 000; C. Spielmann: Achtundvierziger Nassauer Chronik. Darstellung der Ereignisse in Nassau im Jahre 1848, Wiesbaden 1899, S. 13, von 40 000; die Frei Zeitung (FZ) 3/5. 3. 1848 schrieb, daß über 20 000 Menschen vor dem Schloß versammelt waren.

13 Heinrich Fischer, Wiesbaden 29. 1. 1812 – Wiesbaden 20. 6. 1883, Buchhändler und Verleger, gründete 1839 einen Lesezirkel und 1847 zusammen mit L. Friedrich ein „Lesekabinett für Zeitungen von allgemeinem Interesse“. 1848 Mitherausgeber der „Freien Zeitung“ und Mitbegründer des Demokratischen Vereins in Wiesbaden, 1849–1868 erster frei gewählter Bürgermeister von Wiesbaden.

Abb. 35: Herzog Adolph bewilligt die „Forderungen der Nassauer"
Christian Spielmann, Achtundvierziger Nassauer Chronik, Wiesbaden 1889, S. 25

Das Militär hielt sich zurück, um nicht einen allgemeinen Aufstand zu provozieren. Es gibt jedoch auch Hinweise darauf, daß Zweifel an der Zuverlässigkeit der Truppen die nassauische Regierung davon abgehalten haben könnten, diese einzusetzen.

Am 4. März geriet auch dem Sicherheitskomitee die Lage zunehmend außer Kontrolle, und selbst die Veröffentlichung der um 10 Uhr durch Minister von Dungern sowie Prinz Nicolaus und Herzogin Pauline erfolgten Billigung aller Forderungen half nichts. Menschenmengen versuchten, das Theater und das Zeughaus zu stürmen, wurden aber von der neu gebildeten Bürgerwehr gewaltsam zurückgedrängt. Radikale Demonstranten riefen nach einer provisorischen Regierung oder einer Republik, nassauische Fahnen wurden zerrissen, und größere Gruppen rückten nun gegen das Schloß vor, um es zu stürmen. Mit vorgehaltenen Waffen wurden die Angreifer hier durch die Bürgerwehr aufgehalten. Die Frage, wer an den Ausschreitungen beteiligt war, kann nicht endgültig geklärt werden. Aus Sicht der Obrigkeit spielten vor allem Gesellen, Lehrlinge und Hausgesinde sowie generell Jugendliche eine wichtige Rolle. Daneben wird in den Quellen aber immer wieder auf die Beteiligung radikaler nassauischer Bauern hingewiesen, von denen die Forderung, man wolle *„teilen"*, laut geworden sein soll. Die Bewaffnung der Aufrührer – Sensen, Heugabeln, Dreschflegel – deutet ebenfalls auf die Landbevölkerung hin. Gestützt auf Augenzeugenberichte nannte der preußische Gesandte als Hauptunruhepotential neben radikalen jugendlichen Turnern die *„berüchtigten Bauern aus dem Rheingau."*[14]

In dieser für die nassauische Monarchie äußerst kritischen Situation war es das Bürgertum der Residenzstadt, das bereit war, den Thron mit Waffengewalt zu verteidigen. Das Wiesbadener Bürgertum war schon aufgrund seiner engen wirtschaftlichen und sozialen Verflechtungen mit dem Hof nicht an einer Abschaffung der Monarchie interessiert. Abgesehen davon fürchteten nicht nur Konservative, sondern auch Liberale die Folgen einer Revolution, als deren Prototyp sie die große Französische Revolution von 1789 ansahen. Das liberale Konzept ging dagegen von einer streng gesetzlichen Revolution, einer friedlichen Volksbewegung aus, die nur der Durchsetzung begrenzter Reformziele dienen sollte, ohne das soziale und politische System grundlegend zu verändern. Nach Erreichen dieser Ziele sollte die Revolution dann beendet sein. *„Freiheit, Ordnung und Recht"* war demgemäß der Wahlspruch des Wiesbadener Sicherheitskomitees, das erklärtermaßen jeder *„Zügel- und Gesetzlosigkeit"* entgegentreten wollte.[15] Die Lage wurde allgemein als äußerst kritisch beurteilt: Noch unter dem Eindruck der Ereignisse schrieb der leitende Minister von Dungern am 12. März an seinen Vater, er wäre wohl mit den *„treuen Bürgern"* vor dem Schloß massakriert worden, wenn der Herzog nur zehn Minuten später erschienen wäre.[16] Derselbe Böhning, der 1849 als Freischarenführer in Rastatt den Tod fand, verteidigte im März 1848 als Kommandant der Bürgerwehr mit aller Entschiedenheit das herzogliche Schloß. Die Ablehnung der *„Anarchie"* im Sinne spontaner kollektiver Gewaltakte und Volksproteste war auch bei Republikanern verbreitet.

Als die Unruhe ihren Höhepunkt zu erreichen drohte, traf Herzog Adolph am Nachmittag des 4. März in Wiesbaden ein. Er begab sich in

---

14 Zitiert nach Kramer, Die Politik des Staatsministers Emil August von Dungern, S. 198; auch Pastor, Leben des Freiherrn Max von Gagern, S. 180 f., hebt den bäuerlichen Anteil hervor; vgl. auch Frankfurter Journal Beil. 66/6. 3. 1848.

15 Stadtarchiv Wiesbaden (StadtAW) A XII b–11, „Nassauer", Wiesbaden, 10. März 1848, Flugblatt des Sicherheitskomitees.

16 Zitiert nach Kramer, Die Politik des Staatsministers Emil August von Dungern, S. 199.

Begleitung einer Bürgerwehrabteilung zu Fuß vom Bahnhof zum Schloß. Wenig später versprach der Herzog vom Balkon des Schlosses herab die Erfüllung aller Forderungen mit folgenden Worten: „*Nassauer! die Forderungen, die Ihr an mich gestellt habt, deren Gewährung euch mein Minister versprochen und meine Mutter und mein Bruder mit ihrem Namen verbürgt haben, genehmige ich und werde ich halten.*“[17] Die Stimmung schlug darauf sofort in allgemeine Begeisterung um, und die Menge ließ den Herzog hochleben. Am Abend wurde gefeiert, und die Zugereisten zogen allmählich wieder zurück.

Die Zusage des Herzogs stand jedoch auf unsicherem Boden. Bereits am folgenden Tag soll Herzog Adolph seinen Berater Max von Gagern gefragt haben, ob er den „*Unsinn*“ ausführen solle, den er versprochen habe.[18] Der Herzog fand sich dann jedoch mit den neuen Verhältnissen ab, vielleicht weil er auf eine Beruhigung der Verhältnisse und eine mögliche Wende hoffte. So schrieb er in einem Brief an den Prinzen Wilhelm von Preußen: „*Es gibt nur ein Mittel mehr, das monarchische Prinzip in Deutschland zu retten, [...] dies ist: die Fürsten müssen sich an die Spitze der Bewegung stellen und so suchen, sie in die Hand zu nehmen.*“[19] Für die Dauerhaftigkeit des Erfolges der Liberalen waren dies keine allzu guten Vorzeichen. Das Sicherheitskomitee vertraute derweil auf die Verwirklichung der Forderungen. Als dem liberalen Wortführer und Vorsitzenden des Sicherheitskomitees August Hergenhahn am 16. April 1848 die Leitung des nassauischen Staatsministeriums übertragen wurde, war für viele Liberale die Revolution beendet. Nach der Eröffnung des neuen nassauischen Landtages am 22. Mai 1848 stellte das Sicherheitskomitee seine Sitzungen ein.

---

17 Freie Zeitung (FZ) 3/5. 3. 1848; vgl. auch Riehl, Nassauische Chronik, S. 18.

18 Pastor, Leben des Freiherrn Max von Gagern, S. 182; zur quellenkritischen Bewertung siehe W. Schüler: Die Herzöge von Nassau. Macht und Ohnmacht eines Regentenhauses im Zeitalter der nationalen und liberalen Bewegung, in: Nassauische Annalen 95 (1984), S. 155–172, hier S. 166 f.. Auch Emil August von Dungern erwähnt die unsichere Haltung des Herzogs in den Märztagen, vgl. Kramer, Die Politik des Staatsministers Emil August von Dungern, S. 258 f.

19 Brief Herzog Adolphs an Prinz Wilhelm von Preußen vom 9. März 1848, abgedr. in: Pastor, Leben des Freiherrn Max von Gagern, hier S. 457 (hier unter dem Datum des 11. März 1848 angegeben; der eigenhändige Entwurf Herzog Adolphs in HHStAW 130 II / 6470 ist jedoch auf den 9. März datiert; vgl. Schüler, Die Herzöge von Nassau, S. 166 f.).

3. *Die Revolution auf dem Lande*

Auf dem Land hatten die Agrarproteste erst richtig begonnen. Sie entluden sich durch Gewaltakte gegen Beamte, Vertreibung der staatlich eingesetzten Schultheißen, Dezimierung der Wildbestände, Abholzen von Bäumen, Plünderungen und Zerstörungen. Abgaben, Steuern und Schulden wurden nicht gezahlt. Die lokalen Behörden standen den oft gewalttätigen Ausschreitungen machtlos gegenüber. „*Die Revolution drang [...] in die kleinsten Städte und Dörfer,*“ schrieb der Pfarrer von Bierstadt.[20] Einen Schwerpunkt bildete insbesondere die Taunusregion. Auffällig war bei vielen bäuerlichen Aktionen in Nassau die ritualisierte, einer inneren Logik folgende Form des Vorgehens. So vollzogen sich beispielsweise die Absetzungen von Schultheißen nach einem bestimmten Muster und einem festen Ablauf. Typisch war auch der Festcharakter solcher revolutionärer Akte. Für die Landbevölkerung war die ganze Revolution ein Volksfest, bei dem das unterste zuoberst gekehrt wurde. Charakteristisch war auch das geschlossene Vorgehen der nassauischen Dorfgemeinschaften. Die hier übliche Realerbteilung hatte für eine Zersplitterung der Güter und infolgedessen für eine breite Schicht von Kleinbauern und eine relativ geringe soziale Differenzierung auf dem Lande gesorgt. Während die Agrarproteste in Nassau im wesentlichen unblutig verliefen, kam es im unmittelbar benachbarten preußischen Braunfels am 15./16. April 1848 zu einem offenen Kampf mit dem dort stationierten Militär, bei dem mehrere Bauern getötet wurden.[21]

Die Unruhen auf dem Lande hatten handfeste Ursachen, vor allem die folgenden:

- „*Die Hirsche und Rehe [...] welche nachts in den Kornfeldern weideten*“ seien es gewesen, die die nassauischen Bauern revolutionär machten, schrieb Riehl 1849.[22] Der Wildbestand in den Wäldern, der für herrschaftliche Jagdbedürfnisse hoch gehalten wurde, hatte zu großen Wildschäden geführt. Da die Bauern das Wild auf ihren Feldern nicht schießen durften und die Vergütung der Schäden oft zu Problemen führte, wuchs der Unmut.

---

20 HHStAW 1193/1, Handschrift Carl Philipp Salomo Schellenberg, S. 987.

21 Vgl. H.-W. Hahn: Adelsherrschaft und bäuerliche Protestbewegung im Solmser Land. Ein Beitrag zur Geschichte der Revolution von 1848/49, in: Nassauische Annalen 103 (1992), S. 263–294.

22 Riehl, Nassauische Chronik, S. 1.

- Die Ablösung des Zehnten hatte zwar in Nassau bereits 1840/41 begonnen, sie war aber hier mit dem 25fachen Jahresertrag relativ hoch festgesetzt und hatte zu einer erheblichen Verschuldung der Bauern beigetragen. Die protestierenden Bauern forderten daher 1848 die entschädigungslose Abschaffung des Zehnten sowie generell eine Ermäßigung der Abgaben.
- Bei der für die bäuerliche Wirtschaft notwendigen Entnahme von Holz und Streulaub aus den Wäldern beriefen sich die Bauern auf alte Nutzungsrechte, die sich aber mit dem modernen Eigentumsbegriff nicht vereinbaren ließen. Die Praxis der Streu- und Leseholzentnahme stand zudem einer modernen und rationellen Forstwirtschaft im Wege, die auf Nutzholzgewinnung abzielte. Schon im Vormärz war daher Holzdiebstahl ein ausgesprochenes Massendelikt, und nach Ausbruch der Revolution wurde demonstrativ Holz geschlagen.
- Die Absetzungen der Schultheißen resultierten aus dem Verlangen nach Selbstverwaltung der Gemeinden. Sie standen in der Tradition des jahrhundertealten Kampfes der ländlichen Gemeinden um Autonomie und Selbstbestimmung.

Das liberale Bürgertum stand der ländlichen Revolution distanziert gegenüber. Eine moralisierende Betrachtungsweise versperrte oft die Einsicht in die sozialen und wirtschaftlichen Hintergründe der „*Excesse*". Allen Ernstes wurde beispielsweise das Dezimieren des Wildes auf das „*Jagdvergnügen*" der Bauern zurückgeführt.[23] Dennoch war das Ministerium Hergenhahn in hohem Maße bereit, den bäuerlichen Forderungen entgegenzukommen. Von den liberalen Reformen profitierte daher besonders die ländliche Bevölkerung. Allerdings blieben diese Errungenschaften weit hinter den Erwartungen zurück. Dies zeigte sich etwa bei der Neuregelung der Zehntablösung vom 24. Dezember 1848, die statt einer entschädigungslosen Abschaffung des Zehnten dessen Ablösung zum 16fachen Jahresertrag vorsah.[24]

Die Unruhen auf dem Lande flammten daher im Verlauf der Revolutionszeit immer wieder auf, und die Regierung setzte nun zunehmend auch das Mittel der Einquartierung von Militär ein, für deren Unterbringung und Verpflegung dann die Gemeinden aufkommen mußten. Außerdem wurden die Gemeinden durch das Gesetz vom 15. Juli 1848 zum Ersatz von Schäden

23 Vgl. Wettengel, Die Wiesbadener Bürgerwehr 1848/49, S. 72.

24 Verordnungsblatt des Herzogthums Nassau 1848, S. 315. Die Zehntpflichtigen mußten dabei nur den 14fachen Betrag selbst aufbringen.

verpflichtet, die auf ihrem Gebiet durch Ausschreitungen entstanden.[25] Nicht immer war die Regierung mit Strafmaßnahmen erfolgreich. So scheiterte im Sommer 1848 der Versuch, Militär in den sogenannten Bassenheimischen Ortschaften im Hohen Taunus einzuquartieren, denn „*die Dörfer, in welche zur Strafe Einquartierung gelegt werden sollte, waren so arm, daß die Soldaten dort sicher hätten verhungern müssen.*"[26] Einen Hauptanlaß für neue Unruhen bildete die Neuordnung des Gerichtsvollzieher-Dienstes vom 23. Dezember 1848,[27] durch die der Gerichtsvollzug staatlichen Gerichtsvollziehern übertragen wurde. Vor allem im Westerwald wurden die Gerichtsvollzieher verprügelt und vertrieben. Eine Reservekompanie aus Hadamar wurde von „*Bauern in verschiedenen Abtheilungen, mit Knitteln und allerlei Werkzeugen bewaffnet,*" in die Flucht geschlagen.[28]

Erst die Entsendung von Linienmilitär konnte die Ordnung wiederherstellen, wenn auch der Erfolg des gesamten Unternehmens zweifelhaft war, denn: „*Sobald das Militär den Rücken wendet, gibt man sich ohne weiteres der frechen Zügellosigkeit hin.*"[29] Im Amt Rennerod weigerte man sich, den ortsfremden Gerichtsvollziehern die Wohnungen der Schuldner zu zeigen, so daß diese „*unverrichteter Sache wieder nach Hause gehen*" mußten.[30] Die „Gerichtsvollzieherexzesse" dauerten mindestens bis zum Mai 1849 an. Eine übergeordnete, politische Perspektive fehlte diesen lokal verankerten, auf konkrete Ziele in einer kleinräumigen Lebenswelt gerichteten traditionellen Protestformen jedoch.

4. Die Wahlen im Frühjahr 1848

Im April/Mai 1848 fanden in Nassau die Wahlen zur deutschen Nationalversammlung in Frankfurt und zum nassauischen Landtag in Wiesbaden statt. Es war ein Erfolg der Märzbewegung, daß der neue Landtag, der am 22. Mai 1848 zusammentrat, nur aus einer Kammer bestand, deren Abgeordnete ausschließlich auf der Grundlage eines allgemeinen und gleichen, wenn auch indirekten Wahlrechts gewählt wurden. Aber obgleich es kei-

25 Ebd., S. 137.
26 Riehl, Chronik, S. 95.
27 Verordnungsblatt des Herzogthums Nassau 1848, S. 319.
28 Nassauische Allgemeine Zeitung (NAZ) 31/6. 2. 1849.
29 NAZ 2. Ausg. 57/8. 3. 1849.
30 NAZ 43/20. 2.1849.

nen Zensus gab, waren große Teile der Bevölkerung von den Wahlen ausgeschlossen, so zum Beispiel Frauen und Empfänger von Armenunterstützung. Außerdem wurde das Wahlrecht vom Besitz des Gemeindebürgerrechts abhängig gemacht.

Im Stil von Honoratiorenwahlen wurden meist Persönlichkeiten, nicht politische Programme gewählt. Dennoch bestanden bereits Ansätze zu organisierten Wahlbewegungen. Mit dem Wahlhirtenbrief des Limburger Bischofs Peter Blum vom 17. März 1848 und der Gründung des „Centralvereins für religiöse Freiheit" in Limburg, der sich das Ziel setzte, *„durch Namhaftmachung der das Vertrauen der katholischen Bürger besitzenden Wählbaren den katholischen Urwählern und Wahlmännern die Erfüllung ihrer hochwichtigen Pflicht [zu] erleichtern,"* begann die organisierte Wahlbewegung des politischen Katholizismus.[31] Viel Aufsehen erregte das *„Comité der republikanischen Gesellschaft"*, das am 4. April 1848 in einem Flugblatt unter dem Titel *„Die wichtigsten Fragen der Gegenwart"* die Republik als die beste Staatsform anpries, *„weil sie die einfachste, zweckmäßigste und wohlfeilste ist."*[32] Als Initiatoren traten unter anderem Oswald Dietz[33], Friedrich Graefe[34]und der inzwischen zurückgetretene Kommandant der Bürgerwehr, Georg Böhning, hervor. Ihr Versuch, eine Kandidatenliste für das Wahlkomitee in Wiesbaden durchzusetzen, scheiterte jedoch an einer sofort danach aufgestellten konstitutionell-liberalen Gegenliste.

Die Republikaner konnten in Wiesbaden zwar keine Mehrheiten erringen, ihnen war es aber gelungen, die Bürgerschaft in der Frage der Staats-

31 „Katholiken Nassau's", Limburg, 23. März 1848, abgedr. in: H. H. Schwedt: Die katholische Kirche nach der Säkularisation, in: Herzogtum Nassau 1806–1866, Wiesbaden 1981, S. 275–282, hier S. 279.

32 HHStAW 1098/IV 50, fol. 246; Beil. 23 zu Riehl, Nassauische Chronik.

33 Oswald Dietz, Wiesbaden 27. 5.1823 – Cincinnati/USA 9. 3. 1898, Sohn des Stadtrats und Landesdeputierten Michael Konrad D. aus der Pfaffenmühle auf dem Michelsberg, Gymnasium Weilburg, Ingenieurstudium in Karlsruhe, München und Berlin, Straßen- und Wasserbauingenieur, 1848 Bauingenieur-Examen; Gründungsmitglied des Komitees der republikanischen Gesellschaft und des Arbeitervereins in Wiesbaden; kämpfte 1849 während der Reichsverfassungskampagne in Baden und in der Pfalz; emigrierte zunächst nach Frankreich und Großbritannien, danach in die Vereinigten Staaten.

34 Dr. Friedrich Graefe, Wiesbaden 6. 8. 1815 – Wiesbaden 6. 12. 1878, Sohn des Hutmachers Karl Heinrich G., Gymnasium Mainz, dann Weilburg, 1835–39 Medizinstudium in Heidelberg und Berlin; 1840 praktischer Arzt in Wiesbaden; 1848 Mitglied des Sicherheitskomitees in Wiesbaden; Gründungsmitglied des Komitees der republikanischen Gesellschaft und des Arbeitervereins in Wiesbaden, dessen Vorsitzender er war; verbarg sich nach den Wiesbadener Juliunruhen. Er hielt sich seither von der Politik fern und wurde, nachdem er sich im Herbst 1849 freiwillig gestellt hatte, am 16. 8. 1850 außer gerichtlicher Verfolgung gestellt.

form zu spalten. Über den April 1848 hieß es im Tagebuch eines Wiesbadener Zeitgenossen: *„Es sind bisher faßt täglich Besprechungen und Vorlesungen und noch große Unruhen unter den Bürgern gewesen, und ist jetzt Zweispalt, indem der eine Theil Parlament, der andere Theil Republik haben will.“*[35] Die zunehmende politische Polarisierung blieb nicht ohne Folgen. *„Bei dem leicht entzündlichen Temperament der Nassauer“*[36] gingen die politischen Konflikte ins Persönliche: *„Der Republikaner entzog dem monarchischen Schuster seine Kundschaft; der Konservative mochte seinen Schoppen nicht mehr an einem Tisch trinken mit dem Radikalen;“*[37] schilderte ein Zeitgenosse. Bei den Wahlen erwies sich die Autorität des liberalen Wahlkomitees, dem August Hergenhahn persönlich angehörte: Von sechs Kandidaten des Komitees wurden vier in die Nationalversammlung gewählt. Insgesamt schlossen sich drei Paulskirchenabgeordnete dem rechten Zentrum (Casino) an, ein weiterer stand dieser Fraktion nahe, und zwei Abgeordnete traten der gemäßigten Linken (Westendhall) bei. Auch die Landtagswahlen fielen mehrheitlich im gemäßigt liberalen Sinne aus.

Die Ausdifferenzierung verschiedener politischer Richtungen führte besonders im liberal-demokratischen Spektrum zu einer Spaltung. Noch im März 1848 hatten Republikaner wie Georg Böhning und Friedrich Graefe gemeinsam mit den Liberalen um August Hergenhahn im Sicherheitskomitee zusammengearbeitet, auch wenn sie sich in ihren politischen Zielsetzungen unterschieden. Die sozialen Unruhen zu Beginn der Revolutionszeit schürten dann jedoch Ängste im liberalen Bürgertum vor einer weitergehenden „roten“ Revolution und hatten den endgültigen Bruch der konstitutionellen Liberalen mit Demokraten und Republikanern zur Folge. Aus den demokratischen Mitstreitern von einst wurden die neuen politischen Gegner, aus konservativen Gegnern von gestern dagegen häufig neue Verbündete.

Die Wahlen und die Differenzierung der Parteien fanden in einem Klima der Aufregung und Unruhe statt. Kleinere Tumulte und Schmähdemonstrationen gegen mißliebige Personen – sogenannte „Katzenmusiken“ – erforderten wiederholt den Einsatz der Bürgerwehr. Die Wahlen förderten eine breite Politisierung der Bevölkerung. Eine förmliche Gier nach neuesten Nachrichten erwachte, die einen günstigen Nährboden für Gerüchte

35 J. Dollwet, T. Weichel (Bearb.): Das Tagebuch des Friedrich Ludwig Burk. Aufzeichnungen eines Wiesbadener Bürgers und Bauern 1806–1866, Wiesbaden 1993, S. 163.

36 V. Valentin: Geschichte der deutschen Revolution von 1848–1849, Bd. 2, Neudr. Köln/Berlin 1977, S. 407.

37 Ebd.

bot. Die Pressefreiheit eröffnete der politischen Berichterstattung und Meinungsäußerung neue Möglichkeiten, so daß allenthalben neue Zeitungen gegründet wurden. In Nassau, wo es vor der Revolution außer Amts- und Wochenblättern keine Zeitungen gab, entstanden 1848 acht verschiedene politische Zeitungen, von denen allerdings sechs bis zum folgenden Frühjahr wieder eingestellt wurden. Diese Kurzlebigkeit war charakteristisch für die Presse der Revolutionsjahre. Die neuen Zeitungen begünstigten aber die Verbreitung von Gerüchten oft noch. Befürchtungen über einen bevorstehenden Angriff Frankreichs und über angebliche weitverzweigte Verschwörungen der Republikaner wurden auch in nassauischen Regierungskreisen geteilt. Parallel zu der als „Franzosenlärm" bekannt gewordenen Massenhysterie in Baden, bei der Ende März 1848 ganze Landstriche durch Gerüchte über eine angebliche Invasion aus Frankreich in Panik versetzt wurden, breitete sich auch in Wiesbaden eine Kriegsstimmung aus, und eifrige Patrioten verfaßten bereits antifranzösische Kriegsgedichte. Der Ausbruch des badischen Aprilaufstandes unter Führung von Friedrich Hecker und Gustav Struve gab den Befürchtungen neuen Auftrieb. In dieser aufgeregten Stimmung waren Fehlalarme keine Seltenheit. Allein im April 1848 wurde die Bürgerwehr Wiesbadens zweimal mitten in der Nacht zusammengerufen, weil angeblich Republikaner einen allgemeinen Aufstand beginnen oder das Pulvermagazin in die Luft sprengen wollten.[38]

Ausdruck der gesteigerten politischen Anteilnahme der Bevölkerung und der Hoffnungen, die mit den politischen Veränderungen verknüpft wurden, waren die zahlreichen Petitionen, die an Parlamente gerichtet wurden. Aus Nassau wurden mindestens 522 Petitionen an die Frankfurter Nationalversammlung geschickt; hinzu kamen noch die Petitionen an das Vorparlament und an den Fünfzigerausschuß sowie nicht zuletzt an den Landtag in Wiesbaden. Nicht nur politische Forderungen, sondern vor allem auch wirtschaftliche und soziale Fragen bildeten den Gegenstand dieser Petitionen. Zunehmend bemächtigten sich Interessenvertretungen und politische Gruppierungen dieses Mittels und lösten mit Hilfe von vervielfältigten Vordrucken Massenpetitionen aus. Besonders frühzeitig war hierbei der politische Katholizismus aktiv: In Nassau machten die katholischen Massenpetitionen fast ein Viertel aller Petitionen an die Nationalversammlung aus.

38 Vgl. Wettengel, Die Wiesbadener Bürgerwehr 1848/49, S. 44 f.

Abb. 36: August Hergenhahn
Hessisches Hauptstaatsarchiv Wiesbaden, Abt. 3 008.

Das neue Ministerium Hergenhahn leitete ein ganzes Paket von Reformen ein. Die wichtigsten Reformgesetze bildeten die neue Gemeindeordnung vom 12. Dezember 1848[39], durch die der Gemeindeversammlung die entscheidende Rolle bei der Gemeindeverwaltung und die Bürgermeisterwahl übertragen wurden, die Neuregelung der Zehntablösung, die Einführung von Schwurgerichten[40] und eines Strafgesetzbuches.[41] Zu den weiteren Reformen zählten die Trennung von Justiz und Verwaltung auch in der unteren Instanz sowie die Verabschiedung einer neuen Ordnung der öffentlichen Armenpflege und eines neuen Jagdgesetzes. Wenig erfolgreich war allerdings die Einführung einer progressiven Einkommensteuer vom 7. November 1848, denn schon im Februar 1849 sprach sich eine Mehrheit im Landtag für deren Suspendierung aus.[42]

39 Verordnungsblatt des Herzogthums Nassau 1848, S. 227.
40 Verordnungsblatt des Herzogthums Nassau 1849, S. 305.
41 Ebd., S. 169.
42 Verordnungsblatt des Herzogthums Nassau 1848, S. 213; Verhandlungen der Ständeversammlung des Herzogthums Nassau, 1848, Bd. 4, S. 676.

Trotz der unbestreitbaren Leistungen des nassauischen Märzministeriums und des neuen Landtags blieb die erhoffte Konsolidierung der Lage aus, und die wirtschaftliche Lage verschlechterte sich weiter. Im Mai 1848 brachen im benachbarten Mainz Auseinandersetzungen zwischen preußischen Soldaten der Bundesfestung und Bürgern aus. Die Konflikte steigerten sich am 21. Mai 1848 zu regelrechten bewaffneten Kämpfen mit Toten und Verwundeten. Das Festungsgouvernement rief daraufhin den Belagerungszustand aus und setzte unter Androhung einer Bombardierung der Stadt die Ablieferung sämtlicher Waffen der Mainzer Bürgerschaft durch. Diese Ereignisse hatten auch Auswirkungen auf das angrenzende Nassau, denn Mainz kam als Festungsstadt und aufgrund seiner Lage eine strategische Bedeutung zu. In Wiesbaden wurden die Mainzer Ereignisse daher aufmerksam registriert. Besondere Empörung rief die Tatsache hervor, daß Hergenhahn als Berichterstatter einer Untersuchungskommission der Nationalversammlung das Verhalten des Festungsgouvernements rechtfertigte.[43] Im Landtag formierte sich eine linke Opposition gegen den gemäßigten Kurs Hergenhahns, der zunehmend unter Druck geriet und sich seiner Mehrheit nicht mehr sicher sein konnte.

5. *Die Wende: Die Juliunruhen in Wiesbaden*

Die zunehmenden politischen und sozialen Konflikte in Nassau entluden sich zwischen Ende Juni und Mitte Juli 1848 in einer Reihe von Gewalttätigkeiten und Tumulten. Mit dem Eintreffen der Nachrichten über den Juniaufstand in Paris breitete sich im Wiesbadener Bürgertum die Furcht vor sozialen Unruhen aus. Die blutige Niederschlagung der Erhebung durch den französischen Kriegsminister Cavaignac wurde als Triumph der Ordnung über die Anarchie und auch als Handlungsalternative für die heimischen Verhältnisse gedeutet. In der konstitutionell-liberalen Presse Nassaus wurde im Juni/Juli 1848 wiederholt ein hartes Durchgreifen gegen Unruhestifter verlangt. So hieß es in einem Leserbrief Anfang Juli 1848 über die Umtriebe der Republikaner: „*Der in ganz Deutschland und auch in Nassau immer noch die weit überwiegende Mehrheit bildende achtbare Bürgerstand ist der Hetzereien und Wühlereien, wodurch er der letzten Reste seines*

43 Vgl. 7. Sitzung vom 26. 5. 1848, Stenographischer Bericht über die Verhandlungen der deutschen constituirenden Nationalversammlung zu Frankfurt am Main, hg. von F. Wigard, Bd. 1, Frankfurt a. M. 1848, S. 93–97.

Wohlstandes beraubt werden muß, über die Maßen satt, und findet eine auch nur noch kurze Fortdauer dieses Zustandes völlig unerträglich; hierzu kommt, daß die letzten blutigen Pariser Ereignisse auch die blödesten Augen über die Absichten jener Partei [...] geöffnet haben müssen."[44]

In dem Arbeiterverein, der hier am 23. Mai 1848 unter Leitung der Republikaner Graefe, Dietz und Böhning gegründet worden war, manifestierten sich die Ängste des Wiesbadener Bürgertums. Vor allem den Handwerksmeistern der Stadt war dieser Verein, der überwiegend aus Handwerksgesellen bestand, ein Dorn im Auge. Die häufige Teilnahme von Soldaten an den Sitzungen des Arbeitervereins alarmierte die Obrigkeit. Eine Versammlung des Arbeitervereins am 16. Juli 1848, einem Sonntag, bildete schließlich den Anlaß für eine Eskalation der Ereignisse.[45] Auf die Klage anwesender Artilleriesoldaten, daß mehrere ihrer Kameraden wegen Fehlens beim Appell zu drei Wochen verschärftem Arrest verurteilt worden waren, erklärte der Vereinsvorstand, er wolle sich für die Inhaftierten einsetzen. Als Delegation des Arbeitervereins begaben sich Graefe, Dietz und Böhning umgehend zu dem Kommandanten der Artillerie, Oberst von Hadeln. Die Besprechung verlief in eisiger Atmosphäre. Böhning bezeichnete dabei die strenge Bestrafung der Soldaten als ein Werk der „*Reaction*" und ließ sich zu der Bemerkung hinreißen, daß die versammelte Menge sehr aufgeregt sei und daher für Ruhe und Ordnung nicht garantiert werden könne, wenn die Kanoniere nicht freikämen. Dies faßte der Oberst als Drohung auf, die er umgehend meldete. In einer Beratung, an der auch der Bürgerwehrkommandant Goedecke[46] teilnahm, wurde beschlossen, den Generalmarsch für die Bürgerwehr schlagen zu lassen und die drei Abgesandten des Arbeitervereins zu verhaften.

Inzwischen waren die Delegierten zum Versammlungslokal zurückgekehrt. Ob die Versammlungsteilnehmer daraufhin zu einem Demonstrationszug in die Stadt zogen oder erst aufgrund des Generalmarsches der Bürgerwehr zu ihren Sammelplätzen gerufen wurden, ist nicht restlos geklärt. Jedenfalls fanden sich die Bürgerwehrmänner, darunter auch Mit-

44 NAZ 93/5. 7. 1848.

45 Zum Verlauf der Juliereignisse in Wiesbaden vgl. Wettengel, Die Wiesbadener Bürgerwehr 1848/49, S. 49 ff.

46 Wilhelm Goedecke, Diez 15. 7. 1796 – Eichberg 15. 10. 1853; 1813 Kadett, 1814 Leutnant, militärische Auszeichnung für seinen Einsatz bei der Schlacht von Waterloo, 1832 herzoglich-nassauischer Hauptmann, 1848/49 Teilnahme an den Feldzügen in Baden und in Schleswig-Holstein, seit dem 3. 8. 1848 Major, 20. März bis Juli 1848 Kommandant der Wiesbadener Bürgerwehr, am 11. 11. 1850 wegen Erblindung pensioniert, vgl. Wacker, Das herzoglich-nassauische Militär 1813–1866.

glieder des Arbeitervereins, gegen 21.00 Uhr vorschriftsmäßig an ihren Sammelplätzen ein. Oswald Dietz, einer der Delegierten des Arbeitervereins, war Hauptmann der ersten Kompanie. Als Oberst Goedecke ihn verhaften wollte, rief dieser angeblich aus: „*Soll ich vor meiner Compagnie arretirt werden?*“[47] Die Bürgerwehrmänner der ersten Kompanie waren empört, und Rufe wie „*wir geben unseren Hauptmann nicht her*“ erschollen.[48] Auch die zweite und die dritte Kompanie befolgten den Verhaftungsbefehl des Kommandanten nicht. Als Goedecke nun versuchte, mit Hilfe anderer Bürgerwehreinheiten die drei ersten Kompanien zu entwaffnen, kam es zu tumultuarischen Szenen. Mehrere Wehrmänner luden ihre Waffen und richteten sie gegen den Kommandanten und die ihn begleitenden Kompanien. Nur mit Glück und durch das Einschreiten Wiesbadener Bürger konnte ein Schußwechsel verhindert werden. Goedecke verzichtete auf sein Vorhaben und Dietz versprach seinerseits, sich dem Gericht zum Verhör stellen zu wollen.

Als sich Dietz und Graefe am Morgen des 17. Juli beim Kriminalgericht einfanden, wurden sie inhaftiert. Böhning zog es dagegen vor, zu fliehen. An die ersten drei Kompanien erging die Aufforderung, ihre Waffen abzuliefern; doch nur wenige Gewehre wurden abgegeben. Auch Verlängerungen der Abgabefrist halfen nichts. Stattdessen befreite eine Menschenmenge einen Anhänger des Arbeitervereins, der bei dem Versuch gefangengenommen worden war, die Bauern der Umgebung zu einem bewaffneten Zug nach Wiesbaden zu überreden. Eine andere Menge von Demonstranten versammelte sich gegen Abend vor dem Kriminalgerichtsgebäude und schlug mit Äxten und Pickeln die Tür ein. Aus Furcht vor der Übermacht gaben die Wachleute Dietz und Graefe frei. Im Triumphzug führte die Menge die Befreiten durch die Stadt und sammelte sich schließlich vor dem Ministerialgebäude, wo dem Ministerpräsidenten Hergenhahn Schmähungen und Beleidigungen dargebracht wurden. Als daraufhin zwei Kompanien nassauisches Linienmilitär aufmarschierten, zogen sich die Protestierenden widerstandslos zurück.

Eigentlich wäre dies nun die Stunde der Aufständischen gewesen, der „*Triumph- und Siegestag der Widerspenstigen.*“[49] Dennoch blieb es den ganzen Abend und die Nacht über ruhig. Die These eines planmäßigen Aufstandes kann alles in allem nicht aufrechterhalten werden. Weder wurden

47 HHStAW 293/1347, Untersuchungsbericht vom 13. 2.1849.
48 StadtAW A XII b–9, Eingabe von Gläser.
49 Riehl, Nassauische Chronik, S. 71.

die gefangenen Artilleriesoldaten im Zuge der Unruhen befreit, noch nach der Demonstration vor dem Ministerialgebäude zielgerichtet im Umland um bewaffnete Unterstützung geworben. Stattdessen feierten die Aufrührer in der Gaststätte Hahn im Nerotal feuchtfröhlich ihren Sieg. Die Zahl der an den Unruhen beteiligten Personen dürfte eher klein gewesen sein, vermutlich waren es wenige hundert Menschen. Eine ernsthafte Gefahr für die Regierung stellten sie nicht dar, denn das in Wiesbaden stationierte Militär besaß eine Präsenzstärke von etwa 500 Mann, die Offiziere nicht eingerechnet. Dennoch entschied sich Hergenhahn dafür, Bundestruppen aus der Bundesfestung in Mainz anzufordern.[50] Im Morgengrauen des 18. Juli besetzten daraufhin 2 000 österreichische und preußische Soldaten Wiesbaden. Das Militärkontingent war auf Straßenkämpfe und Heckenschützen gefaßt, fand jedoch eine friedliche Stadt vor und traf auf keinerlei Gegenwehr. Artillerie und Kavallerie konnten schon am folgenden Tag wieder nach Mainz zurückkehren; die Infanterie blieb noch bis zum 23. Juli. Die „Revolutionäre" wurden von der Besetzung der Stadt durch Bundestruppen völlig überrascht und flüchteten oder versuchten sich zu verbergen. Die gesamte Bürgerwehr wurde entwaffnet und „reorganisiert". Dabei wurden untauglich oder politisch unzuverlässig erscheinende Personen aus der Bürgerwehr ausgeschlossen und die Kompanien teilweise neu zusammengesetzt. Die Reorganisationsmaßnahmen wurden auch dazu benutzt, die sich in Wiesbaden formierende demokratische Opposition systematisch zu schwächen. So bildete der Ausschluß aus der Bürgerwehr ein beliebtes Instrument, um Oppositionelle zu diskriminieren. Der prominenteste Fall war der Ausschluß des Buchhändlers und populären Demokraten Heinrich Fischer aus der Bürgerwehr, obgleich dieser nicht an den Juliunruhen beteiligt war. Kaum ein halbes Jahr später, am 11. Januar 1849, gewann derselbe Heinrich Fischer die Wahl zum Bürgermeister von Wiesbaden und war damit der erste frei gewählte Bürgermeister dieser Stadt.

Die „Aufrührer" entsprachen nicht dem Klischee von Abenteurern und verkommenen Subjekten. Die Anführer – Böhning, Dietz, Graefe und der Architekt Gustav Werren – gehörten zum Wiesbadener Bürgertum. Die im Zuge der Gerichtsuntersuchungen verurteilten Teilnehmer an den Unruhen waren überwiegend jüngeren, wenn auch nicht jugendlichen Alters. Die große Mehrheit der Verurteilten hatte einen handwerklichen Beruf oder ging einem ordentlichen Gewerbe nach; sie waren kleine Gewerbe-

50 Vgl. Bundesarchiv Außenstelle Frankfurt (BAF) DB 56/65.

treibende, Handwerker und Arbeiter. Die meisten waren den unteren bis mittleren Sozialgruppen zuzuordnen; etwa ein Drittel besaß sogar ein gewisses Vermögen oder stammte aus guten Verhältnissen. Auffällig war, daß die „rebellischen" Kompanien durchweg der ersten Altersklasse der 17 bis 30jährigen angehörten. Offenbar neigten jüngere Männer eher zur Teilnahme an Protesten. Berücksichtigt werden muß ferner, daß die jüngeren Männer im handwerklich-gewerblichen Bereich in der Regel zu den Handwerksgesellen gehörten, während in den älteren Altersstufen eher auch Meister zu finden waren.

Für die Requirierung von Bundestruppen bestand offenbar keine wirkliche Notwendigkeit. Die Behauptung in der „Offiziellen Darstellung", ein Einschreiten des nassauischen Linienmilitärs in der Stadt hätte die Gefahr eines Blutvergießens mit sich gebracht,[51] mag angesichts des Verlaufs der Ereignisse vor dem Ministerialgebäude am 17. Juli bezweifelt werden. Immerhin schätzte Hergenhahn die Lage als so kritisch doch nicht ein, daß er einen Einmarsch der Bundestruppen, der noch in den späten Abendstunden des 17. Juli möglich gewesen wäre, für erforderlich gehalten hätte.[52] Bei der Truppenrequirierung dürfte es Hergenhahn dagegen vor allem auch um eine innenpolitische Machtdemonstration und eine Stabilisierung der Regierung gegangen sein. Tatsächlich ging das Ministerium aus dem parlamentarischen Nachspiel der Juliereignisse gestärkt hervor, denn vom nassauischen Landtag erhielt Hergenhahn am 18. Juli ein überwältigendes Vertrauensvotum.

Mit der Anforderung von Truppen leistete das nassauische Märzministerium jedoch den konterrevolutionären Kräften Vorschub und schwächte letztlich auch die eigene Position. Die Einheit des Wiesbadener Bürgertums hatte unübersehbare Risse erhalten, die Bürgerwehr und ihre Führung hatten auf der ganzen Linie versagt. Dies führte zu einem Wiedererstarken des Militärs; so hieß es in dem Bericht des Festungsgouvernements von Mainz vom 19. Juli 1848 über die Truppenentsendung nach Wiesbaden: *„Dergleichen Expeditionen scheinen für die Truppen in jeder Beziehung vortheilhaft zu sein; [...] auch dürfte es in moralischer Beziehung sehr nützlich sein, wenn die Mainzer Garnison recht oft dazu gebraucht wird, die Ordnung in der Umgegend wiederherzustellen."*[53] Dies bedeutete letztlich eine Machtverschiebung, die auch zu Lasten der regierenden gemäßigten Liberalen ging

51 Vgl. BAF DB 54/57, fol. 22.
52 Vgl. BAF DB 56/65, Bericht vom 18. 7. 1848.
53 BAF DB 56/65.

und deren Handlungsspielräume einengte. Die Ereignisse reihten sich in die europäische Revolutionswende des Sommers 1848 ein, die schließlich zum Scheitern der Versuche zur Umgestaltung der politischen Verhältnisse führte. Von nun an war in Nassau die Revolution auf dem Rückzug, und es galt, die Märzerrungenschaften zu verteidigen.

6. *Politische Vereine und „Parteien"*

„Ich denke und hoffe, wir werden nicht nöthig haben, Parteien zu bilden" formulierte der Dillenburger Abgeordnete Carl Schenck am 26. Mai 1848 als Präsident des nassauischen Landtages.[54] Außerhalb des Landtages war die Parteibildung jedoch schon in vollem Gange. Kulminationspunkte des politischen Lebens vor Ort waren in der Revolutionszeit die politischen Vereine. Sie entstanden bereits unmittelbar nach Ausbruch der Revolution aus Versammlungen, Wahlkomitees, informellen Zirkeln oder aus bereits bestehenden Vereinen. Die politischen Vereine veranstalteten Volksversammlungen, verfaßten Petitionen, leisteten politische Bildungsarbeit, stellten Kandidaten für die Wahlen zu Volksvertretungen und kommunalen Körperschaften auf, organisierten den Wahlkampf und betrieben Öffentlichkeitsarbeit. Nach politischen Richtungen getrennt, formierten sich die Vereine zu Bezirks- und Landesverbänden oder sogar zu Vereinszusammenschlüssen auf nationaler Ebene, die unter der Leitung eines Vereinsvorortes oder eines bestimmten Gremiums standen. Gemeinsam organisierten sie den Wahlkampf für „ihre" Kandidaten.[55] Durch die institutionelle Verfestigung der Verbindungen zwischen Fraktionen und Vereinen bildeten sich Frühformen politischer Parteien heraus. Ein System politischer Vereinsorganisationen entstand, bestehend aus der Arbeiterbewegung, die sich im wesentlichen außerhalb der Parlamente formierte, den Demokraten, den konstitutionellen Liberalen und dem politischen Katholizismus. Der Konservatismus konnte dagegen in Nassau keine eigenständige Vereinsorganisation entwickeln.

54 Verhandlungen der Ständeversammlung des Herzogthums Nassau, 1848, Bd. 1, S. 42.

55 Vgl. als Überblick über das politische Vereinswesen in der Revolutionszeit neuerdings M. Wettengel: Parteibildung in Deutschland. Das politische Vereinswesen in der Revolution von 1848, in: D. Dowe, H.-G. Haupt, D. Langewiesche (Hg.): Europa 1848. Revolution und Reform, Bonn 1998, S. 701–738.

Den Anfang machte in Nassau der politische Katholizismus mit der Gründung des „Centralvereins für religiöse Freiheit" in Limburg im März 1848.[56] Nach diesen frühen Anfängen ließ die Aktivität der katholischen Vereine, meist „Piusvereine" genannt, jedoch wieder nach, und der Versuch, mit dem „Nassauischen Zuschauer" am 1. Juli 1848 ein Sprachrohr des politischen Katholizismus in Nassau zu schaffen, mußte Anfang 1849 wieder aufgegeben werden. Erst durch den ersten Katholikentag, der auf Initiative des Mainzer Piusvereins vom 3. bis 5. Oktober 1848 als Versammlung der katholischen Vereine in Mainz stattfand, kam es zu einer Neubelebung des katholischen Vereinswesens auch in Nassau. Die Piusvereine schlossen sich auf nationaler Ebene zum „Katholischen Verein Deutschlands" zusammen, dessen Vorort turnusmäßig wechselte. Auch Delegierte der Vereine in Limburg, Rüdesheim und Camberg nahmen am ersten Katholikentag teil.

Abb. 37: Moritz Lieber, Legationsrat
Hessisches Hauptstaatsarchiv Wiesbaden, Abt. 3 008 Nr. 664

56 Vgl. zum katholischen Vereinswesen im Herzogtum Nassau W. Schüler: Die katholische Partei im Herzogtum Nassau während der Revolution von 1848, in: Archiv für mittelrheinische Kirchengeschichte 34 (1982), S. 121–142.

Am 11./16. Februar 1849 schlossen sich die nassauischen Piusvereine in Hadamar zu einem engeren Verband zusammen. Mit insgesamt etwa 25 Vereinen stellte das katholische Vereinswesen 1849 die zweitstärkste politische Kraft im Herzogtum Nassau dar.

Die katholischen Vereine bildeten einen Sonderfall innerhalb des politischen Vereinswesens der Revolutionsjahre, da sie sich im wesentlichen auf das Verhältnis zwischen Kirche und Staat konzentrierten. Dabei war die von den Piusvereinen geforderte religiöse Freiheit als korporative Eigengesetzlichkeit und Unabhängigkeit der Kirche vom Staat zu verstehen. Inwieweit die Piusvereine überhaupt politische Vereine sein sollten, war auch unter diesen umstritten. Wie die anderen politischen Vereine beteiligten sich aber auch die Piusvereine in der Revolutionszeit an Wahlkämpfen und politischen Auseinandersetzungen, unterstützten ihre Kandidaten bei den Wahlen und unterhielten Verbindungen zu „ihren" Abgeordneten und Politikern. Die katholischen Vereine besaßen ein besonders weites soziales Spektrum; sie vermochten gerade auch ländliche Bevölkerungsschichten für sich zu gewinnen. Zwar arbeiteten die nassauischen katholischen Vereine in der Frage der Staatsform mit den konstitutionellen Liberalen zusammen, doch zeigten sich andererseits auch grundlegende Differenzen, da die Piusvereine Konfessionsschulen forderten und einen preußischen Erbkaiser ablehnten. In Nassau stand das katholische Vereinswesen unter dem Einfluß des antiliberalen und ultrakonservativen Legationsrates Moritz Lieber, der ein enger Berater des Limburger Bischofs Peter Blum und einer der bedeutendsten Persönlichkeiten des politischen Katholizismus war.[57] Bei dem Vereinstag in Hadamar am 5. Juni 1849 sprach er die Überzeugung aus, *„daß der wahre Christ unter jeder Verfassung zugleich*

57 Moritz Lieber, 1. 10. 1790 Blankenheim – 29. 12. 1860 Camberg, Advokat und Teehändler, Schwiegersohn von Professor Carl Joseph Hieronymus Windischmann, Vater des Reichstagsabgeordneten Ernst L.; nach dem Jurastudium 1807 Amtsakzessist in Hammerstein; seit 1812 Regierungsadvokat in Ehrenbreitstein, 1824 Advokat in Camberg; 1831 Ernennung zum nassauischen Legationsrat; 1835 Verleihung des Gregorius-Ordens durch Papst Leo XII., 1836 Ehrendoktorwürde der Universität Bonn; als juristischer Berater Herzog Wilhelms bekämpfte er 1832 die liberale Kammeropposition in Nassau; Verbindungen zu Fürst Metternich; Mitarbeiter der „Allgemeinen Münchener Zeitung", des „Berliner Politischen Wochenblattes" und des „Österreichischen Beobachters"; Verfasser der Denkschrift der Würzburger Bischofskonferenz vom Nov. 1848; Gründer und Vorsitzender des Camberger Piusvereins, 1849 und 1857 Präsident der Deutschen Katholikentage in Breslau und Salzburg; 1858–1860 Abgeordneter der ersten Kammer des nassauischen Landtages. Vgl. C. Rösner (Bearb.): Nassauische Parlamentarier. Ein biographisches Handbuch, Teil 1: Der Landtag des Herzogtums Nassau 1818–1866, Wiesbaden 1997, S. 103–104.

Abb. 38: Karl Braun
Rudolf Vaupel (Hg.), Nassauische Lebensbilder, Bd. 1 (Wiesbaden 1940), vor S. 153

auch der treueste Staatsbürger seyn wird. [...] Dem unchristlichen Geiste der systematischen Auflehnung und des Hasses jeder Autorität, der jede Regierung unmöglich zu machen sucht, müssen wir allerwege entgegen zu wirken uns angelegen seyn lassen."[58] Die nassauischen Vereine hatten daher eine scheinbar unpolitische, tatsächlich aber konservative Ausrichtung; sie vertraten auf religiösem Gebiet einen strengkirchlichen „Ultramontanismus". Zu den eher liberalen und sozialpolitisch aktiven katholischen Vereinen der benachbarten preußischen Rheinprovinz war das Verhältnis gespannt. Der Wiesbadener Verein forderte im Juli 1849 sogar, daß der Piusverein in Trier aus dem Katholischen Verein Deutschlands ausgeschlossen werden solle.

Nach dem Scheitern des „*Comités der republikanischen Gesellschaft*" gründeten die führenden Wiesbadener Republikaner am 23. Mai 1848 einen Arbeiterverein in Wiesbaden, der Beziehungen zu den benachbarten Arbeitervereinen in Mainz und Frankfurt unterhielt. Mit zeitweilig mehr als

58 HHStAW 1172/52.

300 Mitgliedern, die sich hauptsächlich aus Handwerksgesellen zusammensetzten, war dies einer der größten politischen Vereine des Herzogtums. Die Vereinssitzungen dienten vor allem der Vermittlung politischer Bildung, so daß sich der Verein schon bald auch „Arbeiterbildungsverein" nannte. Nachdem der Verein 1849 aufhörte zu bestehen, wurde er im April 1850 als Arbeiterbildungsverein wiedergegründet. Von Anfang an gehörten Angehörige des Bundes der Kommunisten zu seinen Mitgliedern, doch offenbar gewannen sozialistische und kommunistische Anschauungen erst unter dem Einfluß von Carl Schapper stärkere Verbreitung.[59] Neben dem Wiesbadener Verein gab es noch in Höchst einen Arbeiterverein, der auf Initiative von Mitgliedern des Frankfurter Arbeitervereins geründet wurde. Beide nassauischen Vereine schlossen sich der Arbeiterverbrüderung Stephan Borns an.

Die organisierte Arbeiterbewegung befand sich zu Beginn der Revolutionszeit noch in ihren Anfängen, und erst allmählich zeichneten sich programmatische Profile und organisatorische Strukturen ab, die aber noch heterogen und uneinheitlich waren. In der Revolutionszeit waren die nassauischen Arbeitervereine eng mit der demokratischen Bewegung verbunden. Es bestand hier eine Art Arbeitsteilung. Demokratische Vereinspolitiker wirkten häufig als Initiatoren, Vorstandsmitglieder und Lehrer in den Arbeitervereinen mit. Charakteristisch war auch die Teilnahme beider nassauischer Arbeitervereine am ersten Demokratenkongreß, und an dem Wiesbadener „Demokratischen Centralcomité" war auch der Ar-

---

59 Karl Schapper, 30. 12. 1812 Weinbach bei Weilburg – 29. 4. 1870 London; Sohn des Pfarrers Carl Conrad Christoph S.; 1831 forstwissenschaftliches Studium in Gießen, Burschenschafter, 1833 Verhaftung wegen Verbindungen zu den Frankfurter Wachenstürmern, 1834 Flucht in die Schweiz, danach über Paris nach London, wo er zu den Gründern des „Deutschen Bildungsvereins für Arbeiter" gehörte; 1847 Mitglied des Bundes der Kommunisten; 1848 Mitunterzeichner des Kommunistischen Manifests; Teilnahme am ersten Demokratenkongreß für den Wiesbadener Arbeiterverein im Juni 1848; Mitglied und zeitweiliger Präsident des Kölner Arbeitervereins; Redakteur der „Neuen Rheinischen Zeitung"; Delegierter auf dem Idsteiner Kongreß; am 13. 6. 1849 verhaftet, im Febr. 1850 jedoch freigesprochen; danach Sprachlehrer in Wiesbaden; Vorsitzender des neugegründeten Arbeiterbildungsvereins in Wiesbaden; Juni 1850 Ausweisung aus dem Herzogtum Nassau; Emigration nach London. Zu Schapper vgl. A. M. Kuhnigk: Karl Schapper, ein Vater der europäischen Arbeiterbewegung, Camberg, 2. Aufl. 1980. Vgl. zur frühen nassauischen Arbeiterbewegung Wettengel, Revolution im Rhein-Main-Raum, S. 121 ff.; E. G. Franz: Die hessischen Arbeitervereine im Rahmen der politischen Arbeiterbewegung der Jahre 1848–50, in: Archiv für hessische Geschichte und Altertumskunde, N.F. Bd. 33 (1975), S. 167–262; W.-H. Struck: Die Anfänge der Arbeiterbewegung in Wiesbaden 1848–1851, in: Geschichtliche Landeskunde, Bd. 5, Teil II, Festschrift für L. Petry, Wiesbaden 1968, S. 287–321.

beiterverein beteiligt. Gegenseitige Unterstützung bei Aktionen und feste Zusammenarbeit in Verbänden waren üblich. Eine eigene parlamentarische Vertretung besaß die frühe Arbeiterbewegung nicht; ihre Mitglieder sahen in den Abgeordneten der demokratischen Linken ihre Repräsentanten. Allerdings bildeten die Arbeitervereine aufgrund ihrer sozialen Forderungen und ihrer stärker republikanischen und sozialistischen Sympathien meist ein radikales Element innerhalb der demokratischen „Partei".

Zu demokratischen Vereinsgründungen kam es in Nassau vergleichsweise spät. Der Grund dafür lag vermutlich im frühen Auftreten der Republikaner, das die eher gemäßigten nassauischen Demokraten schreckte. Zwar teilten sie mit den Republikanern ein demokratisches und plebiszitäres Verständnis von Volkssouveränität. Während aber diese die republikanische Staatsform nötigenfalls mit Gewalt durchsetzen wollten und zur Lösung der sozialen Frage vergleichsweise weitgehende Forderungen erhoben, waren die gemäßigten Demokraten bereit, einen „schwachen" Monarchen bei parlamentarischer Regierungsbildung zu akzeptieren. Beim ersten Demokratenkongreß, der im Juni 1848 in Frankfurt stattfand, bot das nassauische demokratische Vereinswesen noch ein schwaches Bild. Erst am 12. Juli 1848 wurde unter Leitung von Karl Braun[60], Louis Krempel und Heinrich Fischer ein „Demokratischer Verein" gegründet, dessen Organ

60 Karl Braun, 20. 3. 1822 Hadamar – 14. 7. 1893 Freiburg, nach dem Gymnasium in Weilburg 1840–1843 Studium der klassischen Philologie, dann der Rechtswissenschaften an den Universitäten Marburg und Göttingen; seit 1843 Amtsakzessist, 1849–1855 Prokurator am Hof- und Appellationsgericht in Dillenburg, 1855–1867 in Wiesbaden, 1856 Promotion zum Dr. jur. in Gießen; 1867–1869 Rechtsanwalt am Oberappellationsgericht in Berlin, seit 1869 am Obertribunal in Berlin, seit 1880 am Reichsgericht in Leipzig. 1843–1847 Mitarbeiter des „Siegener Bürgerblatts für Stadt und Land" und der Koblenzer „Rhein-Mosel-Zeitung"; 1848 Redakteur der „Nassauischen Zeitung" in Wiesbaden und Gründungsmitglied des dortigen Demokratischen Vereins; Versetzung nach St. Goarshausen, dort Gründung eines Demokratischen Vereins; 1850 Vorsitzender des Vereins zur Wahrung der Volksrechte in Dillenburg. Als Anwalt verteidigte er in der Reaktionsära politische Gesinnungsfreunde. Seit 1859 Mitglied im Nationalverein, Mitherausgeber der „Rhein-Lahn-Zeitung" und 1859 Vorsitzender des Volkswirtschaftlichen Kongresses, 1863 Mitbegründer der nassauischen Fortschrittspartei. Mitglied des nassauischen Landtages 1849–1851 (Club der Linken), der Zweiten Kammer 1852–1866 (Nassauische Fortschrittspartei), 1859–1863 Präsident der Zweiten Kammer; 1867–1870 Mitglied des Preußischen Abgeordnetenhauses (Nationalliberale Partei), 1867–1871 des Norddeutschen Reichstages und 1871–1887 des Reichstages (Nationalliberale Partei, Liberale Vereinigung, Deutsche Freisinnige Partei); vgl. C. Rösner (Bearb.), Nassauische Parlamentarier, S. 21–23; W. Seelig: Von Nassau zum Deutschen Reich. Die ideologische und politische Entwicklung von Karl Braun 1822–1871, Wiesbaden 1980; B.-R. Kern: Studien zur politischen Entwicklung des nassauischen Liberalen Karl Braun, in: Nassauische Annalen 94 (1983), S. 185–201.

die „Freie Zeitung“ war. Dieser Verein, der sich später „Verein zur Wahrung der Volksrechte“ nannte, unterstützte die sich herausbildende linke Landtagsopposition gegen den Kurs der Regierung Hergenhahn. Als Stein des Anstoßes erwies sich die Frage des Verhältnisses zwischen Regierung und Parlament, und konkret, ob die Regierung das Recht hatte, ein vom Landtag verabschiedetes Gesetz durch ein Veto aufzuschieben. Erneut zeigte es sich, daß die Bedeutung der Märzereignisse sehr unterschiedlich beurteilt wurde. Letztlich ging es dabei um die Machtfrage, ob sich Nassau nach dem März 1848 noch auf dem Boden der alten Verfassung von 1814 *„oder auf dem Boden der Revolution“* befand, wie es der linke Abgeordnete Friedrich Lang am 6. Juli 1848 im Landtag formulierte.[61]

Trotz massiver Gegenmaßnahmen der Regierung, die auch vor persönlichen Repressalien nicht zurückschreckte, breitete sich das demokratische Vereinswesen rasch aus. Am 12. November 1848 wurde in Kirberg der nassauische demokratische Bund gegründet, dem unter der Leitung des Wiesbadener Vereins bis März 1849 bereits etwa 50 Vereine angehörten. Im Sommer 1849 stellte das demokratische Vereinswesen mit fast 70 Vereinsstandorten die stärkste außerparlamentarische Organisation der Revolutionszeit in Nassau dar. Ausdruck dieses wachsenden Rückhalts in der Bevölkerung waren der Erfolg Heinrich Fischers bei der Bürgermeisterwahl in Wiesbaden und die Siege von Kandidaten demokratischer Vereine bei Nachwahlen zum Landtag. Mit der Ausdifferenzierung verschiedener politischer Richtungen erforderten solche Wahlsiege zunehmend die Unterstützung durch politische Vereine und die regionale Presse. Auf diese Weise wurden die Bindungen zwischen den Vereinen „vor Ort“ und den Abgeordneten im Landtag verstärkt, die sich ihrerseits in Fraktionen zusammenschlossen. Den Anfang machten die linken Abgeordneten im nas-

61 Verhandlungen der Ständeversammlung des Herzogthums Nassau, 1848, Bd. 1, S. 486. Friedrich Lang, 14. 7. 1822 Langenschwalbach – 22. 11. 1866 Wiesbaden, Sohn des Gastwirts und liberalen Abgeordneten Friedrich L.; nach dem Besuch des Gymnasiums in Weilburg 1840–1843 Studium der Rechtswissenschaften an den Universitäten Marburg und Göttingen; 1844–1846 Praktikant in der Kanzlei Hergenhahns, 1846–1848 Amtsprokurator in Langenschwalbach, danach in Wiesbaden; 1848 Mitglied des Vorparlaments; führender Kopf des „Bundes demokratischer Vereine Nassaus“; 1849 Mitglied des „Landesausschusses“ auf dem Idsteiner Kongreß; 1858 Promotion zum Dr. jur in Gießen; 1859 Hofgerichtsprokurator in Wiesbaden; 1859 Angehöriger der liberalen „Sternkammer“, die die „Erklärung der Nassauer“ verfaßte; seit 1860 Mitglied des Ausschusses des Deutschen Nationalvereins; 1863 Mitbegründer der nassauischen Fortschrittspartei. Mitglied des nassauischen Landtages 1848–1851 (Club der Linken), der Ersten Kammer 1858–1860; der Zweiten Kammer 1861–1866 (Nassauische Fortschrittspartei); vgl. Rösner (Bearb.), Nassauische Parlamentarier, S. 99–100.

Abb. 39: Friedrich Lang
Museum Wiesbaden, Sammlung Nassauischer Altertümer

sauischen Landtag, die sich am 25. Januar 1849 zum „Club der Linken" zusammenschlossen und in einem gemeinsamen Programm den Landtag zur verfassunggebenden Versammlung erklärten und die Grundrechte der Frankfurter Nationalversammlung als das *„geringste Maß von Recht und Freiheit des Volkes"* einforderten.[62] Der Club der Linken arbeitete mit dem nassauischen demokratischen Bund eng zusammen. Der Wiesbadener Vorort schloß sich im Dezember 1848 dem Centralmärzverein, einem gemäßigt demokratischen Vereinsverband auf nationaler Ebene an, dessen Zentrale aus Abgeordneten von linken Fraktionen der Nationalversammlung in Frankfurt bestand. Dem Wiesbadener Beispiel folgten die meisten demokratischen Vereine. Der Centralmärzverein stellte die am weitesten entwickelte Parteiorganisation der Revolutionszeit dar,[63] so daß die nas-

62 Rösner (Bearb.), Nassauische Parlamentarier, S. XX.

63 Vgl. M. Wettengel: Der Centralmärzverein und die Entstehung des deutschen Parteiwesens während der Revolution von 1848/49, in: Jahrbuch zur Liberalismus-Forschung 3 (1991), S. 34–81.

sauischen Demokraten in eine demokratische Partei auf nationaler Ebene eingebunden waren.

Die Ursache für die Ausbreitung des demokratischen Vereinswesens bildeten ihre Erfolge auf dem Lande. Die Mehrheit der demokratischen Vereine Nassaus befand sich in Dörfern und Kleinstädten mit weniger als 1 500 Einwohnern. Der erste demokratische Verein auf dem Lande war der „Bürgerverein an der unteren Weil", der unter Leitung des evangelischen Pfarrers Friedrich Snell[64] in einer Mühle bei Winden seit Mitte Juli 1848 seine Sitzungen abhielt, an denen bis zu 2 000 Personen aus einem Umkreis von 15 Kilometern teilnahmen. Ein Regierungsbericht hob hervor, daß dieser Verein *„wohl unter allen Vereinen des Herzogthums den meisten Einfluß auf das Volksleben"* hatte.[65] Auf der Tagesordnung der Vereinssitzungen standen überwiegend aktuelle politische Themen, die Grundrechte sowie Fragen des liberalen Rechtsstaats. Das Ziel des Vereins war es, *„sich über die Rechte des Volkes zu verständigen und dieselben durch alle gesetzlichen Mittel zu wahren."*[66] Spöttischen Bemerkungen, wieso denn Bauern einen Bürgerverein bildeten, entgegnete man selbstbewußt, daß es sich hier nicht um Bürger einer Stadt, sondern um Staatsbürger handele. Die demokratischen Vereine brachten die „große Politik" in die kleinräumigen ländlichen Lebenswelten. Allerdings waren diese ländlichen Vereine abhängig von gebildeten bürgerlichen Führungspersönlichkeiten, meist Lehrern oder Pfarrern. Ein hessischer Polizeibeamter resümierte daher: *„Die unter den Landleuten gegründeten demokratischen Vereine sind leicht unschädlich zu machen."*[67]

Auch viele Frauen verfolgten aufmerksam die politischen Ereignisse, und oft wurden sie bei Versammlungen demokratischer Vereine als Zuhörerinnen zugelassen. In demokratischen Frauenvereinen, wie sie in Wies-

---

64 Friedrich Snell, 23. 8. 1813 Kronberg i. Ts. – 10. 9. 1878 Reichelsheim/Wetterau; Sohn des Pfarrers Johann Friedrich S.; Neffe der Gründer der Teutschen Gesellschaften von 1814, Ludwig und Wilhelm S.; Theologiestudium in Bonn und am Seminar in Herborn; 1835–38 Lehrer in Diez; 1839 Vikar; seit 1846 Pfarrer in Langenbach/Ts.; 1848 Gründer und Vorsitzender des Bürgervereins an der unteren Weil, 1849 Vorstandsmitglied des Vereins zur Wahrung der Volksrechte in Wiesbaden; Mitglied des nassauischen Landtags (Club der Linken) 1849–1851; Mitglied des „Landesausschusses" auf dem Idsteiner Kongreß; seit Juli 1849 kirchliches Disziplinarverfahren wegen seiner politischen Aktivitäten und vorübergehende Amtsenthebung; 1856–64 Pfarrer in Hohenstein, 1864–78 in Reichelsheim; vgl. Rösner, Nassauische Parlamentarier, S. 172 f.

65 HHStAW 210/7 458.

66 FZ 158/15. 8. 1848.

67 L. Nover: Promemoria über die politisch-revolutionären Verbindungen in den Jahren 1816 bis 1852, Hessisches Staatsarchiv Darmstadt, Abt. C1, Nr. 189/10, Bl. 380.

baden, Diez und Freiendiez entstanden, beschäftigten sich Frauen mit politischen Fragen und unterstützten gefangene Demokraten oder deren Familien. Sie leisteten damit einen wichtigen Beitrag für die demokratische Sache. Die Mitglieder demokratischer Frauenvereine waren häufig mit demokratischen Männern verwandt oder verheiratet. Konservativere Zeitgenossen waren durch öffentliche Stellungnahmen von Frauen zu politischen Fragen irritiert. So hieß es aus dem Nassauischen: *„Aber auch selbst das Weib und die Jungfrau, wie haben sie die Märzereignisse umgewandelt! Die stillen, friedlichen Beschäftigungen sind hie und da gewichen, und die großen Zeitungen müssen gelesen werden, was auch Küche und Keller dazu sagen mögen, sie ereifern sich über die Tageshelden und man hört nicht selten Redensarten, die einem Robespierre keine Schande machen würden.“*[68] Es bleibt allerdings festzuhalten, daß sich auch Frauen im katholischen und im liberalen Spektrum zu Vereinen zusammenschlossen. Allerdings standen hier noch stärker karitative Zielsetzungen im Vordergrund, oder, bei einem Frauenverein in Wiesbaden, der Absatz einheimischer Produkte. Auch die Fahnenweihen der Bürgerwehren wiesen Frauen eine aktive öffentliche Rolle bei der Fertigung und Übergabe der Fahnen zu; das war in dieser Form neu und bemerkenswert.[69] Insgesamt bot die demokratische Bewegung weiblichem Engagement jedoch bereits größere Entfaltungsmöglichkeiten. Mit der Revolution von 1848/49 begannen Frauen ihren Aufbruch in die männliche politische Öffentlichkeit.[70]

Das demokratische Vereinswesen war sozial integrativ und besaß ein breites soziales Spektrum. Der Kern der demokratischen Vereinsmitglieder entstammte jedoch kleingewerblichen und handwerklichen Schichten, und in der Vereinsführung fanden sich vor allem jüngere Beamte, Angehörige bildungsbürgerlicher Berufe und Gastwirte. Die demokratischen Vereine waren eingebunden in ein Netzwerk demokratisch orientierter Organisationen, wie Lesevereine, Unterstützungskassen, Arbeitervereine, Frauenvereine und vor allem auch Turnvereine. Die Turnvereine spielten in der demokratischen Bewegung nicht zuletzt aufgrund ihrer Mitglieder-

68 NAZ 241/21. 12.1848.

69 Vgl. Wettengel, Die Wiesbadener Bürgerwehr 1848/49, S. 66 ff.

70 Vgl. unter anderem S. Paletschek: Frauen im Umbruch. Untersuchungen zu Frauen im Umfeld der deutschen Revolution von 1848/49, in: B. Fieseler; B. Schulze (Hg.): Frauengeschichte: Gesucht – Gefunden? Köln/Weimar/Wien 1991, S. 47–64; C. Lipp: Frauen und Öffentlichkeit. Möglichkeiten und Grenzen politischer Partizipation im Vormärz und in der Revolution 1848/49, in: Dies. (Hg.): Schimpfende Weiber und patriotische Jungfrauen. Frauen im Vormärz und in der Revolution 1848/49, Moos/Baden-Baden 1986, S. 270–307.

stärke und ihres Rekrutierungspotentials unter Handwerksgesellen eine besonders wichtige Rolle.[71] In dem Wiesbadener „Demokratischen Centralcomité" war daher nicht nur der demokratische „Verein zur Wahrung der Volksrechte" vertreten, sondern auch der Arbeiterbildungsverein und der Turnverein.

Die konstitutionellen Liberalen Wiesbadens hatten sich bereits am 7. April 1848 als unmittelbare Reaktion auf das Auftreten der Republikaner zusammengefunden und ein Programm formuliert, das von fast 900 Personen unterzeichnet wurde.[72] Eine Vereinsbildung gelang jedoch nicht auf Anhieb. Erst am 10. Juni 1848 wurde der „Verein für Freiheit, Gesetz und Ordnung" (später „Deutscher Verein" genannt) in Wiesbaden gegründet, der sich zur konstitutionellen Monarchie bekannte und das Ministerium Hergenhahn unterstützte. Mit Franz Bertram und Professor Karl Remigius Fresenius gehörten prominente Abgeordnete der liberalen Landtagsrechten zum Vereinsvorstand. Hergenhahn selbst wurde nach seinem Rücktritt von seinen Staatsämtern Vizepräsident des Vereins. Als Vereinsorgan diente die „Nassauische Allgemeine Zeitung", die am 1. April 1848 als dezidiert konstitutionelle Zeitung von August Schellenberg[73] herausgegeben und von Wilhelm Heinrich Riehl[74] redigiert wurde. Beide waren

71 Vgl. M. Wettengel: „... eine mobile Colonne, wenn es darauf ankommt, die Unruhen zu befördern": Die hessischen und nassauischen Turnvereinsverbände während der Revolution von 1848/49, in: Sozial- und Zeitgeschichte des Sports 7 (1993), S. 44–61.

72 Vgl. Wettengel, Revolution im Rhein-Main-Raum, S. 237 ff.

73 August Schellenberg, 18. 4. 1815 Wiesbaden – 8. 3. 1869 Wiesbaden, Buchhändler und Verleger, Sohn des Hofbuchhändlers Ernst Ludwig (Louis) Theodor S., verlegte ab 1844 das „Wiesbadener Wochenblatt", 1848–1852 die „Nassauische Allgemeine Zeitung", ab 1852 das „Wiesbadener Tagblatt"; seit 1850 Mitglied des Gemeinderats; Mitglied der Casino-Gesellschaft, 1859 Angehöriger der liberalen „Sternkammer", die die „Erklärung der Nassauer" verfaßte; 1865–1867 Mitglied der Handelskammer.

74 Wilhelm Heinrich Riehl, 6. 5. 1823 Biebrich – 16. 11. 1897 München, Kulturhistoriker und Schriftsteller, Sohn des Schloßverwalters Friedrich August R., verheiratet in erster Ehe mit der Sängerin Bertha von Knoll; nach dem Besuch des Gymnasiums in Weilburg 1841–1844 Studium der Theologie und Philosophie an den Universitäten Marburg, Tübingen, Gießen und Bonn; seit 1846 Redakteur der „Karlsruher Zeitung" und Herausgeber des „Badischen Landtagsboten", 1848/49 als Redakteur der „Nassauischen Allgemeinen Zeitung" in Wiesbaden, Mitglied des „Vereins für Freiheit, Gesetz und Ordnung" („Deutscher Verein"); später Direktor des Hoftheaters in Wiesbaden; seit 1851 Redakteur der „Allgemeinen Zeitung" in Augsburg; seit 1854 Professor für Staatswirtschaftslehre in München, 1859–1892 Professor für Kulturgeschichte; seit 1885 Direktor des Bayerischen Nationalmuseums und Generalkonservator der Kunstdenkmäler und Altertümer Bayerns; 1883 geadelt; 1889 Geheimrat; persönlicher Vertrauter von König Max II. von Bayern; zahlreiche Veröffentlichungen und Vorträge, insbesondere zur Kulturgeschichte.

ebenfalls führende Vereinsmitglieder. Bald bildeten sich weitere konstitutionelle Vereine, so in Eltville, Weilburg, Diez und Limburg. Mit den demokratischen Vereinen und den Piusvereinen konnten die konstitutionellen Liberalen jedoch nicht konkurrieren. Ihre Organisationen blieben auf Städte beschränkt und manche Gründungsversuche mißlangen. Die Mitgliedschaft der konstitutionell-liberalen Vereine besaß ein bürgerliches Profil; in ihnen versammelten sich insbesondere Kaufleute, Staatsdiener und Handwerksmeister.

Bei den konstitutionellen Liberalen verliefen die Übergänge ins konservative Lager fließend, und den konstitutionellen Vereinen traten auch viele Konservative bei. *„Gefährliche Freunde“*[75] waren sie in den Augen Riehls, denn sie gefährdeten die Integrationskraft und den Zusammenhalt der Konstitutionellen. Vielleicht schlossen sich auch aus solchen Gründen vier weitere Vereine dem Verband der nassauischen Konstitutionellen nicht an. Mit dem neuen, entschieden konstitutionellen Programm des Wiesbadener Vereins vom 12. März 1849 waren viele liberale Vereinsmitglieder, unter ihnen der Abgeordnete Fresenius, nicht mehr einverstanden. Sie traten aus dem Deutschen Verein aus und gründeten einen „Bürgerverein“, der für Nassau eine Verfassungsreform auf der Grundlage der Märzerrungenschaften und die Verwirklichung der Grundrechte verlangte. Sein oberster Grundsatz war es, *„die Bestrebungen zur vollständigen Verwirklichung der Grundsätze der Märzrevolution [...] zu sammeln und zu stärken.“*[76] Zwischen Demokraten und konstitutionellen Liberalen war jedoch in Wiesbaden kein Platz mehr für eine dritte Kraft, so daß sich der Bürgerverein Anfang August 1849 wieder mit dem Deutschen Verein vereinigte.

Bereits seit Juni 1848 bestand eine Zusammenarbeit der nassauischen Konstitutionellen, und am 19. November schlossen sich die konstitutionell-liberalen Vereine Nassaus und Hessen-Darmstadts zu den „verbundenen deutschen Vereinen am Mittelrhein“ zusammen, die auch zu den Vereinen in Baden enge Beziehungen unterhielten. Auf nationaler Ebene wurde unter Leitung des Bürgervereins in Kassel im selben Monat der „Nationale Verein“ gegründet, dem auch die deutschen Vereine am Mittelrhein beitraten. Die konstitutionellen Vereinsverbände besaßen aber eine vergleichsweise lockere Struktur und einen niedrigen Organisationsgrad. Sie entwickelten außerdem keine institutionalisierten Verbindungen zu parlamentarischen Fraktionen. Die mangelhafte Organisation der kon-

75 NAZ 81/5. 4. 1849.
76 NAZ 65/17. 3. 1849. Vgl. Wettengel, Revolution im Rhein-Main-Raum, S. 246 f.

stitutionellen Vereine ging einher mit einer geringen Aktivität ihrer Mitglieder. Vorbehalte im liberalen Bürgertum gegenüber außerparlamentarischen politischen Organisationen generell mögen dazu beigetragen haben. Erst am 27. Juli 1849 bildeten liberale und konservative Abgeordnete im nassauischen Landtag den „Club der Rechten“. Als Partei der regierenden Märzministerien fiel es den Konstitutionellen schwerer als der demokratischen Opposition, *„die Partei von unten herauf zu organisiren.“*[77]

Die politischen Parteiorganisationen, die sich in der Revolutionszeit in Nassau herausbildeten, entstanden auf der Basis dichter Beziehungsgeflechte und Milieus im kommunalen und regionalen Umfeld. Auch wenn die meisten Vereinsgründungen kurzlebig waren und das politische Vereinswesen in der Reaktionsära sein Ende fand, überdauerten die Milieus.

7. *Die Reichsverfassungskampagne*

Das Herzogtum Nassau gehörte zu jenen Staaten, die die am 28. März 1849 beschlossene Reichsverfassung der Nationalversammlung anerkannt hatten. Als der preußische König am 28. April nicht nur die Kaiserkrone, sondern auch die Reichsverfassung ablehnte, ergab sich jedoch eine neue Situation. Kurzzeitig kam es auch in Nassau zu einer Zusammenarbeit zwischen Demokraten und konstitutionellen Liberalen zum Schutz der Reichsverfassung. Am 19. April 1849 beschloß der nassauische Landtag einstimmig eine Erklärung zur Unterstützung der Reichsverfassung.[78] Im Mai 1849 wurden auf einen weiteren Beschluß des Landtages hin die nassauischen Beamten, das Linienmilitär und die Bürgerwehren auf die Reichsverfassung vereidigt und verpflichtet, *„dieser Verfassung treu und gehorsam zu seyn.“*[79] Außerdem wurden auch Schritte zu einer als notwendig empfundenen Neuorganisation der Bürgerwehr und zur Verbesserung ihrer Bewaffnung unternommen.

77 NAZ 132/6. 6. 1849.

78 Vgl. Verhandlungen der Ständeversammlung des Herzogthums Nassau, 1849, Bd. 1, S. 110 ff., 153. Zur Geschichte der Reichsverfassungskampagne im Herzogtum Nassau vgl. Wettengel, Revolution im Rhein-Main-Raum, S. 469 ff.; Wettengel, Die Wiesbadener Bürgerwehr 1848/49, S. 85 ff.

79 StadtAWi A XII b–1, Eidesformel der Wiesbadener Bürgerwehr, die am 19. 5. 1849 vereidigt wurde; die Vereidigung der Garnison in Wiesbaden wurde am 18. 5. 1849 vorgenommen.

Von der Wiesbadener Bürgerwehr wurde am 2. Mai 1849 auch eine Petition an die Nationalversammlung verfaßt, in der den „*Vertretern der deutschen Nation*“ versichert wurde: „*Auch wir, die unterzeichneten Wehrmänner Wiesbadens tragen Euch unseren Schutz an; auch wir werden mit Euch stehen und fallen, und auf den ersten Ruf heraneilen, um Euch gegen jeden Angriff verblendeter Dynasten zu vertheidigen und zu schützen und das höchste Kleinod des Volkes, seine Souveränität, mit Gut und Blut zu wahren.*“[80] Schon zu diesem Zeitpunkt zeichnete sich jedoch das Ende der Zusammenarbeit zwischen konstitutionellen Liberalen und Demokraten ab. Die revolutionären Ereignisse in Sachsen, in der Pfalz und in Baden zeigten, daß eine gewaltlose Durchsetzung der Reichsverfassung immer unwahrscheinlicher wurde. Dies führte schließlich zum Ausscheren der nassauischen Konstitutionellen aus der Verfassungsbewegung. Am 10. Mai 1849 bildete der Kommandant der Wiesbadener Bürgerwehr gemeinsam mit Landtagsabgeordneten, die dem Club der Linken angehörten, einen „Centralverteidigungsausschuß“. Doch dieser Versuch einer landesweiten Organisation der nassauischen Bürgerwehren zur Verteidigung der Reichsverfassung scheiterte ebenso wie die Bemühungen der Offenbacher Bürgerwehr um einen länderübergreifenden Zusammenschluß der Bürgerwehren im Rhein-Main-Gebiet.

Angesichts der Haltung der größeren deutschen Staaten und der allmählichen Auflösung der Nationalversammlung nahm auch die nassauische Regierung eine Kurskorrektur vor. Der Aufforderung der Nationalversammlung vom 4. Mai 1849 an die „*Regierungen, die gesetzgebenden Körper, die Gemeinden der Einzelstaaten, das gesamte deutsche Volk*“, die Reichsverfassung „*zur Anerkennung und Geltung zu bringen*“,[81] folgte auch sie letztlich nicht. Hergenhahn und die nassauischen Konstitutionellen setzten ihre Hoffnungen nun auf den Vereinbarungskurs der Gothaer Versammlung. Die Demokraten strebten dagegen die bewaffnete Durchsetzung der Reichsverfassung und die Unterstützung der Aufstände in der Pfalz und in Baden an. Aber auch unter den nassauischen Demokraten herrschte keine Einigkeit über die Vorgehensweise und die politischen Ziele, da die Radikalen unter ihnen längst die „sociale Republik“ anstrebten. Diese radikalen Kräfte wollten öffentliche Gelder und Waffen beschlagnahmen und die Bürgerwehren in unabhängige Freischaren umorganisieren.

---

80 BAF DB 51/445, Pet. Nr. 8021.

81 Abgedr. in: E. R. Huber (Hg.): Dokumente zur deutschen Verfassungsgeschichte, Bd. 1. Deutsche Verfassungsdokumente 1803–1850, Stuttgart, 3. Aufl. 1978, Nr. 122, hier S. 418.

Auch im Landtag wurden die Forderungen entschiedener. Nur sehr knapp, mit 18 gegen 19 Stimmen, wurde am 15. Mai 1849 ein Antrag des linken Abgeordneten Friedrich Lang abgelehnt, die Regierung aufzufordern, den Truppen der reichsverfassungsfeindlichen Staaten den Durchmarsch durch das Herzogtum *„mit allen ihr zu Gebote stehenden Mitteln zu verhindern und zu dessen Verhinderung das Volk aufzurufen."*[82] Der Antrag Karl Brauns in der Sitzung vom 24. Mai 1849, bei Konflikten zwischen Zentralgewalt und Nationalversammlung nur den Beschlüssen der letzteren Folge zu leisten sowie keine nassauischen Truppen in Baden und in die Pfalz einrücken zu lassen, erhielt dagegen eine Mehrheit. Nachdem der Landtag diesem Antrag zugestimmt hatte, wurde er vom Herzog vertagt.

Um Druck auf Regierung und Monarchen auszuüben, berief die demokratische Führung nach badischem Vorbild am 10. Juni 1849 in Idstein einen allgemeinen nassauischen Landeskongreß ein, wo ein „Landesausschuß" gebildet und ein Forderungskatalog formuliert wurde. Der Landeskongreß verlangte unter anderem die Einberufung einer verfassunggebenden Versammlung für Nassau, eine Nachwahl für die Nationalversammlung und die Unterstellung des nassauischen Militärs unter das Kommando eines verfassungstreuen „Reichsgenerals" beziehungsweise unter die Reichsregentschaft. Dabei ging es auch um die Anerkennung der Legitimität der nur noch als Rumpfparlament in Stuttgart bestehenden Nationalversammlung. Angesichts der neuen Kräfteverhältnisse war das Vorgehen der nassauischen Demokraten auf dem Idsteiner Kongreß jedoch realitätsfremd. Die Zeit der Resolutionen, Forderungen und Deputationen war längst vorbei. Hergenhahn hatte bereits am 7. Juni 1849 seinen Abschied als Ministerpräsident genommen, weil er sich verpflichtet hatte, in keine Abänderung der Reichsverfassung durch Vereinbarungen mit den Fürsten einzuwilligen. Er selbst wollte daher den Kurswechsel zu einer Vereinbarung mit der preußischen Regierung nicht vollziehen. Sein Nachfolger, der Freiherr von Wintzigerode, war aber alles andere als freisinnig. Der Herzog und das neue Ministerium lehnten die Forderungen des Landeskongresses daher nicht nur ab, sie verlängerten die Vertagung des Landtages und schon am 13. Juni begannen Hausdurchsuchungen und Verhaftungen von Kongreßteilnehmern unter dem Vorwurf hochverräterischer Umtriebe. Der demokratische Landesausschuß vermochte diesen Maßnahmen nichts entgegenzusetzen.

82 Verhandlungen der Ständeversammlung des Herzogthums Nassau, 1849, Bd. 1, S. 441.

Viele nassauische Demokraten begannen im Laufe des Mai 1849 mit der Bildung von Freischaren, die den Revolutionsregierungen in der Pfalz und in Baden zu Hilfe kommen sollten. Am weitesten ging dabei offenbar die Aufstellung einer „mobilen Legion des Amts Hochheim", an der der Hochheimer Demokrat Georg Hofmann[83] und der Landtagsabgeordnete Friedrich Snell maßgeblich beteiligt waren. Von einem geschlossenen Abmarsch der mobilen Legion nach Baden oder in die Pfalz ist allerdings nichts bekannt. In welchem Umfang sich nassauische Freischärler tatsächlich an den Kämpfen während der Reichsverfassungskampagne beteiligten, kann nicht mehr ermittelt werden. Es dürfte sich aber dabei nicht um eine allzu große Zahl gehandelt haben, und sie erfüllte bei weitem nicht die Erwartungen der Demokraten. Bekannt war vor allem die Teilnahme des ehemaligen Kommandanten der Wiesbadener Bürgerwehr, Georg Böhning, der als Anführer der Schweizer Arbeiterlegion bis zuletzt bei den Kämpfen in Baden dabei war und nach der Kapitulation der Festung Rastatt von preußischem Militär standrechtlich erschossen wurde.

Wie groß die Sympathien in der nassauischen Bevölkerung für die revolutionären Bewegungen im Mai/Juni 1849 waren, ist schwer zu beurteilen. Es sei *„nicht zu bezweifeln, daß, wenn die Aufständischen von Baden bis nach Frankfurt gedrungen wären, sich aus Oberhessen, Kurhessen und Nassau eine ungeheure Masse für die demokratische Republik erhoben haben würde"*, resümierte ein hessischer Polizeibeamter im Rückblick.[84] Dagegen warnte der Landtagsabgeordnete Friedrich Lang auf dem Idsteiner Kongreß vor gewaltsamen Aktionen, da er nicht glaubte, *„daß eine gehörige Anzahl mit dem Schwerte in der Hand unseren Beschlüssen Nachdruck geben wird. Es war*

83 Georg Hofmann, 23. 2. 1798 Hochheim – 17. 11. 1853 Hochheim (Selbstmord), Kaufmann und Ökonom; Sohn des Kaufmanns und Ratsherrn Christian H.; 1832 Mitglied der nassauischen Deputiertenkammer, Unterzeichner der Protestresolution vom 18. 4. 1832 gegen die „Vermehrung" der Herrenbank beim Domänenstreit; wegen seines Protestes 1833 zu sechs Monaten Korrektionshaus verurteilt; enger Freund von Georg Böhning; Mitglied des Bundes der Geächteten, mehrere Untersuchungen gegen H. wegen politischer Umtriebe 1838–43; 1848 Mitglied des Sicherheitskomitees von Hochheim; Vorsitzender des demokratischen Turnvereins und leitendes Mitglied des Sängerbundes in Hochheim; Delegierter auf dem ersten Demokratenkongreß; 1849 Gründer und Vorsitzender des Demokratischen Vereins in Hochheim; Delegierter beim Idsteiner Kongreß; Ausschußmitglied der „mobilen Legion des Amts Hochheim"; vgl. Rösner, Nassauische Parlamentarier, S. 79 f.

84 L. Nover: Promemoria über die politisch-revolutionären Verbindungen in den Jahren 1816 bis 1852, Bl. 355.

mir sehr bedauerlich, in den letzten Tagen wahrnehmen zu müssen, daß die Stimmung in dem Herzogthume in der letzteren Zeit umgeschlagen hat [...]."[85] Die Hoffnungen auf einen Sieg der Revolution waren auch unter den nassauischen Demokraten stark geschwunden, und die geringe Beteiligung an der Reichsverfassungskampagne war letztlich auch Ausdruck dieser pessimistischen Einschätzung. Eine entscheidende Rolle spielte dabei die Tatsache, daß das nassauische Militär trotz wiederholter Disziplinprobleme im großen und ganzen loyal und zuverlässig blieb. Herzog Adolph war es letztlich durch seinen persönlichen Einsatz am 4. März 1848 gelungen, seinen Thron zu retten und sich *„an die Spitze der Bewegung zu stellen.*" Seine Autorität blieb im weiteren Verlauf der Revolutionszeit unangetastet.

Die Reichsverfassungskampagne war in Nassau mit dem Einsetzen der behördlichen Repressionen ab Mitte Juni 1849 beendet. Erst sehr viel später, am 27. September 1851, wurden die Grundrechte des deutschen Volkes aufgrund eines entsprechenden Bundesbeschlusses auch im Herzogtum Nassau für aufgehoben erklärt. Die politischen Vereine lösten sich oft schon auf, bevor sie verboten wurden, da ihre Wirkungsmöglichkeiten durch Einschränkungen der Versammlungsfreiheit und der Verbindungen zu anderen Vereinen abgeschnürt wurden. Die Voraussetzung für eine Parteibildung, eine freie politische Öffentlichkeit, war nicht mehr gegeben. Hinzu kam die nachmärzliche politische Windstille, der *„Mangel an großen, das ganze Volk bewegenden Tagesfragen,*" wie Karl Braun dies in einer Versammlung der nassauischen demokratischen Führungsgruppe formulierte.[86]

Das Rad der Geschichte wurde in der Reaktionszeit jedoch nicht einfach wieder zurückgedreht. Vielmehr blieben viele Errungenschaften der Revolution in Nassau bestehen. Dazu zählten insbesondere die Zehntablösung, die Schwurgerichte und – trotz einiger Modifikationen 1851 und 1854 – das neue Gemeinderecht. Zwar wurde durch das Edikt vom 26. November 1851 der Landtag geteilt, eine nach ständischen Kriterien zusammengesetzte Erste Kammer geschaffen und für die Zweite Kammer das Drei-Klassen-Wahlrecht eingeführt; aber dies war immer noch liberaler als das parlamentarische System im Vormärz. In der Reaktionszeit kam es in Nassau zu einer

85 Verhandlungen der Anklage gegen den Corrector und Sprachlehrer Carl Schapper von Weinbach [...], Pfarrer Friedrich Heinrich Snell von Langenbach [...] wegen Hochverrat, Majestätsbeleidigung, Beleidigung des Königs von Preußen und des Prinzen von Preußen vor den Assisen zu Wiesbaden am 8. – 15. Februar 1850, Wiesbaden 1850, S. 95.

86 FZ 196/20. 8. 1850.

Wiederannäherung von Liberalen und Demokraten. Karl Braun und Friedrich Lang gehörten 1863 zu den wichtigsten Gründern der Nassauischen Fortschrittspartei. Die Neuentstehung von Parteien in Nassau Anfang der 1860er Jahre wies aber nicht nur programmatische und personelle Kontinuitäten zur Revolutionszeit auf, sie konnte hier auch auf Milieus und Organisationserfahrungen aufbauen.

Literaturauswahl Nassau 1848/49

Berndt von Egidy: Die Wahlen im Herzogtum Nassau 1848–1852. Ein Beitrag zur Geschichte der politischen Parteien am Mittelrhein, in: Nassauische Annalen 82 (1971), S. 215–306.

Eckhart G. Franz: Die hessischen Arbeitervereine im Rahmen der politischen Arbeiterbewegung der Jahre 1848–50, in: Archiv für hessische Geschichte und Altertumskunde N.F. 33 (1975), S. 167–262.

Wolfgang Klötzer: Die nassauischen Petitionen an die Frankfurter Nationalversammlung 1848/49, in: Nassauische Annalen 70 (1959), S. 145–170.

Manfred Köhler: Die nationale Petitionsbewegung zu Beginn der Revolution 1848 in Hessen. Eingaben an das Vorparlament und an den Fünfzigerausschuß aus Hessen (März bis Mai 1848), Darmstadt/Marburg 1985 (Quellen und Forschungen zur hessischen Geschichte, Bd. 56).

Margarete Kramer: Die Politik des Staatsministers Emil August von Dungern im Herzogtum Nassau, Stuttgart 1991 (Geschichtliche Landeskunde, Bd. 35).

Armin M. Kuhnigk: Die 1848er Revolution in der Provinz. Am Beispiel des Kreises Limburg-Weilburg, Camberg, 2. Aufl. 1980.

Ulrich Lange: Die Bürgerrechtsbewegung 1848–49, in: Camberg. 700 Jahre Stadtrechte, Camberg 1981, S. 107–115.

Herbert Müller-Werth: Nassauische Zeitungen des Jahres 1848, in: Nassauische Annalen 60 (1943), S. 103–148.

Wilhelm Heinrich Riehl: Nassauische Chronik des Jahres 1848, Wiesbaden 1849, neu hg. von Guntram Müller-Schellenberg, Idstein 1979.

Winfried Schüler: Die Revolution von 1848/49, in: Herzogtum Nassau 1806–1866. Politik, Wirtschaft, Kultur, Wiesbaden 1981, S. 19–35.

Ders.: Die Herzöge von Nassau, in: Nassauische Annalen 95 (1984), S. 155–172.

Ders.: Die katholische Partei im Herzogtum Nassau während der Revolution von 1848, in: Archiv für mittelrheinische Kirchengeschichte 34 (1982), S. 121–142.

Christian Spielmann: Achtundvierziger Nassauer Chronik. Darstellung der Ereignisse in Nassau im Jahre 1848, Wiesbaden 1899.

Wolf-Heino Struck: Wiesbaden im März 1848. Grundzüge der 48er Revolution im Herzogtum Nassau, in: Hessisches Jahrbuch für Landesgeschichte 17 (1967), S. 226–244.

Ders.: Die Anfänge der Arbeiterbewegung in Wiesbaden 1848–1851, in: Geschichtliche Landeskunde, Bd. 5, Teil II, Festschrift für Ludwig Petry, Wiesbaden 1968, S. 287–321.

Ders.: Fürst und Volk im Herzogtum Nassau, in: Nassauische Annalen 91 (1980), S. 105–130.
Ders.: Wiesbaden im Biedermeier, Wiesbaden 1981 (Wiesbaden als nassauische Landeshauptstadt, T. 2: 1818–1866).
Peter Wacker (mit Beiträgen von Guntram Müller-Schellenberg): Das herzoglich-nassauische Militär 1813–1866. Militärgeschichte im Spannungsfeld von Politik, Wirtschaft und sozialen Verhältnissen eines deutschen Kleinstaates, Taunusstein 1998.
Thomas Weichel: Die Bürger von Wiesbaden. Von der Landstadt zur „Weltkurstadt“ 1780–1914, München 1997 (Stadt und Bürgertum, Bd. 6).
Michael Wettengel: Die Revolution von 1848/49 im Rhein-Main-Raum: Politische Vereine und Revolutionsalltag im Großherzogtum Hessen, Herzogtum Nassau und in der Freien Stadt Frankfurt. Wiesbaden 1989 (Veröffentlichungen der Historischen Kommission für Nassau, Bd. XLIX).
Ders.: Das demokratische Vereinswesen auf dem Lande im Herzogtum Nassau während der Revolution von 1848/49, in: Nassauische Annalen 98 (1987), S. 205–227.
Ders.: „... eine mobile Colonne, wenn es darauf ankommt, die Unruhen zu befördern“: Die hessischen und nassauischen Turnvereinsverbände während der Revolution von 1848/49, in: Sozial- und Zeitgeschichte des Sports 7 (1993), S. 44–61.
Ders.: Frankfurt und die Rhein-Main-Region, in: Christof Dipper, Ulrich Speck (Hg.): 1848. Revolution in Deutschland, Frankfurt/Leipzig 1998, S. 130–151.
Ders.: Die Wiesbadener Bürgerwehr 1848/49 und die Revolution im Herzogtum Nassau, Taunusstein 1998.

Die 1848/49er Ereignisse und ihre Vorgeschichte in Hessen-Darmstadt

Peter Fleck

Der 1848er „Aufbruch zur Freiheit“ zeigte sich im Großherzogtum Hessen zunächst in der Zweiten Kammer des seit 1820 bestehenden konstitutionellen Landtags in Darmstadt. Dort hat die liberale Abgeordnetengruppe um Heinrich von Gagern am 28. Februar einen Antrag auf Errichtung einer provisorischen deutschen Zentralgewalt unter Einbeziehung einer Volksrepräsentation gestellt. Es folgen die städtischen Märzrevolutionen, voran in der rheinhessischen Provinzialhauptstadt Mainz, in der Haupt- und Residenzstadt Darmstadt, in der oberhessischen Universitätsstadt Gießen und in der Starkenburger Gewerbestadt Offenbach. Teilweise parallel laufen eine ausgeprägte ländliche Revolutionsbewegung, vor allem im Odenwald und im Vogelsberg, und die sozialen Protestbewegungen städtischer Unterschichten. Fast flächendeckend kam es zu Vereins- und Zeitungsgründungen und damit verbunden zu einer bisher ungewohnten Politisierung der Bevölkerung. Dies begann jedoch nicht in einer „Stunde Null“ im März 1848; es gab vielmehr spezifische Vorgeschichten.

Wege in den März

Die im Herbst 1847 neugewählte Zweite Kammer verfügte über eine oppositionelle Mehrheit und zwar erstmals wieder seit den 1830er Jahren. Seinerzeit waren der 1832/33er sowie der 1834er Landtag vorzeitig aufgelöst worden, weil die damalige liberale Opposition um Heinrich von Gagern Reformen ertrotzen wollte, die in ihrer Konsequenz eine Gefahr für das monarchische Prinzip und politische Probleme auf Bundesebene bedeutet hätten: Striktere Gewaltenteilung mit Unabhängigkeit der Justiz, gemeindliche Selbstverwaltung, freies Wahlrecht, Presse- und Petitionsfreiheit, und dies vor dem Hintergrund fast gleichzeitiger revolutionärer Umtriebe in der Region, wie den oberhessischen Unruhen 1830, dem Frankfurter Wachensturm von 1833 und dem „Hessischen Landboten" Büchners und Weidigs von 1834. Der Regierung du Thil gelang es dann, über eine betont restriktive Pressepolitik, durch Wahlbeeinflussungen und Urlaubsverweigerungen für mißliebige beamtete Abgeordnete, eine weniger oppositionelle Kammermehrheit zu erzielen, was freilich in keiner Weise das Ende erfolgreicher Reformpolitik brachte, eher eine liberal-konstitutionelle Akzentuierung, zumal die meisten Reformen das sensible monarchische Prinzip oder die Pressegesetzgebung kaum tangierten.

Bei der Landtagswahl 1847 gelang es jedoch der liberalen Opposition, den Wahlkampf in ihrem Sinne zu organisieren, insbesondere in Rheinhessen, in dessen Hauptstadt sich 1846 ein „Bürgerverein zur Erhaltung der rheinhessischen Institutionen" gebildet hatte. Hierunter sind vor allem die mit dem dort weiter geltenden Code Napoleon eingeführten Geschworenengerichte, Notariate, sowie die Ziviltrauung zu verstehen. Im politisch sensibilisierten Rheinhessen hat die Landtagswahl von 1847 mit ihren direkten Kommunikations- und Agitationsstrukturen „einige Formen des organisierten Wahlkampfes, wie er 1848/49 zum Durchbruch kam, vorweggenommen."[1] Rechtzeitig zum Landtagsbeginn stand der Opposition auch das im Darmstädter Leske-Verlag neubegründete „Rheinische Volksblatt" zur Verfügung. Der genannte Mainzer Verein hat auch bereits damals Bürgerversammlungen und Adressen an den Landtag – etwa anläßlich der Beratung des Eherechts – organisiert, die man üblicherweise als typische 1848er Aktivitäten sieht. Genannt werden muß auch die liberale Koordinationsabsprache am 10. Oktober 1847 in Heppenheim, ebenso die radikalere im badischen Offenburg vom Vormonat, zumal auch hier später virulent gewordene Forderungen vorformuliert wurden. Im 1847 neugewählten Landtag finden sich bereits vor dem revolutionären Antrag vom 28. Februar weniger spektakuläre Anträge, wie der des Abgeordneten Dr. Heldmann über eine Heeresreform, die zumindest in ihren nicht angesprochenen Konsequenzen revolutionär waren.[2]

1 Wettengel 1989, S. 48.

2 Heldmann wollte eine Ersetzung des kostspieligen stehenden Heeres durch eine nicht näher ausgeführte Volksmobilisierung; vgl. Eckhart G. Franz/ Peter Fleck (Hrsg.), Der Landtag des Großherzogtums Hessen 1820–1848. Reden aus den parlamentarischen Reform-Debatten des Vormärz (=Arbeiten der Hessischen Historischen Kommission NF, Bd. 10), Darmstadt 1998, S. 116; Heldmanns Antrag ebenda S. 135; vgl. auch Peter Fleck, Konskription und Stellvertretung. Die Behandlung der Kriegsdienstpflicht im hessen-darmstädtischen Landtag von 1820 bis 1866, in: AHG NF 43 (1985), S. 216 f.

Im Großherzogtum gab es bereits vor 1848 Vereine. Neben städtischen Lesezirkeln und geselligen Vereinen erfaßte vor allem die Gesangvereinsbewegung „als erste die Masse der Bevölkerung.“[3] Initiatoren der ländlichen Vereinsgründungen waren oft die Volksschullehrer. Sie hatten im Rahmen der Ausbildung am Friedberger oder Bensheimer Lehrerseminar das musikalische Know-How erlernt und etwa in Bensheim in dem weithin bekannten Chor des Seminarmusiklehrers Franz Joseph Kunkel mitgewirkt und im Zuge dessen auch regionale Sängerfeste und die Vereinspraxis erlebt. Kunkel galt darüber hinaus als selbstbewußter Vertreter des sich langsam etablierenden Lehrerstandes; 1848 ist er nach kontinuierlichen Reibereien mit dem Pfarrer und bestimmten Bürgern als politisch mißliebig aufgefallen und 1854 entlassen worden.[4] Er ist so ein Beispiel eines politisch aktiven Lehrers. Wenn auch der Politisierungsgrad der einzelnen Gesangvereine unterschiedlich war, so bestanden im Rheinhessischen unter der Leitung des Lehrers Andreas Holzamer mehrere mit radikaler Tendenz, die sogar als „Demokratenvereine“ bezeichnet wurden, darunter der 1845 gegründete Männergesangverein Zornheim.[5] Über die engeren Landesgrenzen hinaus wirkte der 1844 in Gießen ins Leben gerufene Lahntalsängerbund. Im Festausschuß seines 1847er Festes finden sich spätere Landtags- und Paulskirchenabgeordnete.

Nicht ganz so breitenwirksam waren die Turnvereine. Ihre Mitglieder waren naturgemäß jünger, unter ihnen häufig auch Handwerksgesellen. Sie bilden die Verknüpfung mit der frühen Arbeiterbewegung. Die Turnvereine – vor 1848 gab es im Großherzogtum mindestens 17 – gediehen eher in einem urbanen Milieu, wenngleich sie sich auch auf dem flachen Lande finden. Bereits auf dem Turntag von Frankfurt am Main 1847 gab es Erwägungen zur Gründung einer „Allgemeinen deutschen Turnerschaft.“ Bei einer Turnerversammlung in Hattersheim am 9. Januar 1848, an der aus dem Großherzogtum die Vereine aus Mainz und Offenbach teilnahmen, wurde gar zum gewaltsamen Umsturz und zur Gründung von Arbeiter-Vereinen aufgerufen.

Etwa 20 vormärzliche „Vereine“ umfaßte die Deutschkatholische Bewegung im Großherzogtum. „Politisch ist dieser Dissidentenunfug gefährlicher [...] als kirchlich“, bemerkte Max von Gagern 1845; die Bewegung sei eine „moderne Hambachiade“ meinte ein Pfarrer und stellte sie so in die

---

3 Wettengel 1989, S: 39

4 Vgl. hierzu Peter Fleck, Beiträge zur Geschichte des Bensheimer Schulwesens (=Geschichtsblätter Kreis Bergstraße, Sonderband 9), Bensheim 1989, S. 94 ff.

5 Vgl. Wettengel 1989, S. 39.

Tradition der deutschen Freiheits- und Nationalbewegung, wie sie sich 1832 auf dem Hambacher Fest als bisher nicht gekannte Massenbewegung gezeigt hatte. Ronges Agitationsreise war denn auch ein wahrer Triumphzug, so etwa in Darmstadt, oder in Offenbach, wo er vor 13 000 Zuhörern gepredigt haben soll. Daß die wenigsten davon Katholiken waren, beleuchtet das Phänomen Deutschkatholizismus als komplexe Verflechtung religiöser, politischer und sozialer Ziele.

In Rheinhessen waren sogar Sektionen des regierungsoffiziellen Landwirtschaftlichen sowie des Gewerbevereins für das Großherzogtum Hessen oppositionelle Foren. In ersterem wirkte Heinrich von Gagern als Präsident; im Mainzer und Wormser Gewerbeverein waren führende Demokraten zu Einfluß gelangt. Als der Wormser Gewerbevereinsvorsitzende Bandel Ende 1846 über den Entwurf des Polizeistrafgesetzes referierte, handelte er sich prompt eine Rüge des Kreisrats ein. Jedoch war zumindest in Rheinhessen die Bewegung mit Drohungen und Verboten nicht mehr einzudämmen. In Mainz hielt man 1847 schon regelmäßige Bürgerversammlungen ab, bei denen man freilich, so ein Zeitgenosse, „nicht ahnte, daß sie das Vorspiel der späteren Volksversammlungen werden sollten [...]. Der Ort der Zusammenkunft wurde jedesmal gewechselt, um die Polizei nicht auf die Spur kommen zu lassen."[6] Auch hat vermutlich der oben genannte Bürgerverein den „scharenweisen Zug" nach Darmstadt zur Überreichung von Petitionen anläßlich der Beratung des Ehegesetzes organisiert, wobei auch hier die Vorläuferfunktion zu 1848/49 unübersehbar ist. So traf denn die Nachricht über Revolution und Republik in Paris am 24. Februar 1848 durchaus auf Strukturen, die den sehr spontanen und breitenwirksamen Ablauf der Ereignisse zumindest partiell erklärbar machen.

Die Märzereignisse

Unmittelbar nach dem Bekanntwerden der ersten Revolutionsnachrichten aus Paris stellte die liberale Abgeordnetengruppe um Heinrich von Gagern am 28. Februar 1848 in der Darmstädter Zweiten Kammer den oben genannten Antrag, wobei im Kammerprotokoll das Bewußtsein eines „historischen Augenblicks" unübersehbar ist. Am gleichen Tag wurden auf einer

6 Ebenda S. 46.

Abb. 40: Theodor Reh, Abgeordneter aus Darmstadt
Historisches Museum Frankfurt a. M., C 40.632. Foto: Ursula Seitz-Gray

Bürgerversammlung in einer Mainzer Weinstube unter Leitung des Abgeordneten Franz Zitz erstmals im Lande die klassischen Märzforderungen beschlossen, die sich dann in vielen Volksversammlungen wiederfinden und in aller Regel als Petition an die Zweite Kammer gerichtet wurden. Als Vorbild diente offensichtlich eine am Tag zuvor in Mannheim verabschiedete Adresse. Die Mainzer Forderungen sind bereits in der Nacht gedruckt und am Morgen des 29. Februar als Flugblatt verteilt worden. Noch bevor die Petitionen in großer Zahl eintrafen, verlangte am 2. März der Abgeordnete Reh einen grundlegenden „Wechsel des bisherigen, mit den Wünschen und Forderungen des hessischen Volkes nicht in Einklang stehenden Regierungssystems."

Zwei Tage später gab Minister du Thil vor dem Landtag die Erklärung ab, daß die Regierung alsbald Gesetzentwürfe über „Preßfreiheit", Bürgergarden in den Städten und zur Strafprozeßreform vorlegen werde. In der Kammer löste dies emphatischen Beifall und den Wunsch nach einer Dankadresse an den Großherzog aus. Gagern und seine liberalen Mitstreiter waren wohl bereit, sich mit dem Erreichten zunächst zufrieden zu geben. Widersprochen hat der weiter links stehende Mainzer Abgeordnete Franz

Zitz. Er insistierte auf einer vollständigen Erfüllung der Forderungen, ließ dies auf einer großen Mainzer Volksversammlung am nächsten Tag förmlich beschließen und drohte mit dem gemeinsamen Zug nach Darmstadt.

Mittlerweile hatte auch in Michelstadt eine große Volksversammlung stattgefunden, auf der eine mit 1 000 Unterschriften versehene „Sturmpetition" beschlossen wurde. Tags darauf, am 6. März kamen große Scharen Odenwälder Bauern nach Darmstadt. An diesem Tag erfolgte die feierliche Gewährung der Märzforderungen, die Ernennung des Erbprinzen zum Mitregenten und die Berufung des Oppositionsführers Gagern als leitender Minister an Stelle des verhaßten Autokraten du Thil. Zitz wollte später auch dessen Vertrauten, den ehemaligen Staatsrat Linde, sowie den Prinzen Emil aus der Ersten Kammer entfernt sehen, was jedoch nicht gelang. Nach der Erfüllung der Märzforderungen war aus der Sicht der liberalen Opposition vieles von dem, was anschließend noch vorging, eigentlich unerwünscht.

Agrarunruhen

Die sich überstürzenden Ereignisse in den ersten Märztagen waren geeignet, auf Seiten der Herrschenden den Eindruck aufkommen zu lassen, sie stünden einer geschlossenen und gemeinsam vorgehenden Oppositionsfront gegenüber. Dieser Eindruck hat sicher auch in Darmstadt die Erfüllung der Märzforderungen beschleunigt; die Realität traf er nicht. Die am 6. März von Odenwälder „Landleuten" inszenierte Massendemonstration hat mit dem bisher Gesagten eigentlich nur wenig zu tun, ja die liberalen Stadtbürger standen dem Phänomen zunächst ziemlich verständnislos gegenüber. Sie empfanden es als Krisensituation, als „dumpfe Gährung", die dann durch die Verteilung der von Gagern kontrasignierten Proklamation über die Gewährung der Märzforderungen entschärft wurde. Dabei hatten die üblichen Märzforderungen mit den eigentlichen Anliegen der Bauern nur wenig zu tun. Diese wurden erst bei dem ersten Auftritt des Ministers Gagern in der Zweiten Kammer am Folgetag angesprochen: die Regierung sei bestrebt, „alle Feudallasten zu beseitigen, die Privilegien einzelner Klassen aufzuheben und alle Staatsangehörigen vor dem Gesetz unbedingt gleich zu stellen."[7]

7 Fleck 1982, S. 257.

LUDWIG von Gottes Gnaden Erbgroßherzog und Mitregent von Hessen und bei Rhein.

Nachdem Unser Herr Vater des Großherzogs, Königliche Hoheit, beschlossen haben, durch das Edict vom gestrigen Uns zum Mitregenten zu ernennen – eine Anordnung, der Wir Uns in Betracht der durch das vorgerückte Alter Unseres Herrn Vaters gegebenen Veranlassung mit Schmerz unterzogen haben, – ist es Uns ein Bedürfniss, Unserm Volke den Dank für die treue Liebe, welche es bisher Unserm Hause bewährt hat, zu verkünden, und die Zuversicht auszusprechen, daß Uns diese Liebe und das Vertrauen in Unsere wohlwollenden Absichten werden bewahrt bleiben.

Was zur Gewähr politischer und bürgerlicher Freiheit gehört, soll Unserm Volk nicht vorenthalten bleiben.

Wir zählen auf die verfassungsmäßige Mitwirkung und Unterstützung Unserer Stände bei Leitung der Landesangelegenheiten, und Wir finden darin eine Gewähr des Vertrauens des Volkes.

Die Presse ist frei, die Censur hiermit aufgehoben.

Wir werden den Ständen eine allgemeine Volksbewaffnung in Vorschlag bringen lassen.

Das Militär wird auf die Verfassung sofort beeidigt werden.

Wir werden den Ständen unverzüglich einen Gesetzesentwurf auf Aufhebung des Art. 81 der Verfassungsurkunde vorlegen lassen, damit das Petitionsrecht und das Recht der Volksversammlungen frei ausgeübt werden können.

Die freie Ausübung aller religiösen Culten ist gestattet.

Die Bundesverfassung hat die gerechten Forderungen des deutschen Volkes auf nationale Geltung nicht befriedigt, dabei haben Wir die Ueberzeugung gewonnen, daß eine Nationalvertretung zur Vervollständigung der Organisation und Erstarkung Deutschlands wesentlich beitragen wird. Wir werden Uns nach Kräften bemühen, bei den mitverbündeten deutschen Fürsten dieser Ueberzeugung Eingang zu verschaffen.

Der Wunsch des Volkes, daß für ganz Deutschland ein Civil- und Strafgesetz und dieselben Formen des Verfahrens gelten möchten, theilen Wir ganz und werden in diesem Sinne wirken. Einstweilen werden Wir in Anerkennung des dringenden Bedürfnisses in den beiden diesseitigen Provinzen den Ständen alsbald Gesetzesentwürfe über ein neues auf Mündlichkeit und Öffentlichkeit gegründetes Civil- und Straf-Verfahren verbunden mit Schwurgerichten und Aufhebung der privilegirten Gerichtsstände vorlegen lassen.

Der Provinz Rheinhessen sind bis zur Einführung einer allgemeinen deutschen Gesetzgebung ihre Institutionen und Gesetze garantirt.

Den Ständen wird ein Gesetzesentwurf auf Zurücknahme des Polizeistrafgesetzes unverzüglich vorgelegt werden.

Wir haben durch diese Zusagen die Bitten bereitwillig gewährt, die in der gegenwärtigen kritischen Lage zu Unserer Kenntniß gekommen sind, und stellen mit Vertrauen die öffentliche Ordnung unter den Schutz der Freiheit und der Bürger, welche sie lieben.

Urkundlich Unserer eigenhändigen Unterschrift und des beigedrückten Staatssiegels.

Darmstadt, den 6. März 1848.

(L.S.) Ludwig.

Der Minister des Innern:
H. Gagern.

Abb. 41: Proklamation der Märzversprechen des zum Mitregenten ernannten Großherzogs Ludwig III. Darmstadt, 6. März 1848
Hessisches Staatsarchiv Darmstadt, R 4 Nr. 5.960

Gagerns Zusage war das Kompromiß-Ergebnis einer Unterredung mit Zitz und dem Abgeordneten für den Wahlbezirk Erbach, dem künftigen Ministerialrat August Emmerling, an die sich die Bauern mit ihren Forderungen gewandt hatten. Zitz nutzte die bäuerliche Unruhe für ein Weitertreiben der revolutionären Veränderungen und wollte mit ihrer Hilfe die standesherrlichen Rechte – sie waren ursächlich für die noch vorhandenen „Feudallasten" – gewaltsam beseitigen und so auch die politische Existenzberechtigung der Ersten Kammer untergraben. Gagern verwahrte sich gegen jedes ungesetzliche Vorgehen und vereinbarte mit Zitz eine beschleunigte gesetzliche Regelung des Standesherrenproblems, wofür dieser versprach, die Bauern zu beruhigen und nicht weiter gegen Standesherren und Erste Kammer auf diese Weise zu agieren.

Das Standesherrenproblem stand im Brennpunkt der Agrarunruhen, des letzten großen Schubs der Auseinandersetzung zwischen Bauern und ihren Herrschaftsträgern, die schon seit der Frühen Neuzeit, verstärkt seit dem 18. Jahrhundert, immer wieder virulent geworden war. 1848 wurden dann die tradierten Herrschaftsrechte der sog. Standesherren endgültig beseitigt, die betroffenen Bauern unter Wegfall der herrschaftlichen Zwischeninstanz den anderen Staatsbürgern gleichgestellt. Die Unruhen in standesherrlichen Gebieten unterscheiden sich von den ländlichen Unruhen in den anderen Landesteilen, die sich vornehmlich gegen unbeliebte Kreisräte, Steuereinnehmer und Forstaufseher richteten und durchweg keine vergleichbare Intensität erreichten.

Zurück geht das Standesherrenproblem auf die territoriale „Flurbereinigung" der Mediatisierung von 1806. Damals wurden die bis dahin selbständigen Herrschaften der Grafen und Fürsten von Erbach, Solms, Stolberg, Löwenstein, später auch noch Isenburg, dem neugeschaffenen Großherzogtum Hessen eingegliedert. Den nunmehrigen Standesherren waren dabei viele Herrschaftsrechte verblieben, soweit sie nicht die Ausübung der Landesherrschaft betrafen, vor allem der umfängliche Grund- und Immobilienbesitz, der späterhin nicht mehr angetastet wurde. Besonders bedrükkend für die Bauern war, daß sie nun an zwei Herren Steuern und Abgaben zu zahlen hatten: an den neuen Landesherren in Darmstadt und an ihre alten Herren, denen die überkommenen grund-, leib- und zehntherrschaftlichen Abgaben zumeist garantiert blieben. Die schon in der Rheinbundzeit eingeleitete „Bauernbefreiung", die Ablösung der sog. „Feudallasten" war schon in den Vormärz-Jahrzehnten relativ weit gediehen, stieß aber gerade in den standesherrlichen Gebieten wegen der in der Bundesakte noch einmal festgeschriebenen standesherrlichen Privilegien auf massive

Abb. 42: Georg Ludwig August Emmerling (1797–1867). Portrait von 1860
Hessisches Staatsarchiv Darmstadt, R 4 Nr. 27.349

Schwierigkeiten. Die Standesherren verwahrten sich durch Einspruch beim Bundestag mit Erfolg gegen eine Anwendung der 1836er Ablösungsgesetze auf ihre Grundrenten, was zu einer massiven Benachteiligung ihrer „Hintersassen" führte. Verbunden mit zahlreichen weiteren Reibereien und der allgemeinen Notlage hatte sie dazu geführt (so ein Bericht des Umstädter Obereinnehmers Fink vom 19. März 1848), „daß die Einwohner des Odenwaldes ihre früher bewiesene treue Anhänglichkeit an ihre angestammten Fürsten [...] in bitteren Haß gegen dieselben verwandelten."[8]

Am Tag, als Gagern in der Zweiten Kammer eine beschleunigte gesetzliche Regelung der Probleme ankündigte, waren die Unruhen im Odenwald weitergegangen. Am 7. März fand eine neue Volksversammlung in Michelstadt statt, auf der weitere Demonstrationszüge zu den standesherrlichen Schlössern verabredet wurden. Die „Sturmpetitionen" bewirkten weitgehende Verzichterklärungen der Grafen in Erbach, Fürstenau und Schönberg. Dennoch war damit die Ruhe nicht wieder hergestellt. Wie Veit Valentin schrieb, „zerriß Heinrich von Gagern in offener Kammersitzung

8 Abgedruckt ebenda S. 344–346; auch bei Lange 1998, Nr. 5 e.

den Revers der Grafen Erbach über ihren Verzicht."[9]. Er bestand auf einem streng legalen Verfahren. Sein als Regierungskommissar in den Odenwald gesandter Vertrauter Reinhard Eigenbrodt fühlte sich allerdings bereits auf seiner ersten Station in Höchst „in die Bauernunruhen des 16. Jahrhunderts versetzt, als hätte ich den Bundschuh mir gegenüber, als wären Gedanken und Anschauungen von jener Zeit bis in unsere Tage in dieser Schicht der Bevölkerung unverändert fortgeerbt."[10] Zu weitaus schwereren Unruhen als im Odenwald kam es am 25. März in der Riedeselschen Standesherrschaft in Oberhessen. Stein des Anstoßes war dort unter anderem ein seit zehn Jahren schwebender Prozeß über die althergebrachten Holzrechte der Lauterbacher Bürger. Nach einer aufgeregten Volksversammlung kam es zu Krawallen, die sich bis zum Sturm auf die Schlösser in Lauterbach und Eisenbach hochschaukelten. Eine an sich relativ kleine Gruppe der Demonstranten, verarmte Bewohner aus dem traditionell unruhigen Riedesel-Gericht Engelrod, richteten erhebliche Zerstörungen an, wofür noch 1848 knapp 100 Beteiligte angeklagt und von denen über 50 zu empfindlichen Haftstrafen verurteilt wurden.

Auch im Odenwald verschärfte sich die Situation im Laufe des Monats, ohne daß es jedoch zu vergleichbaren Ausschreitungen kam. Zur Beruhigung fand in Michelstadt am 29. März eine erneute große Volksversammlung statt, die im Rahmen der dortigen 150-Jahrfeier 1998 recht überzeugend nachgestellt wurde. Der als Hauptredner auftretende Abgeordnete Zitz präsentierte einen „offenen Brief an die Standesherren", dessen auch durch den Regierungsvertreter gebilligte Annahme mit der Einsetzung einer Vermittlungskommission aus Vertretern der beteiligten Ortschaften verbunden wurde. Der sich wohl daraus entwickelnde „Verein der Güterbesitzer" war eine Vorform moderner bäuerlicher Interessenvertretung, die hier einen möglichst niedrigen Ablösungsmaßstab durchsetzen sollte. Ein Ende der Agrarunruhen brachte letztlich, besonders nach den Ausschreitungen in Oberhessen, erst die Verlegung von Militär in die Unruhegebiete, womit die Märzregierung, die zugleich um eine gesetzliche Regelung des Standesherrenproblems und der Grundlastenablösung bemüht war, unübersehbar zum Ausdruck brachte, daß „Aufruhr und Exzesse" nicht weiter geduldet würden.

---

9 Veit Valentin, Geschichte der deutschen Revolution 1848–1849, Neudruck (1970), Bd. 1, S. 355.

10 Eigenbrodt 1914, S. 66; vgl. dazu E. G. Franz (mit M. P. Werlein): Der Bauernkrieg von 1525 als revolutionäres Traditionsmotiv des 18. und 19. Jahrhunderts, in: Geschichtliche Landeskunde 24 (1984), S. 19–32.

Abb. 43: Dr. jur. Franz Zitz (1803–1877)
Hessisches Staatsarchiv Darmstadt, R 4 Nr. 1.633.

Ein zusätzliches Element nicht nur der ländlichen Unruhen waren die auch in anderen Regionen beobachteten antijüdischen Ausschreitungen. Entsprechende Belege gibt es in Starkenburg für Arheilgen, Heppenheim, Reichelsheim, Rimbach und Umstadt, im Oberhessischen für Alsfeld, Bürstadt, Friedberg, Trohe und die Provinzhauptstadt Gießen, links des Rheins in Alzey, Bingen, Horrweiler, Jugenheim und Sauerschwabenheim.[11] Wie schon in den sogen. „Hepp-Hepp-Krawallen" von 1819 wurden die „Landjuden", die in Hessen vor allem im Landwaren- und Viehhandel tätig waren, zum Sündenbock für die durch Mißernten und Teuerung angeheizte Notlage. In den Städten waren jedoch auch Handwerker beteiligt, die sich vom Manufakturwarenhandel bedroht fühlten.

Vereinsgründungen, „Parteien", Zeitungen, Politisierung

Unmittelbar nach Ausbruch der Märzunruhen bildeten sich vielerorts politische Vereine. Sie waren die „Kulminationspunkte des politischen

11 Nachweise bei Wettengel 1989, S. 76 f.

Lebens vor Ort."[12] Entstanden sind sie aus Versammlungen, informellen Zirkeln oder bereits bestehenden Vereinen. Im Vordergrund stand zunächst ein allgemeiner liberal-demokratischer Ansatz, oft unter dem Namen Vaterlands- oder Bürgerverein. Zur Akzentuierung einer demokratisch-republikanischen Richtung kam es nach dem Auszug der Demokraten aus dem Frankfurter Vorparlament. An den in großer Zahl entstandenen Turnvereinen sowie an den – vergleichsweise wenigen – Arbeitervereinen zeigen sich die Bezüge zur frühen Parteiengeschichte. Die Demokratenvereine bilden dabei die zahlenmäßig weitaus stärkste „Partei" im Großherzogtum Hessen.

Die Turnvereine wurden stärker als bisher politisiert. Als der hochverehrte alte Turnvater Jahn, die Symbolfigur der Turnbewegung, Anfang April 1848 eine Rheinreise unternahm, wurde er auch in Mainz und Bingen begeistert gefeiert. Auf dem Binger Rochusberg hat er selbst an einem Langlauf teilgenommen und anschließend die Turner nachdrücklich aufgefordert, politische und religiöse Fragen aus den Turnvereinen herauszuhalten. Genau dies wollten die engagierten Mitglieder vieler Turnvereine jedoch nicht. Dabei ging es Jahn nicht um politische Abstinenz, zumal an seiner kämpferischen deutsch-nationalen Gesinnung niemand zweifeln konnte, sondern um eine Ausklammerung „jener Fragen, die geeignet waren, die Turnbewegung zu spalten."[13] Jedoch war es bereits auf der genannten Hattersheimer Turnerversammlung im Januar 1848 zu Auseinandersetzungen gekommen. Die ausdrückliche Parteinahme für die Republik auf dem 2. Hanauer Turnertag im Juli 1848 hat dann tatsächlich die Einheit der Turnbewegung gebrochen. Künftig gab es neben dem „deutschen Turnerbund", dessen Ehrenvorsitzender Jahn war, den „demokratischen Turnerbund" mit dem Vorort Hanau und der Mainzer Zeitung als Vereinsorgan. Als Ziel betonten die Statuten, man wolle „durch geistige und körperliche Ausbildung und Verbrüderung aller Deutschen" hinwirken „auf ein freies und einiges Vaterland, welches in dem volkstümlichen Freistaat – der demokratischen Republik – seine entsprechende Form findet."[14]

Es versteht sich fast von selbst, daß auf diese Weise enge Beziehungen zur demokratischen Bewegung und zur zeitgleich entstehenden Arbeiterbewegung gegeben waren. Rheinhessen, wo sich, soweit bekannt, alle

12 Wettengel 1998, S. 130–151, hier: S. 142; ebenda das Folgende.
13 Wettengel 1989, S. 173.
14 Ebd. S. 174.

Turnvereine (knapp 100 an der Zahl) dem demokratischen Turnerbund anschlossen, wurde, wie es Ludwig Bamberger ausdrückte, „ein einziger Demokratenverein." Dagegen fand die geringe Turnvereinsdichte in der Provinz Starkenburg „ihr Pendant in einem schwach ausgeprägten demokratischen Vereinswesen."[15] In Oberhessen florierten wiederum sowohl Turn- wie Demokratievereine, wobei die Zugehörigkeit des Lahntalbezirksverbandes zum deutschen Turnerbund der eigentlich demokratischen Orientierung der dortigen Turner ebensowenig Abbruch tat, wie der eher radikalen Orientierung der Gießener und Butzbacher. Es zeigt sich hier übrigens, daß eine demokratische Gesinnung nicht nur in der Zugehörigkeit zum demokratischen Turnerbund zum Ausdruck kam. Ebenso gilt, daß längst nicht alle Demokraten wirklich eine Republik wollten.

In den Arbeitervereinen dominierten weitgehend die Handwerkergesellen. Es gab viele Doppelmitgliedschaften, gegenseitige Unterstützung und Zusammenarbeit. Unter Gesellen – Fabrikarbeiter im modernen Sinne gab es nur wenige – bestand eine weitverbreitete Feindschaft gegen das „System"; sie war erwachsen aus dem obrigkeitsstaatlichen Mißtrauen gegen die im In- und Ausland wandernden Handwerksburschen, die so immer wieder mit der „Polizei" zu tun hatten.[16] Tatsächlich wurden die in den Arbeitervereinen diskutierten neuen sozialen Theorien oft von wandernden Gesellen aus den vormärzlichen Auslandsvereinen mitgebracht. Die ersten Arbeiter- oder Arbeiterbildungsvereine entstanden bereits im März 1848 (auf persönliche Anregung von Karl Marx) in Mainz und Darmstadt, dort unter dem Namen „Verein zur Verbesserung des Gewerbstandes", etwas später in Offenbach, Friedberg, Worms, Oppenheim – mit noch vagem Nachweis–, in Gießen sowie schließlich 1849/50 in Butzbach und Rödelheim. Der sich erst nach und nach durchsetzende Begriff „Arbeiterverein" bedingte einen „grundlegenden Prozeß der Neudefinition des eigenen Selbstverständnisses" und zugleich eine „standesübergreifende Erweiterung der bislang gruppenorientierten Solidarität."[17] Sozial etwas anders zu verorten sind der erst im Herbst 1848 gebildete „Handarbeiterverein" in Darmstadt, dessen 400 bis 500 Mitglieder sich vor allem aus Arbeitslosen rekrutierten, die bei den von der Stadt organisierten Notstandsarbeiten eingesetzt waren, oder auch der „Abendverein" in Beerfelden unter dem

15 Ebenda S. 175.

16 Das Folgende ebenda S. 122 ff.; vgl. auch Eckhart G. Franz, Die hessischen Arbeitervereine im Rahmen der politischen Arbeiterbewegung der Jahre 1848–1850, in: AHG NF 33 (1975), S. 167–262.

17 Wettengel 1989, S. 123.

GUT HEIL
Gez. v. Karl Beyer, Darmstadt.
auf Stein gez. v. Karl Kratz, Darmstadt.
ERINNERUNG AN DAS FAHNENFEST DER TURNGEMEINDE ZU DARMSTADT,
am 29 ten October 1848.
gedr. bei Wagner u. Kohl, Darmstadt.

Vorsitz des Lumpensammlers Hinkel.[18] Nur wenig weiß man von der Mainzer „Dienstmädchenassoziation“ und einem vergleichbaren Gründungsversuch in Darmstadt, wobei sich die „Arroganz ihrer männlichen Zeitgenossen auch in den wenigen vorhandenen Berichten niederschlägt“, in der Klage, daß keine „wie auch immer geartete politische Strömung versuchte, weiblichen Dienstboten bei ihrer Organisation zu helfen.“[19]

Bei den teils unmittelbar aus den Bürgerversammlungen der Märztage erwachsenen, teil erst später geschaffenen Organisationen der Konstitutionellen gab es zuweilen fließende Übergänge ins konservative Lager, dem besonders der mitgliederstarke „Konstitutionell-monarchische Verein“ in Darmstadt zuzurechnen ist. Eine Sonderstellung nahmen die 19 katholischen Vereine ein, die zumeist als „Piusvereine“ firmierten. Ihnen ging es vorrangig um die „Freiheit der Kirche“, d.h. um eine Überwindung des bisherigen Staatskirchensystems zugunsten einer größeren Selbständigkeit der Amtskirche gegenüber dem Staat, der bisher zum Beispiel die Pfarrer ernannte.[20] Obwohl die Piusvereine darüber hinaus kein „allgemein-politisches Mandat“ anstrebten, wirkten sie eher konservativ, was schon an ihrer Orientierung an einer ultramontanen Religionsauffassung und an der Überwindung mancher Errungenschaften der katholischen Aufklärung deutlich wird.

Es mag von daher verwundern, daß es auch in den katholischen Vereinen eine – wenn auch eher passive – Beteiligung von Frauen gab. Sie findet sich auch in anderen Vereinen, etwa bei den Fahnenweihen und Bällen der Turnvereine, wie dies eine Lithographie des Darmstädter Turnfestes von 1848 zeigt. Zumindest nach Auffassung des Mainzer Demokraten Bamberger sollte die Frauenbeteiligung durchaus emanzipatorischen und nicht nur schmückenden Charakter haben. Am ehesten war dies vielleicht in den Vereinigungen der Deutschkatholiken der Fall, wo Frauen von vornherein gleichberechtigt teilnehmen konnten.

18 Ebenda S. 129.
19 Vgl. ebenda S. 160 ff.; Zitat S. 163.
20 Das Folgende nach ebenda und nach Wettengel 1998.

Abb. 44: Erinnerung an das Fahnenfest der Turngemeinde zu Darmstadt am 29. Oktober 1848, gez. von Karl Beyer, Darmstadt.
Stadtarchiv Darmstadt

Neue Formen des Umgangs zeigen sich auch im egalitären Gemeinschaftsgeist und dem brüderlichen „Du“ der Turnvereine. Darüber hinaus hat die Turnbewegung teilweise auch den Charakter einer Jugendbewegung, die traditionelle Normen und Verhaltensmuster in Frage stellte. Affektive Verbundenheit schuf der gemeinsame Gesang, der in vielen Vereinen auch jenseits der Gesangvereine systematisch geübt wurde. Der Butzbacher Turnverein zum Beispiel hatte eigene Gesangstunden. Auch bei den Arbeitervereinen war der Gesang von Anfang an üblich und nicht etwa erst zur Tarnung der Vereinstätigkeit in der späteren Zeit des Sozialistengesetzes.

Analog zur Ausformung der politischen Strömungen gestaltete sich im Rahmen der neuen Pressefreiheit eine neue Zeitungslandschaft. Von den größeren und profiliertesten Organen – viele andere waren oft nur kurzlebig – seien die nun von Ludwig Bamberger redigierte „Mainzer Zeitung“, der dortige „Demokrat“, der „Odenwälder“ aus Michelstadt[21], der „Jüngste Tag“ des Büchner-Freunds August Becker in Gießen, Ferdinand von Loehrs „Neue Zeit“ in Worms sowie die beiden Zeitungen des Darmstädter Verlegers Leske, das „Neue Rheinische Volksblatt“ und die im August 1848 begründete „Neue deutsche Zeitung“ genannt[22] Die offiziöse „Großherzoglich Hessische Zeitung“ war als „Darmstädter Zeitung“ unter dem Redakteur Eduard Duller zum konstitutionellen Organ der März-Regierung geworden. Insgesamt wurden im Großherzogtum 38 politische Zeitungen gegründet, oder sie entwickelten sich aus bereits bestehenden, wobei auf die gegenüber heute unterschiedlichen Lesegewohnheiten zu verweisen ist, da die überwiegende Mehrheit sich keine Zeitung leisten konnte. Der politische Differenzierungsprozeß führte auch zu Auseinandersetzungen zwischen Verlegern und Redakteuren. So mußte sich in Darmstadt der profilierte Redakteur Karl Buchner, der im Vormärz entschieden zur Opposition zählte, nun von seinem Verleger Leske sagen lassen, „er eigne sich jetzt, nachdem die schmachvollen Fesseln der Censur gebrochen sind, nicht mehr zur Redaction eines ‚Volksblattes‘“.[23] Lüning und Weidemeyer, die Redaktion der „Neuen deutschen Zeitung“, waren Mitglieder des Kommunistenbundes.

21 Der Odenwälder. Jahrgänge 1846 bis 1852, Nachdruck anläßlich der 150. Wiederkehr der Revolutionsereignisse im Odenwald, 3 Bde. Hrsg.: Stadt Michelstadt, Michelstadt 1998.
22 Vgl. Franz 1986, S. 495.
23 Wettengel 1989, S. 119.

„Revolutionsgesetzgebung"

Die 1848er Revolution im Großherzogtum begann zu einem wesentlichen Teil im Landtag und endete eigentlich auch dort. Am Anfang standen die oben genannten Anträge der liberalen Abgeordneten um Heinrich von Gagern. Es folgte seit den frühen Märztagen eine wahre Petitionswelle an die Zweite Kammer. Gerade hieran zeigt sich, wie sehr das seit der Verfassungsschöpfung von 1820 etablierte Parlament als wichtiges Staatsorgan und als Legislative von der politisch bewußten Öffentlichkeit angenommen worden war. Georg Büchners revolutionärer „Hessischer Landbote" von 1834 hatte Verfassung und Landstände verächtlich abgetan als „ein jämmerlich Ding", „nichts als leeres Stroh." Gerade an der Arbeit des Landtags jedoch ist im gesamten Vormärz die Reformfähigkeit und -willigkeit in weiten Bereichen des politischen Systems unübersehbar.[24] 1848/49 vollzog sich ein Teil der revolutionären Aktivitäten innerhalb des Landtags; ein anderer wurde in den Petitionen an den Landtag herangetragen.

Das wohl revolutionärste Gesetz, das im Landtag beschlossen wurde, war das vom 7. August 1848 über die Aufhebung der standesherrlichen Vorrechte. Es beseitigte mit einem Federstrich die immerhin bundeseinheitlich abgesicherte privilegierte Stellung des Mediatadels und damit die Reste des „Feudalsystems", wobei die hier noch ausstehende Grundlastenablösung zu äußerst günstigen Konditionen für die Bauern durchgeführt wurde. Belassen wurde den Standesherren bis auf weiteres ihre Landstandschaft in der Ersten Kammer – und dies auch nur, weil deren Beseitigung die gesamte Erste Kammer zur Disposition gestellt hätte, wozu man die reichsgesetzlichen Regelungen abwarten wollte. Geblieben ist ferner ihre wenig relevante Ebenbürtigkeit. Interessant ist dabei, wie sowohl die Märzregierung, die den Gesetzentwurf vorlegte, als auch die liberalen Abgeordneten in ihrer Orientierung an gesetzlicher Legalität und hinreichender Entschädigung für die aufgehobenen Grundrenten die Rechtsbasis dieses Gesetzes einschätzten.

Wollte die Regierung ihren Zusagen vom 7. März treu bleiben, so konnte, wie Eigenbrodt bemerkte, „fast keine einzige Bestimmung des [standesherrlichen] Edikts von 1820 aufrechterhalten werden."[25] Dieses war jedoch wie die von den Demokraten attackierten „geborenen" Mitglieder der

---

24 Vgl. hierzu Franz/ Fleck 1998; auch Peter Fleck, Die Verfassung des Großherzogtums Hessen, in: Bernd Heidenreich/ Klaus Böhme (Hrsg.), Hessen. Verfassung und Politik (=Schriften zur politischen Landeskunde Hessens 4), Stuttgart 1997, S. 86–107.

25 Eigenbrodt 1914, S. 78.

Ersten Kammer Bestandteil der hessischen Verfassung. So wie der Adel sich einst über das „historische und Naturrecht der freien Katten" hinweggesetzt habe – meinte der Abgeordnete Heldmann, der in Oberhessen eine ähnlich aktive Rolle spielte wie Zitz in Rheinhessen – und wie die „historische Souveränität" der heutigen Standesherren 1806 „der Gewalt weichen mußte, so müssen jetzt alle Bevorzugungen der Stände der Notwendigkeit weichen."[26] Regierungsvertreter und gemäßigte Abgeordnete zogen es vor, sich auf den freiwilligen Verzicht der Standesherren zu berufen. Erst dieser hätte es ermöglicht, so der Abgeordnete Wernher, „nicht den trümmervollen Weg der Revolution zu gehen, sondern den der weisen und gerechten Reform", wohl wissend, daß es angesichts der Märzunruhen keine Alternative gab und daß die Verzichterklärungen durchaus nicht die gesamte Materie umfaßten. In einem späteren „Revolutionsgesetz", dem vom 3. September 1849 über „die Zusammensetzung der beiden landständischen Kammern und die Wahlen der Abgeordneten", wurden dann auch die standesherrlichen Sitze in der Ersten Kammer beseitigt.[27] Künftig wurden auch die Abgeordneten des „Oberhauses" direkt gewählt.

Ohne hier auf die „Revolutionslandtage" weiter eingehen zu können, bleibt festzuhalten, daß die Landtagswahlen von 1849 und 1850 überwältigende demokratische Mehrheiten erzielten. Beide Landtage wurden kurzfristig wieder aufgelöst. Im Oktober 1850 hat schließlich die konservative Regierung Dalwigk auf dem Verordnungswege eine neue Landtagsversammlung einberufen, weil es mittels des 1849er Gesetzes nicht gelungen sei, „in der Landesvertretung solchen Männern Wirksamkeit zu verschaffen, welchen das Wohl des Volkes wahrhaft am Herzen liegt und welche sich zu dessen Beförderung mit unserer Regierung zu vereinigen gesonnen sind."[28] Der so zustandegekommene Landtag hat dann dem Gesetz vom 6. September 1856 zugestimmt, welches im Rückgriff auf die Verfassung von 1820 auch die standesherrlichen Sitze in der Ersten Kammer restituierte.[29] Das neue Gesetz über die Wiederherstellung standesherrlicher Rechte von 1858 blieb allerdings dann doch sehr deutlich hinter dem Stand

26 Fleck 1982, S. 277 f.

27 Vgl. Hannelore Götz/ Klaus-Dieter Rack (Bearb.), Hessische Abgeordnete 1820–1933. Ergänzungsband. Biographische Nachweise für die Erste Kammer der Landstände des Großherzogtums Hessen; Ergänzungen und Berichtigungen für die Zweite Kammer und den Landtag des Volksstaats Hessen (= Darmstädter Archivschriften 10), Darmstadt 1995, S. 8.

28 Franz 1986, S. 498.

29 Vgl. Götz/ Rack 1995, S. 9.

von 1848 zurück und regelte vor allem die Nachtragsentschädigung für die Verluste bei der Grundlastenablösung, die nun ganz vom Staat übernommen wurden.

Reaktionen

Die Reaktion, so schrieb die konstitutionelle „Darmstädter Zeitung" im Januar 1849, „ist nicht an den Höfen und in den Heerlagern der Feldmarschälle zu ihrer jetzigen Macht und Ausdehnung gelangt, sondern in der öffentlichen Meinung, welche [...] sich aus Widerwillen gegen das Treiben der wildesten Umsturzpartei blindlings aus einem Extrem, aus der Freiheitsraserei, in das andere, in den Fanatismus der Ruhe, gestürzt hat."[30] Bereits im April und Mai 1848 wurden in Darmstadt die von der Niederschlagung des badischen Aufstands zurückkehrenden Truppen begeistert empfangen. Es läßt sich dies, neben dem massenhaften Eintritt in den „Konstitutionell-monarchischen Verein", der kurze Zeit später innerhalb eines Monats auf 2300 Mitglieder anwuchs, sicher als Hinweis auf eine konservative Grundstimmung der Residenzstadt-Bürger deuten. Eine analoge Protesthaltung zeigt sich auch in der niedrigen Wahlbeteiligung bei der Bürgermeisterwahl im Juni 1848.

Oberforstrat Georg Wilhelm Wedekind, ein ausgesprochen profilierter Vormärz-Liberaler machte bereits im März 1848 den Vorschlag, einen „Constitutionellen Sicherheitsverein für das Großherzogtum Hessen" zu bilden und selbst eine liberale Führungspersönlichkeit wie der spätere Ministerpräsident Heinrich Karl Jaup, der im Vormärz vom konservativen Staatsapparat verfolgt wurde, übernahm sehr rasch die „Staatsschutzperspektive."[31] Sogar im „demokratischen" Rheinhessen findet sich ein „Sicherheits-Verein" in Mommenheim. Die Bürgerwehren, die ja auch zur inneren Sicherheit begründet wurden, spielten in Hessen-Darmstadt – verglichen etwa mit dem benachbarten Nassau – eine eher nachgeordnete Rolle, was mit der Erinnerung an die reichlich unbeliebte und 1819 endgültig aufgehobene Landwehr zusammenhängen mag.

Bemerkenswert ist auch die Zusammenarbeit des Darmstädter Märzministeriums mit dem Mainzer Regierungspräsidenten Reinhard von Dalwigk, dem späteren Reaktionsminister, der sich bereits im Vormärz bei der Verfolgung liberaler Oppositioneller hervorgetan hatte. Dieser, sowie der

---

30 Wettengel 1989, S. 222.
31 Ebenda S. 223, wie auch das Folgende.

Abb. 45: Heinrich Karl Jaup (1781–1860), Jurist, Professor in Gießen, 1848 Ministerpräsident in Darmstadt.
Hessisches Staatsarchiv Darmstadt, R 4 Nr. 22.409

Kommandeur des 1830 ins Zwielicht geratenen Eliteregiments Chevauxlegers, Fürst Wittgenstein, wurde zumindest seit der Jahreswende 1848/49 auch von den Konstitutionellen gegen die Angriffe der Demokraten verteidigt. Eine geradezu hysterisch-konfliktgeladene Bürgerkriegsstimmung zeigte sich bereits im Juli 1848 anläßlich einer von den rheinhessischen Demokraten nach Kranichstein bei Darmstadt berufenen Volksversammlung gegen die Regierungspolitik, bei welcher Mitglieder des Darmstädter Konstitutionell-monarchischen Vereins, die im Gegensatz zu den schwarz-rot-goldenen Kokarden blaue Kornblumen trugen, schwere Schlägereien anzettelten.

In Bensheim versuchte der Gemeinderat gar wegen eines Fastnachtscherzes 1849 – Maskierte hatten eine Gemeinderatssitzung persifliert – die „Schuldigen“ zu verhaften, was wegen des breiten Widerstands der Bevölkerung schließlich nur durch Anforderung von Militär möglich war.[32]

32 Ebenda S. 258.

Zu blutigen Zusammenstößen mit dem Militär kam es in Mainz am 21. Mai 1848 – hier war die latente Spannung gegenüber der preußischen Festungsbesatzung im März zum Dauerkonflikt eskaliert – und am 11. Juni 1848 in der Offenbacher „Mordnacht". Harmloser verliefen dagegen „offene Widersetzlichkeiten" in Zwingenberg und Unterschönmattenwag sowie die sog. Gossi-Tumulte in Mainz gegen die Wiedereinsetzung eines unbeliebten Marktmeisters im März 1849.

Die „Reichsverfassungskampagne" 1849 und das Ende

Trotz Ablehnung der Kaiserkrone durch den preußischen König stimmte die hessen-darmstädtische Zweite Kammer am 24. April 1849 nahezu einstimmig für eine „unbedingte Anerkennung der Reichsverfassung."[33] Die Regierung schloß sich dem an, jedoch nicht der Kammerempfehlung, der Reichsgewalt notfalls auch Truppen zur Verfügung zu stellen. Für die Reichsverfassung ins Feld zog dagegen in einer großangelegten, dann aber kläglich gescheiterten Aktion ein rheinhessisches Freischärlerkontingent unter der Führung von Zitz und Bamberger. Ging es hier noch um eine Unterstützung des pfälzischen Aufstandes gegen die bayrische Regierung, welche die Reichsverfassung nicht anerkannte, so zeigte sich bei den Aktionen in Zusammenhang mit dem badischen Aufstand, daß nun, 1849, ein Teil der demokratischen Bewegung „eine eigene Revolution" machen wollte, denn in Baden hatte die von der dortigen Republik verdrängte Regierung die Reichsverfassung durchaus anerkannt. Die in Starkenburg ähnlich wie in Rheinhessen mit demagogischem Einsatz betriebene Aktion endete in beiden Fällen als Fiasko: im pfälzischen Kirchheim-Bolanden geriet der Rest des rheinhessischen Freikorps in eine militärisch völlig aussichtslose Schießerei mit preußischem Militär, im starkenburgischen Oberlaudenbach wurde eine bewaffnete Volksversammlung, nachdem ein Trupp von Demonstranten den Regierungskommissar Prinz umgebracht hatte, von hessischem Linienmilitär zersprengt. In Kirchheim-Bolanden gab es knapp 20 Tote, in Oberlaudenbach mindestens 12, wozu dort noch über 100 Gefangene kamen – die meisten junge Männer mit Handwerksberufen aus dem südlichen Odenwald, von denen 1851 insgesamt 89 vor Gericht gestellt und z. T. zu empfindlichen Haftstrafen verurteilt wurden.

33 Franz 1986, S. 487; zum Folgenden auch Lange 1998.

Hingegen endete ein Mainzer Schwurgerichtsprozeß gegen 141 rheinhessische Freischärler ein Jahr zuvor mit vollständigem Freispruch. Alle revolutionären Aktionen fanden bereits unmittelbar nach den Ereignissen in Oberlaudenbach durch Verhängung des Kriegsrechts ihr Ende, die weitaus meisten der beschriebenen politischen Modernisierungen nach dem Amtsantritt des Reaktionsministers Dalwigk im Jahre 1850.

Literaturhinweise

Cartarius, Ulrich, Die Standesherrschaft Erbach-Schönberg während der Revolution 1848. Ereignisse und Folgen, dargestellt und reflektiert von Johann Adam Dingeldey, Gräfl. Erbach-Schönbergischer Kammerdirektor, in: AHG NF 39 (1981), S. 315–370.

Eigenbrodt, Reinhardt Carl Theodor, Meine Erinnerungen aus den Jahren 1848, 1849 und 1850. Mit einer biographischen Einleitung, hrsg. von Ludwig Bergsträsser (= Quellen und Forschungen zur hessischen Geschichte 2), Darmstadt 1914.

[Fendt, Rudolf], Von 1846–1853. Erinnerungen aus Verlauf und Folgen einer akademischen und politischen Revolution, von einem weiland Gießener Studenten und badischen Freischärler (1875).

Fleck, Peter, Agrarreformen in Hessen-Darmstadt. Agrarverfassung, Reformdiskussion und Grundlastenablösung (1770–1860) (= Quellen und Forschungen zur hessischen Geschichte 43), Darmstadt – Marburg 1982.

Franz, Eckhart G., Der Staat der Großherzöge von Hessen und bei Rhein 1806–1918, in: Heinemeyer, Walter (Hrsg.), Das Werden Hessens (= Veröffentlichungen der Historischen Kommission für Hessen 50), Marburg 1986, S. 483–515.

Kickartz, Eberhard, „Der Rote Becker". Das politisch-publizistische Wirken des Büchner-Freundes August Becker (1812–1871) (= Quellen und Forschungen zur hessischen Geschichte 110), Darmstadt – Marburg 1997.

Köhler, Manfred, Im Feuer der sozialen Republik. Lebensbild des demokratischen Achtundvierzigers Christian Heldmann (1808–1866). (= Arbeiten der Hessischen Historischen Kommission NF 14), Darmstadt 1998.

Lange, Thomas (Bearb.), „Besorgt man einen Aufstand der Bürger?" Die Revolution von 1848/49 in Darmstadt und im Odenwald. Dokumente 1847–1849 (=Geschichte im Archiv. Darmstädter Archivdokumente für den Unterricht 5), Darmstadt 1998.

Wettengel, Michael, Die Revolution von 1848/49 im Rhein-Main-Raum (= Veröffentlichungen der Historischen Kommission für Nassau XLIX), Wiesbaden 1989.

Wettengel, Michael, Frankfurt und die Rhein-Main-Region, in: Dipper, Christof/ Speck, Ulrich (Hrsg.), 1848. Revolution in Deutschland, Frankfurt – Leipzig 1998, S. 130–151.

Zimmermann, Erich, Für Freiheit und Recht! Der Kampf der Darmstädter Demokraten im Vormärz (1815–1848). (= Arbeiten der Hess. Historischen Kommission NF 2), Darmstadt 1987

Zu den Autoren

Klaus Böhme
geb. 1948, Direktor der Hessischen Landeszentrale für politische Bildung.

Professor Dr. jur. Dipl. Dolm. Barbara Dölemeyer
geb. 1946, Wissenschaftliche Mitarbeiterin am Max-Planck-Institut für europäische Rechtsgeschichte, Frankfurt a. M., und Honorarprofessorin für Rechtsgeschichte an der Justus-Liebig-Universität Gießen. Forschungsschwerpunkte: Europäische Gesetzgebungsgeschichte; Juristen-Biographien; Geschichte der Gerichtsorganisation und Jurisdiktion. Mehrere Veröffentlichungen; Beiträge zur hessischen Landesgeschichte.

Dr. phil. Peter Fleck
geb. 1949, Geschäftsführer der Hessischen Historischen Kommission Darmstadt und des Historischen Vereins für Hessen, Lehrbeauftragter für hessische Bildungs- und Schulgeschichte an der Johann Wolfgang Goethe-Universität Frankfurt/Main. Veröffentlichungen zur hessischen Landes- und Bildungsgeschichte.

Professor Dr. phil. Eckhart G. Franz
Ltd. Archivdirektor a. D., geb. 1931 in Marburg, nach Geschichtsstudium in Heidelberg, Portland/Ore., Freiburg/Breisgau und Köln und wiss. Archivarausbildung ab 1959 Archivrat am Hess. Staatsarchiv Marburg, 1971–1996 Direktor des Hess. Staatsarchivs Darmstadt, Vorsitzender der Hessischen Historischen Kommission Darmstadt und des Historischen Vereins für Hessen. Autor und Herausgeber zahlreicher Arbeiten zur hessischen Geschichte.

Dr. Bernd Heidenreich
geb. 1955 in Frankfurt am Main, Ständiger Vertreter des Direktors der Hessischen Landeszentrale für politische Bildung.

Dr. Gerhard Menk

geb. 1946; Studium in Frankfurt a. M., Genf, Wien, 1975 Promotion an der J. W. Goethe-Universität Frankfurt a. M.; 1977 Zweites, archivisches Staatsexamen; seitdem Archivar am Hess. Staatsarchiv Marburg; seit 1986 Lehrauftrag an der Justus-Liebig-Universität Gießen; zahlreiche Buch- und Aufsatzpublikationen zur Ideen- und Verfassungs-, Wissenschafts- und hessischen Landesgeschichte.

Professor Dr. phil. Hellmut Seier

geb. 1929 in Berlin. 1946–1952 Journalist in Berlin. Studium an der FU Berlin, 1956 Promotion, danach Wissenschaftlicher Mitarbeiter und Assistent. 1970 Habilitation Frankfurt/Main. 1970–1994 Professur für Neuere Geschichte in Marburg. Zahlreiche Editionen und Abhandlungen zur kurhessischen Geschichte.

Dr. Matthias Weber

geb 1968, Studium der Mittleren und Neueren Geschichte, der Alten Geschichte und der Rechtswissenschaften in Frankfurt a. M. und Amsterdam (Vrije Universiteit) 1988–1993; M. A. 1993, Prom. z. Dr. phil. 1996. 1998 Fortbildung z. wiss. Dokumentar.

Dr. Michael Wettengel

geb. 1957, Geschichtsstudium, 1988 Promotion an der Universität Hamburg, seit 1989 Archivar am Bundesarchiv, 1991 archivisches Staatsexamen an der Archivschule Marburg. Archivoberrat und Referatsleiter am Bundesarchiv in Koblenz, Mitglied der Historischen Kommission für Nassau. Veröffentlichungen zur hessischen Landesgeschichte sowie zur Geschichte der politischen Bewegungen und Parteien.